DADVAN YOUSUF

# VOM FLÜCHTLING ZUM BITCOIN-MILLIONÄR

# DADVAN YOUSUF

# ..VOM FLÜCHTLING ZUM BITCOIN.. MILLIONÄR

FBV

**Bibliografische Information der Deutschen Nationalbibliothek:**
Die Deutsche Nationalbibliothek verzeichnet diese Publikation in der Deutschen National-
bibliografie; detaillierte bibliografische Daten sind im Internet über http://d-nb.de abrufbar.

**Für Fragen und Anregungen:**
info@finanzbuchverlag.de

**Wichtiger Hinweis**
Ausschließlich zum Zweck der besseren Lesbarkeit wurde auf eine genderspezifische Schreibweise sowie
eine Mehrfachbezeichnung verzichtet. Alle personenbezogenen Bezeichnungen sind somit geschlechts-
neutral zu verstehen.

1. Auflage 2022

© 2022 by FinanzBuch Verlag, ein Imprint der Münchner Verlagsgruppe GmbH,
Türkenstraße 89
80799 München
Tel.: 089 651285-0
Fax: 089 652096

Die im Buch veröffentlichten Ratschläge wurden von Verfasser und Verlag sorgfältig erarbeitet und
geprüft. Eine Garantie kann jedoch nicht übernommen werden. Ebenso ist die Haftung des Verfassers
beziehungsweise des Verlages und seiner Beauftragten für Personen-, Sach- und Vermögensschäden ausgeschlossen.

Redaktion: Dennis Sand; Petra Sparrer
Korrektorat: Christine Rechberger
Umschlaggestaltung: Manuela Amode, München
Umschlagabbildung: Shutterstock.com/Thongden Studio
Autorenfoto auf dem Umschlag: © Philippe Rossier/Blick
Satz: Zerosoft, Timisoara; Andreas Linnemann, Oberhaching
Druck: GGP Media GmbH, Pößneck
Printed in Germany

ISBN Print 978-3-95972-664-1
ISBN E-Book (PDF) 978-3-98609-277-1
ISBN E-Book (EPUB, Mobi) 978-3-98609-278-8

Weitere Informationen zum Verlag finden sie unter

# www.finanzbuchverlag.de

Beachten Sie auch unsere weiteren Verlage unter www.m-vg.de

# Inhalt

# Prolog

Fortschritt, hat ein berühmter englischer Schriftsteller einmal gesagt, sei bloß die Verwirklichung einer Utopie. Ich glaube an Utopien und ich glaube an Träume. Ich glaube daran, dass man das Unmögliche träumen muss, um es eines Tages möglich werden zu lassen. Nur würde ich das nicht Fortschritt nennen. Ich würde lieber von einer Revolution sprechen. Und ich war mir ganz sicher, nur einen winzigen Schritt davon entfernt gewesen zu sein, eine Revolution zu starten. Eine kleine Revolution. Aber diese kleine Revolution, davon war ich überzeugt, würde etwas ganz Großes anstoßen. Auch wenn es noch einige Jahre dauern würde. Und dann kam der Anruf. Der Anruf, der alles verändern sollte.

Ich schaute aus der verdunkelten Scheibe des Wagens. Wir fuhren beinahe in Schrittgeschwindigkeit durch Zürich. Die Stadt wachte gerade auf. Es war ein trüber Tag. Der Himmel war grau und nach und nach perlten vereinzelte Regentropfen an der Scheibe ab. Ich war auf dem Weg in mein Büro und lehnte mich noch etwas tiefer in die weiche Lederpolsterung zurück. Dann öffnete ich eine Dose Red Bull. Ich musste wach werden. Ich musste funktionieren. Ich hatte in den letzten Wochen nicht sehr viel geschlafen. Zürich. Paris. Dubai. Courchevel. Ich war permanent unterwegs. Ich war so viel unterwegs, dass ich manchmal die Orientierung verlor, für einen Moment vergaß, wo ich eigentlich war, wenn ich aufwachte. In den letzte

Monaten wurden die buntesten Orte der Welt austauschbar für mich. Und irgendwie war es auch egal, in welchem Hotel ich mich befand. Ich war ja doch nur in meiner ganz eigenen Welt. Ich ging nachts viel zu spät schlafen und stand morgens viel zu früh auf. Ich war in einem Tunnel. Aber ich konnte nicht anders. Wir waren mittlerweile auf der Zielgeraden. Auf den letzten Metern. Alles, wofür ich die letzten Jahre gearbeitet hatte, stand kurz davor, verwirklicht zu werden. Ich hatte mir einen Countdown eingerichtet, der langsam runterlief. Es waren nur noch wenige Tage. Dann wäre es so weit. Dann würde mein Traum zur Realität werden. Dann wäre der erste Schritt der Revolution eingeleitet.

Ich schaute aus dem Fenster und sah, wie wir langsam durch die Stadt rollten. Es war viel Verkehr. Wahrscheinlich wegen des schlechten Wetters. Ich betrachtete die Menschen, die draußen mit Regenschirmen über den Asphalt hetzten. Sie waren auf dem Weg zur Arbeit. Oder in die Schule. Sie gingen an die Orte, an die sie immer gingen, um das System am Laufen zu halten. Ich sah eine Mutter, die zwei Kinder an der Hand hielt und eines davon, einen kleinen Jungen, hinter sich herzog. Der Junge wollte lieber in die Pfütze vor ihm springen. Neben ihnen liefen drei Männer in Anzügen über die Straße. Sie hatten ihre schwarzen Regenschirme vor das Gesicht gezogen, sodass man sie nicht richtig erkannte. Und dann sah ich drei Bauarbeiter, die mit einem Presslufthammer den Pflasterstein bearbeiteten. Der Regen wurde heftiger. Es war nicht einmal zwei Jahre her, da gehörte ich auch noch zu den Menschen da draußen. Da stand ich vor Sonnenaufgang auf, um rechtzeitig meine Bahn zu bekommen und damit kilometerweit zu meiner Ausbildungsstätte zu fahren. Es war nicht einmal zwei Jahre her, da war ich noch Teil dieses Hamsterrads. Ich betrachtete die Mutter mit den beiden Kindern. Sie sah müde aus. Müde vom Leben. Aber das waren wahrscheinlich die meisten Menschen. Ich nahm noch einen Schluck Red Bull. Die meisten Menschen sind nicht müde, weil sie zu wenig Schlaf haben. Die meisten Menschen sind müde, weil sie sich in einem Hamsterrad befinden, das sie nicht durchbrechen können. Sie laufen und laufen und laufen, um doch nur auf der Stelle zu treten. Das ist unser System. Und ich verachte dieses System. Darum träume ich davon, es zu durchbrechen.

Dafür hatte ich die letzten Monate gearbeitet. Dafür hatte ich beinahe mein gesamtes Privatleben geopfert.

Und je näher wir unserem Ziel kamen, desto schwieriger wurde alles. Besonders in den letzten Wochen. Die letzten Wochen waren ein Albtraum, der einfach nicht enden wollte. Von heute auf morgen wurde ich in der Schweiz zum Staatsfeind Nummer eins.

Wie schnell das gehen konnte. Vor Kurzem, da klang das alles noch ganz anders. Da nannte man mich ein Wunderkind. Da war ich noch der Junge, der mit elf Jahren Bitcoin für sich entdeckte und so zu einem der jüngsten Millionäre des Landes wurde. »Krypto-Zauberlehrling« schrieb die renommierteste Zeitung der Schweiz über mich. Und jetzt? Das genaue Gegenteil. Jetzt hieß es, dass der Verdacht bestünde, ich wäre ein Hochstapler. Dass ich Geldwäsche betreiben würde. Und als wäre das nicht schlimm genug, erschien irgendwann die Story, dass ich Terrorismusfinanzierung betrieben hätte. Nichts davon war haltbar. Jede dieser Geschichten ließ sich als falsche Anschuldigung widerlegen. Aber auch, wenn ich mir ein dickes Fell zugelegt hatte, traf mich diese Flut der Negativschlagzeilen. Man muss mich ja nicht mögen, aber das? Terrorismus? Das war einfach zu viel.

Und auch, wenn ich diese falschen Anschuldigungen nicht bloß zurückweisen, sondern auch widerlegen konnte – irgendwas bleibt bei den Menschen ja immer hängen. Ich hatte das Gefühl, dass es – zumindest einigen – Menschen darum ging, ganz gezielt meinen Ruf zu zerstören.

Aber ich stand es durch. Das sind die Geburtswehen einer großen Veränderung, sagte ich mir. Ich will mich nicht wichtiger nehmen, als ich bin, aber ich hatte mir ein großes Ziel gesetzt. Ein utopisches Ziel. Ich wollte das System, in dem wir leben, verändern.

Und vielleicht schlug das System jetzt ein klein wenig zurück. David gegen Goliath. Aber das war okay, ich wusste ja, worauf ich mich einlasse.

Dann spürte ich eine Vibration. Ich zog mein Handy aus der Hosentasche.

»Ja?«

»Herr Yousuf«, hörte ich die Stimme meines Anwaltes. »Ich habe schlechte Nachrichten.«

Der Regen prasselte jetzt noch heftiger gegen die Fensterscheibe meines Autos. Draußen flohen die Menschen von der offenen Straße. Suchten eine Überdachung. Ich schaute hinauf in den Himmel. Er war grau. Und er wurde immer dunkler.

Schlechte Nachrichten. War ich gewohnt. Doch was er mir jetzt eröffnete, das hätte ich tatsächlich nicht erwartet.

»Die Finanzaufsicht hat den Launch des Coins gestoppt.«

Mir fiel beinahe mein Handy aus der Hand. »Das kann nicht sein …«, sagte ich. Ich spürte, wie mir langsam der Boden unter den Füßen weggezogen wurde. Mein Coin. Meine eigene Kryptowährung. Das Herzstück meines Plans. Darauf hatte ich die letzten beiden Jahre hingearbeitet. In ein paar Tagen sollte er nun endlich an den Start gehen. Ich hatte eine App entwickelt – ein Portal. Es war kostenlos und jeder konnte es sich herunterladen. Mithilfe dieser App sollte man sich spielerisch Finanzwissen aneignen können. Warum? Weil ich der festen Überzeugung bin, dass jeder Mensch in der Lage ist, reich zu werden, wenn er nur einmal die grundlegenden Regeln unseres Finanzsystems verstanden hat. Auch ich hatte das geschafft. Ein Flüchtlingskind, das gar nichts hatte. Kein Startkapital. Keinen Mentor. Nichts. Wenn mir das gelang, dann würde es anderen Menschen auch gelingen. Und je mehr Menschen es schafften, desto stärker würde dieses System, wie es jetzt ist, in seinen Grundfesten erschüttert werden. Das wollte ich. Ich glaube, dass unser Finanzsystem zum Sterben verurteilt ist. Ich glaube, dass Krypto die Zukunft ist. Krypto ist nicht nur eine Währung. Sondern eine

Philosophie. Darum wollte ich meinen eigenen Coin gleichzeitig zu meiner Plattform veröffentlichen.

Ich wollte, dass die Menschen viel Zeit mit der App verbringen. Wenn sie sich viel Wissen aneignen, dann sollten sie sich die Coins verdienen können. Meinen Coin wollte ich Dohrnii nennen. Dohrnii, das hatte ich einmal gelesen, ist der Name eines ganz besonderen Tieres. Die unsterbliche Qualle. Wenn sie stirbt, dann entsteht aus ihren Überresten eine neue Qualle. Sie vergeht nie. Sie bleibt für immer. Ein ewiger Kreislauf. Ich fand das einen schönen Gedanken. Es war das Gegensystem zu unserer Welt, in der alles immer nur für den Moment Bedeutung hatte. Aber jetzt schien die Idee zu sterben.

»Es ist ein einmaliger Vorgang«, hörte ich noch die Stimme meines Anwalts. »So etwas ist noch nie passiert …« Aber ich nahm sie schon gar nicht mehr richtig wahr. Es fühlte sich an, als würde mein Traum wie eine Seifenblase zerplatzen. Einfach so.

Ich war völlig fertig und beschloss, die restlichen Termine für den Tag abzusagen. Ich ließ mich in ein kleines Restaurant am Stadtrand fahren. Ich kannte dieses Restaurant erst seit ein paar Wochen. Aber seit ich es durch Zufall entdeckt hatte, war ich hier Stammgast. Es lag in einer kleinen Seitenstraße und war sehr italienisch. Kleine runde Holztische mit der obligatorischen rotweißen Stoffdecke. Für mich war dieses kleine Restaurant so etwas wie ein Rückzugsort. Ein Platz, an dem ich für einen kurzen Moment meinen Alltag vergessen konnte. Es gehörte Nico, einem jungen Italiener, Mitte 30, den man sich nicht besser hätte ausdenken können. Nico war ein stolzer Mann mit einer unglaublichen Ausstrahlung, der jeden Gast sofort mit seinem Charme einfing. Außerdem war sein Kaffee, der beste, den ich jemals getrunken habe. »Ciao, Nico«, begrüßte ich ihn, als ich den Laden betrat.

Er nickte mir zu. Ich setzte mich an meinen kleinen Stammtisch in der Ecke und schaute auf mein Handy. Es waren neun weitere

Anrufe in Abwesenheit hinzugekommen. Ich schaltete das Gerät ab und ließ es in meiner Hosentasche verschwinden.

»Du siehst nicht gut aus, mein Junge«, sagte Nico und stellte mir einen Espresso und ein Glas Wasser auf den Tisch.

»Ich hatte schon bessere Tage«, gestand ich.

»Was ist los?«

»Liest du keine Zeitung?«

»Schon sehr lange nicht mehr. Wenn es etwas Wichtiges gibt, dann erfahre ich es auch so.«

Ich schaute mich noch einmal in seinem wunderschönen kleinen Laden um, den sich Nico hier eingerichtet hat. Zwar bezweifelte ich, dass es stimmte, was er sagte, fand seine Einstellung aber ganz sympathisch.

»Vielleicht ist es besser so«, sagte ich.

»Ich bin mir sicher, du wirst mir gleich erzählen, was in den Zeitungen so geschrieben wird. Es muss ja etwas Besonderes sein, wenn es dich so runterzieht.«

»Ich wüsste ehrlich gesagt nicht, wo ich anfangen sollte«, winkte ich ab.

Doch dann tat Nico etwas, was er sonst nicht tat. Er zog sich einen Stuhl heran und setzte sich zu mir. Das war ungewöhnlich. Aber vielleicht spürte er intuitiv, dass es mir wirklich nicht gut ging.

»Wie wäre es, wenn du ganz von vorne anfängst …«

Ich zögerte. Fühlte mich ein wenig überrumpelt.

»Mal ganz ehrlich, du bist fast jeden Tag hier. Du setzt dich jeden Tag an denselben Tisch, spielst auf deinem Handy herum, trinkst deinen Espresso und bist in deiner ganz eigenen Welt, mein Freund, es wird Zeit, dass du mich auch mal ein wenig daran teilhaben lässt«, sagte er mit seiner typisch ausufernden Gestikulation und seinem einzigartigen Charme.

»Du willst meine Geschichte hören?«

»Zwing mich nicht, sie in einer Zeitung nachlesen zu müssen.«

Ich wusste seine Geste zu schätzen. Er wollte mich aufmuntern. Oder zumindest ein wenig ablenken. Aber ich wollte ihn nicht nerven. »Ich glaube, das würde ein bisschen zu lange dauern.«

»Schau dich um«, sagte er. »Sieht es so aus, als hätte ich gerade allzu viel zu tun?«

Also gut, dachte ich. Warum eigentlich nicht. Vielleicht würde es mir helfen, meine Gedanken ein bisschen zu ordnen.

# Die Reise

Es gibt Geschichten, die nicht bloß einfache Geschichten sind. Es gibt Geschichten, die für mehr als nur für sich selbst stehen. Sie stehen für eine Zeitenwende. Sie stehen für einen großen gesellschaftlichen Umbruch. Oder einfach nur für die Hoffnung eines Einzelnen, mit dem sich viele Menschen identifizieren können. Ich weiß nicht, ob meine Geschichte so eine Geschichte ist. Ich weiß nur, dass ich meine Geschichte niemandem erzählen kann, der nicht den Kopf schütteln und mich für völlig verrückt erklären würde. *Das kann so nicht gewesen sein. Das kannst du so nicht erlebt haben. Das ist doch so gar nicht möglich.* Aber es war so. Ich habe es so erlebt. So ist es passiert. Und ich kann alles beweisen. Vielleicht fällt es vielen Menschen so schwer, meine Geschichte zu glauben, weil sie sich wie eine Art modernes Märchen anhört. Die Geschichte eines unglaublichen Aufstiegs, der nur in einem ganz besonderen Zeitfenster überhaupt in dieser Form möglich war. Vom Flüchtling zum Kryptomillionär. Wer sonst könnte das von sich behaupten? Hätte sich das alles ein paar Jahre früher oder ein paar Jahre später zugetragen, ja, dann wäre alles ganz anders gekommen. Aber Märchen sind Fiktion. Und meine Geschichte ist so passiert, wie ich sie hier erzähle.

Vielleicht ist sie so einzigartig, weil sie zu einem ganz bestimmten Zeitpunkt passiert ist. War es Glück? Zufall? Fügung? Ich weiß es nicht. Ich weiß nur, dass schon ihr Anfang genauso unwahrscheinlich ist wie ihr weiterer Verlauf.

Meine Geschichte beginnt an einem kühlen Herbsttag. Irgendwo in den namenlosen Wäldern des türkischen Grenzgebiets. Es war schon ein paar Wochen her, seit wir uns auf den Weg gemacht hatten. Aber die erste Erinnerung meines Lebens, das war die Erinnerung an diesen Tag. Es war bereits später Nachmittag und die Sonne war nur noch eine rote Kugel, die langsam am Horizont verschwand. Ein kühler Wind zog auf.

»Mama«, flüsterte ich. »Mir ist kalt.«

Mama blieb kurz stehen, setzte mich ab und zog mir meine Jacke zu. Ich sah, wie die anderen Männer an uns vorbeiliefen. Für einen kurzen Moment hatte ich den Eindruck, als würde die Zeit stehen bleiben. Als wären da nur noch Mama und ich. Ich erinnere mich noch genau an ihr Gesicht. Mama sah müde aus. Die vergangenen Wochen hatten ihre Spuren hinterlassen. »Wir müssen weiter, mein Schatz«, sagte sie leise und gab mir einen Kuss auf die Stirn. Dann nahm sie mich wieder auf den Arm und die Zeit lief weiter. So wie alles immer weiterlief. Ich kannte nichts anderes. Ich kannte nur dieses ständige Weiter. Weiter, weiter, weiter. Tag für Tag. Woche für Woche. Die Landschaften veränderten sich, aber alles andere blieb immer gleich. »Bald«, sagte Mama zu mir und meinen beiden älteren Brüdern, »bald haben wir es geschafft. Bald sind wir am Ziel.«

Aber das hatte sie schon sehr oft gesagt. Ich schaute zu meinen beiden großen Brüdern hinunter, die neben uns herliefen. Auch sie wirkten müde.

Und dann passierte es. Etwas, das mein Leben wohl für immer verändern sollte.

»Stopp«, erklang plötzlich eine raue Stimme. Die ganze Gruppe hielt an. Wir standen am Rand eines großen Waldes. Ich habe noch heute den harzigen Geruch der großen Kiefern in der Nase, die sich vor uns erstreckten. »Wartet.«

Wir drehten uns um. Ein großer, bärtiger Mann hob seinen Rucksack von den Schultern und stellte ihn vor sich auf den Boden. Ich weiß nicht mehr, wie er hieß. Hier nannten ihn alle nur den »Soldat«. Der Soldat trug die ganze Zeit über eine abgewetzte alte Militärjacke. Er war kein Mann der großen Worte. Blieb meistens für sich. Ich glaube, es war das erste Mal, dass ich überhaupt seine Stimme hörte. Und das, obwohl wir schon ziemlich lange gemeinsam unterwegs waren. »Wir müssen etwas klären«, rief er und winkte die anderen aus der Gruppe heran. Ich hatte irgendwie immer Angst vor diesem Mann. Er war groß und breit. Seine dunklen Augen strahlten eine Kälte aus, die ich so noch nie bei einem Menschen gesehen hatte. Der Soldat wirkte sehr viel älter, als er wahrscheinlich war. Tiefe Narben hatten sich in seine Haut gefressen. Ich war froh, dass wir nicht so viel mit ihm zu tun hatten. Langsam trotteten wir zu ihm hinüber und bildeten einen kleinen Kreis. Ich schaute mich um. Wir waren fünfzehn, vielleicht zwanzig Leute. Eine kleine, eingeschworene Gemeinschaft. Zusammengeführt von Leid, Hoffnung und Schicksal. Die meisten von uns waren Männer. Mama war eine der wenigen Frauen hier. Und meine Brüder und ich die einzigen Kinder. Jeder hatte bereits einen langen Weg hinter sich. Es herrschte Ruhe. Nur ein paar Vögel zwitscherten aufgeregt in den Bäumen.

»Das hier«, sagte der Soldat und zeigte unbestimmt in Richtung Wald, »das hier ist die wichtigste Grenze. Wenn es hier schiefgeht, dann war alles umsonst.«

Die anderen nickten. Seit Tagen sprachen wir von nichts anderem. Nur noch von dieser Grenze. Von diesem einen großen Schritt, den wir machen müssten. Wir befanden uns im Norden der Türkei. Kurz vor Bulgarien. Unserem Eintrittstor nach Europa.

»Wir können es uns nicht erlauben, hier etwas zu vermasseln«, sagte der Soldat und eine Strähne fiel in sein Gesicht. Jeder wusste gleich, was er meinte. Wir durften nicht erwischt werden. Nicht hier. Nicht heute. Nicht schon wieder. Denn in den vergangenen Tagen und Wochen waren wir immer wieder aufgegriffen worden. Waren den Grenzsoldaten regelrecht in die Hände gelaufen. Ich bemerkte, wie sich die anderen langsam umdrehten und ihre Blicke auf Mama und mir ruhten. Mama ließ sich nichts anmerken. Aber jedem hier war klar, warum es in den vergangenen Tagen so viel Ärger gegeben hatte. Wegen mir. Dass wir erwischt worden waren, war meine Schuld gewesen. Irgendwie.

Das hier war nicht nur irgendein Ausflug. Wir waren auf der Flucht. Unsere Gruppe hatte sich aus dem Nordirak abgesetzt. Es herrschte Krieg. Und wir alle wollten nach Europa. Ins Paradies. Dort, so hieß es, würden wir ein besseres Leben finden. Dafür nahmen wir eine monatelange Fluchtroute auf uns.

So hatte man mir das erklärt. Verstanden habe ich es natürlich nicht. Ich war nur ein Kind. Ich war drei Jahre alt. Ich begriff den Ernst der Lage nicht. Während wir hier unsere gesamte Existenz aufs Spiel setzten, hatte ich überhaupt keine Ahnung, was eigentlich los war.

Für mich war das alles nur ein großes Abenteuer. Wir schlichen nachts durch offenes Gelände, krochen durch Wälder und versteckten uns vor patrouillierenden Soldaten. Ein Spiel.

Aber es war kein Spiel.

Es war die harte Realität.

Und sie würde jedes Mal, wenn man uns wieder erwischte, noch etwas härter werden.

»Der Junge ist zu laut«, sagte der Soldat. »Beim letzten Mal hat er angefangen zu weinen. Und wir sind aufgeflogen. Das können wir uns hier nicht erlauben. Nicht an dieser Grenze.«

Die Grenze zu Bulgarien war die wichtigste Grenze auf unserer Flucht. Wenn wir erst einmal in Europa waren, so hieß es, dann würde alles ganz einfach werden. Darum sollte man an dieser Grenze absolut nichts dem Zufall überlassen. Alles war perfekt vorbereitet.

Die Männer wussten genau, wann welche Abschnitte patrouilliert wurden. Sie hatten im Vorfeld die richtigen Grenzwächter bestochen. Es war alles geplant. Es gab nur noch einen einzigen Risikofaktor: mich.

»Er hat recht«, stimmte einer der anderen Männer dem Soldaten zu. »Der Junge gefährdet alles, wir können ihn nicht weiter mitnehmen.«

Auch das verstand ich alles nicht. Ich verstehe es heute. Im Rückblick. Ich verstehe es, weil meine Mutter mir lange erklärt hat, was auf unserer Flucht alles geschah. Es gab viele schwierige Momente. Aber dieser Moment hatte sich tief in ihre Seele gebrannt. Er wurde zu einem Trauma, das sie bis heute nicht richtig überwunden hat. Aber damals, war mir nur irgendwie klar, dass man über mich sprach. Dass die anderen böse auf mich waren. Ich musste wohl irgendwas falsch gemacht haben. Ich schaute zu meinen beiden Brüdern. Sie zuckten nur mit den Schultern. Dann schaute ich zu Mama hoch. Sie war ganz erstarrt. Blickte mit versteinertem Gesichtsausdruck in die Runde. »Das meint ihr nicht ernst«, flüsterte sie. Niemand sagte etwas.

»Was wollt ihr denn machen?«

Schweigen. Plötzlich schien Mama zu begreifen.

»Ihr wollt …«, sie stockte und sprach etwas leiser weiter, »… ihr wollt meinen Sohn zurücklassen?«

»Versteh das doch, Schwester«, sagte einer der Männer. »Wir haben alles hinter uns gelassen. Unsere Familien. Unseren Besitz. Unser ganzes Leben. Wir haben alles aufgegeben … und jetzt …«

Ich verstand immer noch nicht wirklich, was hier vor sich ging. Ich konnte dieses Gespräch nicht einordnen. Nicht deuten. Das einzige, was ich verstand, war, dass es um mich ging. Und dass es Mama gar nicht gefiel, was da besprochen wurde. Sie hielt meine Hand ganz fest. Als würde sie mich nie wieder loslassen wollen. Aber als ihre Hand in meiner lag, da spürte ich, wie sie anfing zu zittern.

»Das ist doch völlig verrückt«, sagte sie zu den Männern. »Er ist drei Jahre alt. Wenn wir ihn hierlassen, ist das sein sicherer …« Sie sprach den Satz nicht zu Ende. Erst langsam wurde ihr wohl bewusst, was gerade passierte. Sie versuchte mit aller Kraft, die Fassung zu bewahren.

»Du kannst ja bei ihm bleiben«, sagte der Soldat, obwohl er genau wusste, dass das nicht funktionierte. Mama hatte ja nicht nur mich, sondern auch noch meine beiden Brüder Walat und Khalat dabei. Wir hatten schweres Gepäck. Wir konnten die Reise unmöglich allein schaffen. Und zurück konnten wir auch nicht mehr.

»Wir sind so weit gekommen, Schwester«, sagte einer der Männer zu meiner Mutter. »Und wir können nicht riskieren, dass alles umsonst war. Nicht jetzt. Nicht so kurz vor dem Ziel.«

»Der Junge ist ein Problem!«, unterbrach ihn der Soldat mit hartem Ton. »Wir müssen ihn hierlassen.«

»Wir lassen meinen Sohn nicht zurück!«, sagte meine Mutter und umklammerte meine Hand jetzt so fest, dass es beinahe wehtat.

Ich wurde unruhig. Irgendwas passierte da. Irgendwas besprachen die Erwachsenen, was nicht gut war. Irgendwie hatte es mit mir zu tun. Ich verstand nur, dass es Mama wütend und traurig machte. Ich schaute den Soldaten an. Ich hasste diesen Mann jetzt. Nicht, weil ich begreifen konnte, was er plante. Sondern weil er meine Mutter traurig machte. Ich kniff meine Augen zusammen und warf ihm einen wirklich bösen Blick zu, aber er beachtete mich gar nicht. Niemand beachtete mich. Obwohl alle über mich sprachen.

Dann sah ich, dass Mama eine Träne über die Wange lief. Sie wischte sie weg. Sie wollte stark bleiben. So, wie sie die ganze Zeit über stark gewesen war.

»Ob wir ihn zurücklassen oder nicht, das hast du nicht zu entscheiden«, fuhr der Soldat sie an. »Wir stimmen ab.«

Ich schaute die Männer an. Einige zweifelten. Waren hin- und hergerissen. Aber andere waren bereit, es durchzuziehen. Man sah ihnen an, dass sie keinerlei Skrupel mehr hatten. Es waren raue

Zeiten. Wir waren auf der Flucht. Und diese Männer hatten ihr ganzes Leben hinter sich gelassen. Keiner hatte Papiere bei sich. Keiner hatte eine Identität. Jeder von ihnen war ein Niemand. Jeder hier wusste, dass wir alle in Europa ein neues Leben beginnen würden, und wenn die Grenze einmal überschritten war, würde niemals mehr jemand herausfinden, was auf der Flucht passiert war. Dass die Männer ein dreijähriges Kind in einem türkischen Wald im Niemandsland umgebracht hätten.

»Wer ist dafür?«, fragte der Soldat und die Hälfte der Männer hob ihre Hand. Mama ließ mich nun los und lief von Mann zu Mann, schaute sie an, wurde dabei immer aufgelöster. »Nein«, sagte sie und versuchte, die gehobenen Hände der Männer wieder herunterzuziehen. »Nicht … bitte … das könnt ihr nicht tun …« Mamas Stimme wurde brüchig. »Bitte nicht«, sagte sie und ging zum nächsten Mann, der seine Hand gehoben hatte. Sie verstand, was ich damals natürlich noch nicht begreifen konnte. Hier wurde gerade mein sicherer Tod beschlossen. Und Mama konnte nichts dagegen tun. Ich kann mir auch heute noch nicht wirklich vorstellen, wie das für sie gewesen sein muss.

Ihr liefen die Tränen über das Gesicht. Sie wurde immer verzweifelter. Sie schluchzte. Warf sich auf den Boden. »Bitte«, jammerte sie. »Bitte, ich mache alles, was ihr wollt, aber tut das nicht! Tut das meinem Kind nicht an!« Sie flehte. Sie bettelte. Sie warf sich in den Dreck. Doch der Soldat zeigte keinerlei Gefühlsregungen.

»Wir sind viele. Er ist nur ein Kind. Er ist ein Risiko. Wenn wir ihn hierlassen, kann er schreien, so viel er will. An der Grenze wird es niemand hören.«

Die anderen nickten. Sie wussten, irgendwie hatte der Soldat recht. Mama lag auf dem Boden und schluchzte. Dann faltete sie die Hände und betete. Sie murmelte etwas vor sich hin, das ich nicht verstand. Sie hoffte wohl auf ein Wunder. Dass ihr irgendjemand helfen würde. Aber hier war niemand, der ihr helfen konnte.

Nur mein Onkel war noch da. Er hatte die ganze Zeit geschwiegen. Nun stellte er sich vor mich. »Jetzt bleiben wir erst einmal alle ganz ruhig«, sagte er, um die Situation zu retten. »Es muss doch einen anderen Weg geben.«

»Den gibt es nicht«, sagte der Soldat kalt. Mama wusste, dass sie sich nicht auf ihren Bruder verlassen konnte. Denn er war nicht nur mein Onkel, er war auch der Schleuser, der uns nach Europa bringen sollte. Er hatte von all diesen Männern hier sehr viel Geld bekommen. Und er konnte sich nicht komplett gegen sie stellen.

Mama lag auf dem Boden und weinte. »Bitte, Herr«, sagte sie, »lass mich aus diesem Albtraum erwachen.« Es brach mir das Herz, sie so zu sehen. Es war ein beinahe unwirklicher Moment.

»Wir können …«, bot der Soldat ihr an, »es auch schnell hinter uns bringen. Du musst es nur sagen.«

Ich schaute Mama an. Sie versuchte sich zu fangen. Sich zu sammeln. Sie atmete schwer ein. Dann wischte sie sich ihre Tränen weg und stand auf. Sie stellte sich vor die Männer, die per Handzeichen meinem Tod zugestimmt hatten, und schaute ihnen lange in die Augen. Sie hatte eine Idee. Eine letzte Idee. Sie nahm noch einmal alle Kraft, die sie hatte, zusammen und richtete sich auf.

»Ihr wollt meinen Sohn umbringen?«, fragte sie mit der letzten Fassung, zu der sie sich zwingen musste. »Wisst ihr denn nicht, wer sein Vater ist?« Das schien Wirkung zu haben. Plötzlich wurde es ganz still in der Gruppe.

Mein Vater. Ismet Guli. Sie musste diesen Namen gar nicht aussprechen. Die Männer wussten es. Bei Kurden hat der Familienname ein hohes Gewicht. Und mein Vater war ein angesehener Mann. Nicht, weil er besonders viel Geld hatte. Im Gegenteil: Unsere Familie war ziemlich arm. Aber mein Vater war weit über die Grenzen unseres kleinen Dorfs hinaus bekannt.

Als die Männer den Namen meines Vaters hörten, schauten sie betreten zu Boden. Es wirkte fast, als schämten sie sich ein wenig.

Mama hakte nach. »Wollt ihr wirklich den Sohn von Ismet Guli umbringen? Könnt ihr das vor euren Familien rechtfertigen?«, fragte sie und schaute den Männern in die Augen.

»Habt ihr vergessen, was dieser Mann für euch getan hat? Für eure Brüder? Für eure Väter? Sie haben Rücken an Rücken mit ihm gekämpft.«

Es funktionierte. Die Männer schafften es nicht, ihrem Blick standzuhalten.

»Also gut«, sagte einer und deutete auf mich. »Nehmen wir ihn mit. Aber sorg dafür, dass er die Klappe hält.«

Mama nickte. Dann beugte sie sich zu mir herunter.

Der Soldat spuckte auf den Boden und zog sich seinen Rucksack wieder an.

»Dadvan«, sagte sie. »Du musst jetzt ganz brav sein, okay?« Ich nickte.

»Ganz brav. Ganz leise. Du gibst keinen Ton von dir, verstehst du?« Eine Träne lief ihr über die Wange. Ich merkte, dass es ihr gerade sehr ernst war. Dann strich sie mir über das Gesicht und schaute mir in die Augen. Ich erinnere mich noch genau an die Angst, die ich in ihrem Gesicht sah. Eine Angst, die ich so niemals wieder bei ihr sehen sollte.

»Wenn er nur ein Wort sagt …«

»Er wird ruhig bleiben!«, erwiderte Mama nun bestimmt. Sie hatte sich wieder gefasst. »Versprich es mir, Dadvan.«

»Okay, Mama.«

»Egal, was passiert …«

»Egal, was passiert!«

Sie küsste mich. »Also gut«, rief mein Onkel. »Lasst uns aufbrechen. Wir haben nicht mehr viel Zeit.« Ich erinnere mich, wie Mama mich dann an die Hand nahm und wie wir durch den Wald liefen. »Achte auf deine Schritte«, flüsterte sie mir zu und ich sprang vorsichtig über die Äste und die Wurzeln und das raschelnde Laub. Die Sonne war bereits untergegangen und es wurde immer dunkler.

Ein paar Männer schalteten ihre Taschenlampen an und leuchteten uns den Weg.

Wir liefen weiter und weiter und irgendwann gab uns mein Onkel ein Zeichen. »Wir haben es geschafft«, sagte er. »Wir haben die Grenze überquert.«

Ein gewaltiger Druck fiel von den Leuten ab. Meine Mama küsste mich auf die Stirn. »Das hast du sehr gut gemacht, mein Schatz.«

Ich hatte ganz unbewusst selbst mein Leben gerettet.

\* \* \*

Ich lehnte mich zurück, schloss die Augen und streckte meine Hände aus. Ich fühlte, wie sich die Wärme langsam ausbreitete. Das kleine Lagerfeuer knisterte. Dann spürte ich die Hand meines Bruders Walat auf meiner Schulter. »Bruder«, sagte er. »Hier, nimm.« Ich öffnete die Augen. Walat hielt mir ein Fladenbrot hin. Ich nahm es, riss mir ein kleines Stück ab und gab den Rest weiter, an meinen anderen Bruder Khalat. Ich schaute mich um. Wir saßen vor einer kleinen Scheune. Auf dem Stroh hatten Mama und unser Onkel Mezafer ein Lager aufgeschlagen. Sie hatten Decken ausgebreitet. Mama saß auf einem kleinen Teppich und betete. Onkel Mezafer hatte eine kleine silberne Kanne in das Lagerfeuer vor uns gestellt, in der er einen Cay kochte. Einen arabischen Tee. Langsam ging die Sonne unter. Es war ein besonderer Moment. Ich weiß nicht, warum ich mich so genau an diesen Augenblick erinnere. Warum dieser Moment für mich so besonders war. Vielleicht, weil er so friedlich war. Wir hatten für kurze Zeit Ruhe gefunden. Das war sehr selten.

Die Wochen und Monate auf der Flucht hatten ihre Spuren hinterlassen. Es waren raue Zeiten. Ständig lebten wir in der Angst, entdeckt zu werden. Und wenn wir entdeckt wurden, hatte das Konsequenzen. Es gab Schläge. Schläge für meine Mutter.

Schläge für meine Brüder. Die Soldaten waren nicht zimperlich. Sie wussten, dass wir Flüchtlinge waren. Sie wussten, dass wir nach Europa wollten. Und es war ihr Job, uns daran zu hindern. Was sie auf ihre Weise taten. Sie behandelten uns wie Aussätzige. Und irgendwie waren wir das ja auch. Wir hatten keine Identität. Wir hatten keine Rechte. Wir waren illegale Grenzübergänger. Einmal hielt ein Soldat unserer Mama eine Waffe an den Kopf. Er sagte, wenn er sie noch einmal an der Grenze erwische, würde er abdrücken. Die Botschaft war klar: Wir wollen euch nicht in unserem Land haben, ihr Schmarotzer. Dann schickte er uns zurück. Eine Nacht später probierten wir es wieder. Ich schaute Khalat an. Seine Arme waren mit blauen Flecken übersät. Die vergangenen Wochen waren hart gewesen. Und dennoch. Das Schlimmste lag hinter uns. Zumindest dachten wir das. Vor zwei Tagen hatten wir es geschafft. Wir hatten die wichtigste Grenze nach Europa überquert. Jetzt waren wir in Bulgarien. Und alles entspannte sich zunächst einmal etwas. Die Gruppe wurde kleiner. Die Wege trennten sich. Die Männer teilten sich auf und verschwanden nach und nach in verschiedene Richtungen. Jeder hatte seine eigenen Ziele. Ich war froh, dass der Soldat nicht mehr bei uns war. Mama hatte ihr Gebet beendet und setzte sich zu uns. Sie zog mich an sich und strich mir durch die Haare. »Jetzt wird alles gut«, sagte sie und küsste mich auf den Kopf. »Wenn wir am Ziel ankommen«, sagte sie, »wartet dort das Paradies auf uns.« Das Paradies. Das klang gut. Ich schloss wieder meine Augen und fing an zu träumen. Wie es wohl sein würde? Ich stellte mir vor, dass es im Paradies unendlich viel Spielzeug für uns geben würde. Und ein großes Haus. Jeder von uns hätte sein eigenes Zimmer. Und ein warmes Bett. Und da endete dann auch schon meine Vorstellungskraft. »An dem Ort, an den wir gehen werden, da gibt es die beste Schokolade der Welt«, erzählte Mama uns. Auch das klang verlockend. »Bald«, sagte Mama, »wird alles noch sehr viel einfacher sein. Bald sind wir im Paradies.«

Mama sagte mir immer, dass wir auf der Flucht waren. Aber ich hatte viel mehr das Gefühl, das wir eigentlich auf der Suche waren. Auf der Suche nach einem besseren Leben. Was auch immer das bedeuten mochte. Denn an mein altes Leben erinnerte ich mich nicht mehr. Da waren nur noch wenige, lose Erinnerungsstücke. Sie vermengten sich mit den Erzählungen meiner Mutter und den Fotos, die man mir später zeigte. Ich wusste also nicht, was es mit dem besseren Leben auf sich hatte. Aber ich vertraute meiner Mutter. Und meinem Vater. Auch wenn ich ihn nicht kannte. Mein Vater hatte sich auf den Weg nach Europa gemacht, noch bevor ich geboren wurde. Mein Vater war ein leidenschaftlicher Soldat gewesen. Jemand, der lange Zeit überzeugt war von dem Kampf für ein autonomes Kurdistan. Im Jahr 2003 begann der große Irak-Krieg. Doch unser Krieg, der fing schon viel früher an. Es war ein Krieg, der von der Öffentlichkeit nie wirklich wahrgenommen wurde. Und das lag an unserer Abstammung. Wir Kurden waren ein Volk ohne Land. Wir waren verteilt auf das Grenzgebiet zwischen Iran, Irak, Syrien und der Türkei. Doch überall blieben wir unerwünscht. Wurden verfolgt. Im nördlichen Irak hatten es die Kurden am Weitesten gebracht. Sie hatten eigene, autonome Strukturen geschaffen. Dort versorgten wir uns selbst. Unabhängig von der Regierung. Doch dem Saddam-Regime waren wir ein Dorn im Auge. Immer wieder kam es zu Übergriffen, zu Auseinandersetzungen mit der Armee. Mein Vater war ein Freiheitskämpfer. Er war bereit, sein Leben für sein Land zu geben. Er glaubte fest daran, dass es irgendwann ein freies Kurdistan geben würde. Er glaubte daran, dass wir eines Tages in Frieden leben könnten. Dass man aus diesem Land eine progressive Gesellschaft formen konnte, wenn man nur endlich Souveränität erlangen würde. Wenn Saddam weg wäre und die unterdrückten Kurden sich nur selbst verwalten könnten. Doch im Laufe der Jahre begann er zu zweifeln. Würde es in absehbarer Zeit wirklich besser werden? Oder würden seine Kinder in einem Landstrich aufwachsen, für den sich sonst kein Mensch auf dieser Welt interessierte? In dem sie vielleicht eines Tages einfach so erschossen werden. Oder verhungern. Er wusste, dass wir hier keine wirkliche Perspektive hatten. Es war eine Sache, sein Leben einer Sache zu opfern, an die man glaubte. Es war eine andere Sache, das Leben seiner Kinder für diese Sache zu opfern. Irgendwann, da verlor mein Vater die Hoffnung.

Er erkannte, dass das alles keine Zukunft hatte. Und da geriet er in eine tiefe Sinnkrise. Er fragte sich, wofür er eigentlich noch kämpft. Dann schwenkte er um. Er beschloss nun, seine ganze Energie für seine Frau und seine drei Kinder aufzubringen. Um ihnen irgendwann eine bessere Zukunft zu ermöglichen. Ihm war klar, dass wir die in Kurdistan niemals haben würden. Also fasste er den Plan mit uns nach Europa zu gehen. Sich dort etwas aufzubauen. Und uns dann nachzuholen.

Und dann machte sich mein Vater auf den Weg. Die Strecke, die er zurücklegte, nannte man auch die »Route des Todes«. Sie führte ihn durch zahlreiche Länder. Er überquerte zu Fuß die Grenzen und fuhr in einem kleinen Boot über das Mittelmeer. Und wurde immer und immer wieder erwischt. Dann steckte man ihn ins Gefängnis. Schob ihn ab. Und er versuchte es erneut. Er betrieb einen Riesenaufwand und Ende 2000 hatte er es schließlich geschafft. Er erreichte Europa! Und landete in der Schweiz. Dabei wollte mein Vater gar nicht in die Schweiz. Er wollte nach Schweden. Oder nach Norwegen. Vielleicht auch nach Deutschland. Die Schweiz hatte er gar nicht auf dem Zettel. Sie war weder Plan B noch Plan C. Aber sie war einfach irgendwann die einzige, mögliche Lösung, als ihm während der langen Flucht das Geld ausging. Es reichte nur noch für die Schweiz. Also kratzte er alle seine Ersparnisse zusammen, die er noch übrighatte, und bezahlte davon ein Taxi von Bergamo in Italien nach Bern. Wie er mir später erzählte, war die 320 Kilometer lange Fahrt über eine Landesgrenze hinaus viermal günstiger als die unwesentlich kürzere Fahrt von Bern nach Zürich.

In Bern bezog er ein winziges Apartment und lebte in absoluter Armut. Baba nahm jeden Job an, den er irgendwie bekam. Er arbeitete in verschiedenen Restaurants illegal als Spülkraft. Zu einem absoluten Mindestlohn. Er hatte keine Chance, sich dagegen zu wehren. Er wusste ja, dass er keinerlei Rechte hatte. Und er war froh um jeden Franken, den er hier verdienen konnte. Baba gönnte sich nichts. Er sparte alles, was er hatte. Und nach drei Jahren hatte er dann endlich genügend Geld, um Mama, meine Brüder und mich nachzuholen.

Und hier waren wir nun. Mitten im bulgarischen Niemandsland – auf dem Weg in die Schweiz.

* * *

Doch es wurde nicht einfacher. Es wurde schwerer. Der Winter kam. Es wurde kälter und unsere Reise immer beschwerlicher. Wir hatten es in Europa zwar nicht mehr mit gewalttätigen Soldaten zu tun, aber die Umstände waren trotzdem alles andere als schön. Oft schliefen wir draußen. Manchmal wohnten wir auch in irgendwelchen Kellerräumen von irgendwelchen Menschen, die uns dort mit Essen versorgten. Mein Onkel erklärte mir damals, so eine Flucht nach Europa müsse ganz genau geplant werden. Und dass es sein Job als Schleuser sei, für jeden Tag ganz genau vorzusorgen. »Ich kenne die exakte Route«, sagte er mir, während wir in einem feuchten Keller irgendwo in Bulgarien saßen. Draußen regnete es in Strömen. Es war unfassbar kalt. Wir hatten uns in ein paar Decken eingehüllt und schmiegten uns ganz eng aneinander. An den Wänden hingen große Spinnen. Ich schüttelte mich. »So eine Flucht«, erzählte Onkel Mezafer mir, »kostet jede Menge Geld. Aber das Geld nehme ich nicht für mich. Ich investiere es.« »Was heißt das?«, fragte ich ihn. »In-ves-tie-ren?« Onkel Mezafer überlegte. »Es bedeutet, dass du dein Geld gegen etwas eintauscht, das dir auf

lange Sicht mehr bringt. Entweder noch mehr Geld. Oder ...«
Er schaute in die Ferne. »Ein besseres Leben. Ihr habt in eure Zukunft investiert.« Ich verstand es noch nicht so richtig, aber ich
nickte. »Mit dem Geld, das ich bekomme, muss ich Grenzsoldaten bestechen. Und die Leute bezahlen, die uns Unterkunft ge-
währen. So wie diese hier.« Ich schaute mich in dem kleinen mie-
figen Kellerloch um.

»Wer mich bezahlt, bekommt eine Art All-Inclusive-Service«,
sagte er. »Ein Rundum-Sorglos-Paket.« Ich weiß nicht, warum Onkel Mezafer mir das alles erzählte. Vielleicht war ich der Einzige, der
ihm zuhörte. Und vielleicht hörte ich auch nur zu, weil ich nicht
verstand, was er da genau sagte. Vielleicht musste er sich auch nur
etwas von der Seele reden. Ich weiß es nicht. Aber ein Rundum-
Sorglos-Paket? Das klang schöner, als es sich anfühlte. Ich betrachtete die riesige Spinne mit den langen Beinen, die über die Wand
krabbelte. Dann schreckte ich auf. Die Tür öffnete sich. Eine dicke Frau mit einem Kopftuch kam zu uns herunter. Sie nickte meinem Onkel zu. Dann stellte sie einen Eimer vor uns. In dem Eimer
waren ein Laib Brot und ein paar lauwarme Kartoffeln. Die Frau
schaute sich im Keller um. Dann verschwand sie wieder. »Onkel?«,
fragte ich dann irgendwann, während ich in eine der Kartoffeln biss.
»Kann es sein, dass wir uns verlaufen haben?«

»Aber nein«, sagte er. »Wieso fragst du?« Ich zuckte mit den
Schultern. Mama hatte doch gesagt, wir würden ins Paradies gehen.
Aber von Tag zu Tag wurde alles immer nur noch schlimmer. Ich
fragte mich: Waren wir nicht vielleicht doch irgendwo falsch abge-
bogen und in der Hölle gelandet?

\* \* \*

Ein paar Wochen später war es dann so weit. Wir hatten es geschafft.
Wir hatten unser Ziel erreicht. Unser vorläufiges Ziel. Wir waren in
Italien angekommen. Mein Onkel ging in eine Telefonzelle, kramte

einen kleinen Zettel aus seiner Jackentasche und wählte eine lange Telefonnummer. Wir alle schauten gespannt zu ihm. Nichts passierte. Absolute Stille. Dann nickte er. Während er in den Hörer sprach, streckte er uns einen nach oben zeigenden Daumen entgegen. Ein gutes Zeichen. Ich schaute Mama an. Sie wirkte erschöpft. Aber auch erleichtert. Glücklich. So hatte ich sie schon lange nicht mehr gesehen. Als unser Onkel das Gespräch beendet hatte und aus der Telefonzelle kam, strich er unserer Mutter über die Schulter und lächelte. »Er ist in zwei Stunden hier«, sagte er. »Ihr habt es fast geschafft. Jetzt kann euch nichts mehr passieren.«

»Kommt«, sagte er zu uns. »Lasst uns im Park warten.« Wir gingen über die Straße zu der kleinen Grünanlage und setzten uns auf eine Bank. Es war der erste sonnige Tag seit vielen Wochen. Ich beobachtete die Menschen, die an uns vorbeispazierten. Ich hatte das Gefühl, in einer ganz anderen Welt gelandet zu sein. Da, wo wir herkamen, gab es Krieg und Gewalt und Zerstörung. Hier nicht. Hier war alles friedlich, hier wirkten die Menschen glücklich und zufrieden. Mama zog ein Stück Fladenbrot und eine Flasche Wasser aus ihrer Tasche und reichte beides herum. Und so saßen wir auf der Parkbank, aßen und tranken, und warteten darauf, dass unser neues Leben bald beginnen würde. Zwei Stunden später fuhr ein altes, völlig verrostetes Auto vor und ein Mann stieg aus. Das musste er sein. Mama und meine Brüder sprangen gleich auf und fielen dem Mann in die Arme. Ich spürte, wie mein Herz immer schneller schlug. Ich wollte auch aufstehen. Aber ich traute mich nicht. »Willst du deinen Vater nicht begrüßen?«, fragte mein Onkel mich. Mein Vater. Ich wusste, dass dieser Mann mein Vater war. Aber ich hatte ihn noch nie gesehen. Er war nach Europa gegangen, als Mama noch mit mir schwanger war. Es fühlte sich so unwirklich an.

»Na komm schon«, sagte Onkel Mezafer. Ich stand auf und ging dem fremden Mann entgegen. Er ging in die Knie und schaute mich an. Es war ein merkwürdiger Moment. »Und du musst Dadvan sein«, sagte er. Ich sah, wie er Tränen in den Augen hatte. Dann zog er mich fest an sich und umarmte mich. »Mein Sohn«, flüsterte er. »Mein geliebter Sohn. Endlich sind wir wieder eine Familie.« Ich schaute zu Mama auf. Sie lächelte. Zum ersten Mal seit langer Zeit. Jetzt, dachte ich, muss alles gut werden. »Also gut«, sagte Baba. »Lasst uns aufbrechen. Lasst uns nach Hause fahren.« Wir stiegen in das kleine, rostige Auto und winkten Onkel Mezafer zu.

»Danke für alles. Den Rest kriegen wir allein hin«, sagte Baba und legte seine Hand auf Onkel Mezafers Schulter. Dann stieg er in das Auto und wir fuhren los. Das war sie nun also. Die letzte Etappe unserer großen Reise. Wir würden jetzt ins Paradies fahren, dachte ich. Wie es dort wohl sein würde? Mama hatte uns erzählt, unsere neue Heimat sei berühmt für Schokolade und Käse. Auf die Schokolade freute ich mich am meisten. Ich drückte mein Gesicht an die Fensterscheibe und betrachtete die Landschaft, die an uns vorbeizog. Je länger wir fuhren, desto grauer wurde alles. Irgendwann verschwand die Natur und ich sah nur noch Beton und die Straße und andere Autos. »Dadvan«, sagte mein Vater und reichte mir vom Fahrersitz ein Foto nach hinten. »Erinnerst du dich daran?« Ich nahm das Bild und schaute es mir an. Das war ich. In unserem alten Haus. Meine Onkel und meine Tanten umringten mich. Ich stand auf einem Stuhl und hielt ein Bild in die Kamera. Das Bild meines Vaters. Das war eine alte kurdische Tradition. Wenn die Väter in den Krieg zogen, hielten die Söhne und Angehörigen ein Foto in die Kamera, zum Zeichen, dass sie an ihn dachten. So ein Foto hatten wir Baba damals in die Schweiz geschickt.

»Dieses Bild habe ich mir jeden Abend angeschaut, Dadvan. Es hat mich viele einsame Tage durchhalten lassen.« Er machte eine kurze Pause. »Ich bin froh, dass ihr jetzt wieder bei mir seid.« Ich wollte ihm das Bild zurückgeben. »Nein«, sagte er. »Behalt es. Vielleicht gibt es dir auch einmal Kraft in schweren Stunden.« Ich nahm das Foto an mich und hütete es wie einen wertvollen Schatz. Und dann hatten wir es geschafft. »Wir sind da«, sagte Baba plötzlich.

»Wir haben gerade die Grenze überquert. Wir sind jetzt in der Schweiz. In eurer neuen Heimat.« In unserer neuen Heimat. Ich schaute wieder aus dem Fenster und wurde immer aufgeregter.

* * *

»Und wie heißt er?« Der graue Mann zeigte mit dem Finger auf mich. »Dadvan«, sagte Mama. »Davoud?«, fragte er zurück. »Nein. Dadvan! Dad-Van.«

Der Alte zuckte mit den Schultern und machte sich Notizen. Ich sah mich um. Der Raum war klein. Und der riesige Schreibtisch, vor dem wir gerade saßen, füllte ihn beinahe komplett aus. Der Tisch war vollgepackt mit Papieren und Akten. Und hinter diesem Schreibtisch saß ein alter Mann mit einem grauen Anzug und einer dicken Nickelbrille und stellte uns Fragen. Er war nicht unfreundlich. Er wirkte nur gelangweilt. »Und Sie kommen aus …?«

Mama schaute den Dolmetscher an, der neben uns stand. Ein junger Mann mit dunklen Augen und einem Vollbart, der die Worte des Grauen übersetzte. »Wo ihr herkommt, will er wissen …«

»Nordirak«, sagte Mama. Der Dolmetscher übersetzte es. Mama wusste, was auf sie zukam. Onkel Mezafer hatte sie lange und ausführlich vorbereitet. Wenn man das Land erreicht hatte, in dem man bleiben wollte, dann ging man zum Amt und beantragte Asyl. Ab diesem Zeitpunkt ist man im System. Ich wusste nicht, was es bedeutet, im »System« zu sein, aber das sollte ich viele Jahre später leidvoll herausfinden.

»Gut«, sagte der Graue. »Dann sind wir beinahe fertig. Wir müssen nur noch Ihre Fingerabdrücke abnehmen.« Er legte ein Stempelkissen vor uns und vier Blätter mit vorbereiteten Kästchen. Der Dolmetscher stellte sich zu mir und erklärte mir, was ich tun sollte. Ich drückte meine Finger auf das Stempelkissen und sah, wie sie sich blau färbten. »Und jetzt auf das Papier …«, leitete mich Mama an. »Haben Sie Verwandte in der Schweiz?« »Mein Mann ist auch hier«, sagte Mama. »Er wohnt in Ipsach.« »Ipsach«, sagte der Graue und notierte sich wieder etwas. »Gut. Dann bringen wir Sie in einem Heim in Fribourg unter. Das ist nicht weit weg.« Fribourg. Ich formte den Namen mit den Lippen und sprach ihn ganz leise nach. Das wird nun also unsere neue Heimat. Ich dachte, dass dieser Mann der gewissenhafteste Mann war, den ich je kennengelernt hatte, so akribisch und genau war er. Doch das wirkte nur so. In Wahrheit war er sogar ziemlich nachlässig. Auf unseren Papieren stand nämlich am Ende nicht, dass wir die Familie Guli wären. Sondern die Familie Yousuf. Keine Ahnung, wie er aus Guli diesen anderen Namen machen konnte. Aber es war zu spät. Ab sofort war mein Name Dadvan Yousuf. Ich nahm es hin.

# Heimat

Heimat, hatte mir mal jemand gesagt, Heimat sei kein Ort. Heimat sei ein Gefühl. Das konnte ich damals noch nicht so richtig verstehen. Vielleicht lag es daran, dass ich beides nicht hatte. Weder gab es einen Ort, der mein Zuhause war, noch hatte ich jemals das Gefühl kennengelernt, angekommen zu sein. Mein bisheriges, noch sehr junges Leben war eine einzige Reise. Aber das, versprach Mama mir, das würde jetzt ein Ende haben. »Das ist es?«, fragte ich und stellte meine kleine Sporttasche ab. Vorsichtig folgte ich meinen Brüdern und schaute mich um. Ein Zimmer. Vielleicht sieben oder acht Quadratmeter groß. »Vorsichtig, mein Schatz«, sagte Mama und ich passte auf, dass ich nicht über die Matratzen stolperte, die auf dem Boden lagen. Sie füllten beinahe die gesamte Fläche aus. Nur in einer Ecke des Raums war noch Platz am Boden. Dort stellten wir unsere Koffer ab. Das war also das Paradies, das man uns versprochen hatte? Ich war skeptisch. Das war unsere neue Heimat. Von außen sah das Haus ja ganz schön aus. Aber das Zimmer war winzig. Und darin gab es nichts. Nicht einmal einen Schrank. Es war nur einen Raum voller Matratzen. Und wo war eigentlich die berühmte Schokolade, von der Mama erzählt hatte?

»Dadvan«, hörte ich die Stimme meines Vaters. Er beugte sich zu mir herunter. »Ich weiß, das hier ist nicht perfekt«, sagte er, als habe er meine Gedanken lesen können. »Aber es ist nur für den Anfang, verstehst du? Es wird besser werden. Du musst nur ein bisschen Geduld haben.« Ich nickte. Geduld. Alles klar. Er strich mir über die Wange. »Vertrau mir«, sagte er. »Alles wird gut.« Und ich glaubte ihm. Ich vertraute meinem Vater. Es war merkwürdig. Ich hatte diesen Mann noch nie in meinem Leben gesehen. Aber ich begriff schnell, dass er es gut mit uns meinte. Dass wir ihm wichtig waren. Er würde auf uns aufpassen, dachte ich und erinnerte mich, dass die Männer mich im Wald zurücklassen wollten. Besser wäre er damals schon da gewesen. Aber das war er ja in gewisser Weise auch, wenn auch nicht physisch.

»Wohnst du nicht hier?«, fragte ich, als er sich aufmachte, um zu gehen. »Nein«, sagte er. »Ich habe eine kleine Wohnung, nicht sehr weit von hier.«

»Können wir nicht zu dir ziehen?«, fragte ich. Ich wollte nicht, dass mein Vater ging. Ich wollte nicht, dass er uns wieder allein ließ. Ich klammerte mich an seinem Bein fest. »Das geht leider nicht«, sagte er. »Meine Wohnung ist sehr klein, da würdet ihr nicht alle reinpassen.«

»Kleiner als hier?«, fragte ich und schaute mir das Zimmer noch einmal an. »Ja, mein Sohn. Kleiner als hier. Aber mach dir keine Sorgen. Wir müssen erst ein paar Dinge klären. Und wenn das erledigt ist, können wir alle zusammenziehen.« »Versprochen?«

»Versprochen. Und morgen früh komme ich schon wieder zurück, um nach euch zu sehen.« Ich wusste nicht genau, was mein Vater meinte, als er mir sagte, es müssten ein paar Dinge geklärt werden. Ich war viel zu jung, um zu verstehen, wie wahnsinnig kompliziert das Schweizer Asylrecht war. Noch heute ist es für einen Laien kaum verständlich. Nachdem der graue Mann unsere Daten aufgenommen hatte, bekamen wir eine Art Übergangsstatus. Die Schweiz wusste jetzt, dass wir da waren, würde aber noch darüber entscheiden, ob wir auch bleiben dürften. Bis diese Entscheidung gefallen war, mussten wir im Asylantenheim bleiben. In dieser Zeit überprüften sie unsere Daten, um herauszufinden, ob wir schon woanders in Europa Asyl beantragt hatten. Falls ja, würden sie uns wegschicken. Falls nicht, dürften wir bleiben. Wenn die Überprüfung abgeschlossen wäre, bekämen wir den »N«-Status. Das bedeutet so viel wie »vorläufig geduldet«. Dann könnten wir mit Baba zusammenziehen. Dass das nur der Anfang von einem Prozess war, der sich über viele Jahre hinziehen würde, wusste zu diesem Zeitpunkt keiner von uns.

\* \* \*

Der Frühling brach an. Und so langsam gewöhnte ich mich an unsere neue Heimat. Ich saß auf der Tischtennisplatte im Hof, schloss die Augen und spürte die Sonne auf meiner Haut. Wie es wohl Onkel Mezafer geht, fragte ich mich. Ob er wieder mit neuen Flüchtlingen unterwegs ist? Und was der Soldat wohl macht? Ob er manchmal an mich denkt? Ob er froh ist, dass er nicht getan hat, was er …

»Hey, Jungs«, riss mich John aus meinen Gedanken. »Ich habe mal eine Frage.« Ich öffnete die Augen und schaute zu dem Jungen, der neben mir saß. John. Er war mein erster Freund von hier. Wobei das nicht ganz stimmte. Eigentlich war er nicht *mein* Freund. Er war *unser* Freund. Seit unserer Flucht, verbrachten meine Brüder und ich sehr viel Zeit miteinander. Egal, was wir machten, wir machten alles zusammen. Die Gegend erkunden. Fahrrad fahren lernen. Oder Mama helfen. Wir waren immer gemeinsam unterwegs. Wir waren eine Einheit. Uns gab es nicht mehr einzeln, sondern nur noch als Team. Und so war John auch nicht mein Freund. Er war unser Freund. John war schon ein paar Jahre älter als ich. Auch er hatte eine ziemlich lange Fluchtgeschichte hinter sich. Er war mit seiner Mama aus Afrika gekommen. Es war komisch. Mit John und den anderen Kindern hier im Asylantenheim verstand ich mich beinahe blind, als verbinde uns etwas. Wir mussten gar nicht groß miteinander reden, um zu verstehen, wie es den anderen ging. Auch wenn wir aus den unterschiedlichsten Ecken der Welt kamen. Vielleicht war es die Erfahrung der Flucht, die uns alle auf eine Wellenlänge gebracht hatte.

»Kennt ihr Gangbang?«, fragte John. Gangbang? Das Wort hatte ich noch nie gehört. Ich schaute zu meinen Brüdern. Auch sie schüttelten die Köpfe. »Damals«, sagte John und grinste, »damals, als wir noch in Afrika waren, da haben die Erwachsenen das immer gemacht.« »Was denn?«, fragte Khalat nach. John wiegte seinen Kopf hin und her. »Ganz ehrlich? So richtig verstanden habe ich es auch nicht. Aber es muss ziemlich krass sein.« »Aha«, sagte Khalat und streckte sich. »Manchmal«, erzählte John, »da kam mein Vater abends betrunken nach Hause. Er hat viel getrunken, wisst ihr? Und er hat dann seine ganzen Freunde mitgebracht.«

Er hielt kurz inne und grinste. »Und dann gingen sie alle in das Schlafzimmer zu meiner Mutter.« »Und was haben sie da gemacht?«, fragte Khalat nach. »Das habe ich mich auch immer gefragt. Und einmal, da bin ich gucken gegangen.« »Und?«

»Und da lagen die Männer auf meiner Mama drauf und einer hat seine Pistole gegen ihren Kopf gehalten.« »Okay, krass ...« »Gangbang halt.« Wir hatten wirklich keine Ahnung, wovon John da sprach. Und wahrscheinlich wusste er es nicht einmal selbst genau. Für ihn war das ganz normal. Da kamen ein paar Männer, die einen Gangbang mit seiner Mutter machten. Erst heute begreife ich, wie absurd diese Situation war. Da saß ein siebenjähriger Junge und erzählte uns davon, wie die Freunde seines Vaters seine Mutter vergewaltigten. Vor seinen Augen. Als sei das eine Geschichte, die man seinen Freunden mal eben so erzählt. Als sei es normal. Aber damals waren für uns die verrücktesten Dinge ganz normal. Waffen und Gewalt. Krieg und Leid. Ich war vier Jahre alt und Waffen waren für mich das allergrößte. Da, wo ich herkam, hatte nun einmal jeder eine Waffe. Da, wo wir herkamen, wurde geschossen. Da wurden Probleme mit Patronen gelöst. In manchen Nächten wachten wir auf, weil irgendjemand in die Luft schoss. So etwas machte mir keine Angst. Es war mein Alltag gewesen. Als Mama mich einmal gefragt hat, was ich mir zum Geburtstag wünsche, sagte ich, dass ich eine Uzi haben möchte. Eine Maschinenpistole. Welches Kind wünscht sich eine Maschinenpistole zum Geburtstag? Erst sehr viel später habe ich begriffen, dass wir alle traumatisiert waren. Dass wir vielleicht unser altes Leben hinter uns gelassen haben. Dass dieses alte Leben aber Spuren hinterlassen hat.

Vielleicht war das der Grund, warum wir uns hier alle so gut verstanden. Egal, wo wir herkamen, ob aus dem Iran, dem Irak oder sogar von einem anderen Kontinent. Wir alle sind einen verdammt langen Weg gegangen. Einen Weg, auf dem vieles passiert ist. Man geht einen solchen Weg nicht, wenn man Geld hat. Man geht diesen Weg, wenn man verzweifelt ist. Wer ins Paradies kommen will, der muss durch die Hölle gehen. »Jungs«, hörten wir jemanden über den Hof rufen. Das war Herr Rütli. Er war so etwas wie der Chef in dem Asylantenheim. Ein cooler Typ, Mitte 30, mit langen, krausen Haaren. »Kommt mal rüber«, winkte er uns zu sich. »Ich will euch etwas zeigen.« Wir sprangen von der Tischtennisplatte und liefen zu ihm. Wir alle mochten Herrn Rütli wahnsinnig gerne. Er war wirklich ein guter Typ und er nahm sich immer Zeit für jeden von uns, der ein Problem hatte. Herr Rütli hatte eine besondere Beziehung zu Khalat, meinem ältesten Bruder. Khalat war sieben, fast acht Jahre alt. Und ich glaube, er hat unter der Flucht am meisten gelitten. Weil er alles ganz bewusst mitbekommen hat. Für mich war vieles nicht verständlich. Es war ein Spiel. Ein Abenteuer. Aber Khalat hat gesehen, wie Mama von den Soldaten geschlagen wurde. Er hat verstanden, was das bedeutete. Und er war selbst auch nicht verschont geblieben. Einmal hat ein türkischer Soldat ihm seinen Gewehrkolben ins Gesicht geschlagen. Davon hat er heute noch Narben. Die Monate der Flucht hatten meinen großen Bruder verändert. Er war sehr ruhig geworden. In sich gekehrt. Ich glaube, das war Herrn Rütli aufgefallen und er wollte ihm helfen. Eigentlich hätte jeder von uns psychologische Betreuung gebraucht. Aber das gab es damals noch nicht. Damals gab es nur Herrn Rütli. Und der hat sein Bestes gegeben.

»Schaut mal«, sagte er und führte uns in den Gemeinschaftsraum. »Das hier haben wir ganz neu …« Er zeigte auf einen kleinen grauen Kasten, der auf einem Schreibtisch stand. Daneben war eine Art Bildschirm. »Das ist aber ein ziemlich kleiner Fernseher«, sagte ich.

Herr Rütli lachte. »Das ist kein Fernseher, Dadvan. Das ist ein Computer.« Ein Computer? Ich hatte dieses Wort noch nie gehört. Auch meine Brüder und John zuckten nur mit den Schultern. Was zur Hölle ist ein Computer? »Setzt euch«, sagte Herr Rütli und drückte einen Knopf. Das Gerät ging an. Er erklärte uns alles. Dann öffnete er ein Spiel. Es hieß *Frogs*. Und es handelte von einem kleinen Comic-Frosch, der versuchte, über eine Straße zu hüpfen, ohne von den Autos überfahren zu werden. Ich spielte es fünf Minuten – und war sofort süchtig. Wie großartig! »Hey«, sagte John. »Lass mich auch mal spielen.« »Keine Chance!«, wimmelte ich ihn ab und schubste ihn von der Tastatur weg. Seit diesem Tag wurde der Computer zu meinem besten Freund. Ich saß bei jeder Gelegenheit davor. Es war einfach nur genial. Man schaltete ihn an und war sofort in einer anderen Welt. Zunächst spielte ich nur *Frogs*. Es sollte noch ein wenig dauern, bis mir bewusst wurde, dass man mit diesem merkwürdigen Zauberkasten noch ganz andere Dinge anstellen kann.

* * *

Ein paar Tage später hatte Mama eine Nachricht für uns. Und ich wusste nicht so richtig, wie ich damit umgehen sollte. Ich saß mit meinen Brüdern gerade auf dem Boden unseres Zimmers und spielte ein wenig mit den kleinen Plastikautos, die wir bekommen hatten.

Da öffnete Mama die Tür und setzte sich zu uns. Sie wirkte besorgt. »Jungs«, sagte sie und strich Khalat über den Kopf. »Ich muss mit euch reden.«

Wir legten die Autos beiseite und schauten sie an. Seit wir in der Schweiz waren, wirkte Mama eigentlich recht entspannt. Aber heute schien sie nicht so ganz glücklich zu sein. »Es wird sich etwas für uns ändern«, sagte sie.

»Etwas ändern?«, fragte Walat. »Wie meinst du das?«

»Ich habe eben mit der Heimleitung gesprochen«, sagte Mama. »Wir werden in zwei Tagen hier wegziehen.« Sie zog mich zu sich und gab mir einen Kuss auf die Stirn. »Ziehen wir dann endlich zu Papa?«, fragte Walat und bekam große Augen. Mama schüttelte den Kopf. »Nein, noch nicht.« Nicht? Aber das war doch der große Plan. Davon war doch seit Wochen die Rede gewesen.

»Aber wo gehen wir dann hin?«, fragte ich.

»Wir müssen zunächst in ein anderes Flüchtlingsheim umziehen.«

»Aber warum?«

Mama zuckte mit den Schultern. »Bürokratie«, sagte sie. Bürokratie. Ich hatte dieses Wort noch nie gehört. Aber es gefiel mir nicht.

»Ich wollte euch nur Bescheid sagen, damit ihr euch darauf einstellen und euch von allen verabschieden könnt.«

Wir nickten. Verabschieden. Darüber hatte ich mir bislang gar keine Gedanken gemacht. Ich wusste zwar, dass wir nicht für immer in Fribourg bleiben würden, aber dass wir uns bei unserem Umzug von den Leuten trennen mussten, die uns hier ans Herz gewachsen waren, daran hatte ich noch überhaupt nicht gedacht. Und der Gedanke machte mich traurig.

Am nächsten Tag drehten meine Brüder und ich eine kleine Runde über das große Gelände. »Hey, Jungs«, begrüßte John uns. »Was ist mit euch los?«

Er hat uns wohl angemerkt, dass wir nicht gut drauf waren. »Wir ziehen weg«, sagte Khalat und schaute betrübt auf den Boden.

»Oh«, sagte John. »Und wann?«

»Morgen …«

Schweigen. Es war schon merkwürdig. Meine ersten Erinnerungen in meinem Leben waren Erinnerungen an die Flucht. Erinnerungen daran, unterwegs zu sein. Von Ort zu Ort zu ziehen. Und dieser Ort hier war der erste Ort, an dem wir hatten bleiben dürfen. An dem wir wirklich willkommen waren. Auch wenn ich von vornherein wusste, dass es nur eine Übergangsstation war, hatte sich das Flüchtlingsheim doch wie eine Art Heimat angefühlt. Aber was bedeutete das schon? Was hieß das schon? Heimat?

Während Walat und Khalat mit John auf der Tischtennisplatte saßen und sich gegenseitig anschwiegen, beschloss ich, noch einmal eine kleine Runde für mich allein zu drehen. Mich ganz allein von dem Heim zu verabschieden. Irgendwie war mir das wichtig. So lief ich noch einmal durch das große Gebäude und betrat vorsichtig die Gemeinschaftsräume. Dann betrachtete ich den Computer, den Herr Rütli mir gezeigt hatte und an dem ich so viele Stunden verbracht hatte, um irgendwelche Videospiele zu zocken. Ich setzte mich noch einmal vor den Bildschirm und starrte das Gerät an, ohne es einzuschalten.

Ich sah, wie sich mein Gesicht in dem Monitor spiegelte. »Dadvan?«, hörte ich plötzlich eine Stimme. Ich schreckte hoch. Das war Herr Rütli. Ich hatte ihn gar nicht hereinkommen hören. Er lächelte mich an und schaute auf den Computer. »Was machst du denn hier?«

»Ich wollte mich verabschieden«, sagte ich leise.

»Richtig, ihr zieht ja morgen weiter, nicht wahr?«

Ich nickte. »Und? Freust du dich?«, fragte Herr Rütli mit seiner typisch unbefangenen Art. Ich zuckte mit den Schultern. Nein, ich freute mich nicht, dachte ich, traute mich aber nicht, es auszusprechen. Ich ließ die Schultern hängen und hatte plötzlich ein ganz merkwürdiges Gefühl in meinem Bauch. Ich wusste selbst nicht, was mit mir los war. Warum mich das alles so mitnahm. Wir zogen weiter. Das hatten wir doch immer getan. Wo war das Problem?

»Du hast Angst, oder?«, brachte es Herr Rütli ganz plötzlich auf den Punkt. Ich schaute überrascht zu ihm auf. Ja. Ich hatte Angst. Herr Rütli setzte sich neben mich auf einen Stuhl. »Das ist doch ganz normal«, sagte er. »Du bist schon viel herumgekommen in deinen jungen Jahren und hast schon so einiges gesehen. Aber glaub mir, du brauchst keine Angst zu haben. Ich kenne das Flüchtlingsheim, in das ihr geht. Es ist sehr schön. Und es ist auch gar nicht so weit von hier.«

»Warum können wir nicht einfach hierbleiben?«, fragte ich.

»Das ist kompliziert«, sagte Herr Rütli und machte eine kurze Pause. »In der Schweiz gibt es sehr viel Bürokratie.« Da war es schon wieder. Dieses fremdartige Wort, das einfach nichts Gutes bedeuten konnte. »Ihr werdet nicht lange in dem neuen Heim sein. Es ist nur zum Übergang gedacht. Und dann bekommt ihr bald eure eigene Wohnung.«

Herr Rütli schaute mich an. Wirklich beruhigt hatten mich seine Worte nicht.

»Warte hier«, sagte er dann. »Ich bin gleich wieder da.«

Herr Rütli verließ den Raum und kam nach ein paar Minuten mit einem Buch in der Hand wieder. Er gab es mir. »Was ist das?«, fragte ich. »Das ist eine sehr, sehr berühmte Geschichte aus der Schweiz«, sagte er. »Sie heißt *Kleider machen Leute*«. Ich nahm das Buch und schaute es mir an. Es war voller schöner, aber auch seltsam altertümlicher Bilder. »Worum geht es in der Geschichte?«, fragte ich Herrn Rütli.

»Nun«, sagte er. »Es geht um ganz vieles. Aber im Kern geht es um ein armes Schneiderlein, das es zu großem Reichtum bringt.«

»Und wie hat es das geschafft?«, fragte ich.

»Indem es ganz mutig war«, sagte Herr Rütli. »Und indem es nicht alles akzeptierte, was die Gesellschaft einem vorschreibt.«

Ich verstand nicht, was er damit meinte. Aber ich hielt das Buch wie einen Schatz in meinen Händen. »Vielen Dank«, sagte ich.

»Du wirst uns fehlen«, lächelte Herr Rütli. Dann verabschiedeten wir uns und ich ging mit dem Buch in unser Zimmer, wo ich die ganze Nacht lang darin blätterte.

* * *

»Das ist es?«, fragte ich, als wir aus dem Bus ausstiegen, und war überrascht. Tatsächlich war der neue Ort, an dem wir jetzt erst einmal wohnen sollten, gar nicht so weit von unserem alten Flüchtlingsheim entfernt. Die Stadt hieß Port. Wobei Port eigentlich keine Stadt war. Mehr ein Dorf. Oder noch besser: Eine kleine Gemeinde. Hier lebten gerade mal 3000 Einwohner. Und meine Mama, meine beiden Brüder und ich gehörten jetzt auch dazu. Zumindest vorläufig. »Kommt schon, Jungs«, sagte Mama und gab mir die Hand. Sie hatte sich eine große Tasche umgeschnallt und schaute auf eine kleine Karte, auf der unsere neue Flüchtlingsunterkunft markiert war. Wir liefen ein wenig an der großen Hauptstraße entlang, bis wir in einen kleinen Wald kamen. Meine Brüder trugen Discounter-Tüten, in die wir alle unsere Habseligkeiten gepackt hatten. Ich selbst hatte einen Rucksack auf den Schultern. Darin war alles, was ich besaß. Ich besaß nicht sonderlich viel. Ein paar Klamotten. Und das schöne Buch von Herrn Rütli. Mein wertvollster Besitz. Ich schaute mich um und fand, dass alles hier sehr idyllisch wirkte.

Mama schaute wieder auf die Karte, um sich zu orientieren. »Los Jungs«, leitete sie uns an. »Hier geht's lang.« Aus der Straße wurde ein Weg, der uns langsam auf eine große Halle zuführte. Als wir dem großen Gebäude näherkamen, kniff ich meine Augen zusammen. Moment mal – konnte das wirklich sein? Ich stockte. Nein, unmöglich. Wir gingen weiter. Aber dann war ich mir sicher. »Mama«, flüsterte ich und blieb wie erstarrt stehen.

»Was hast du denn?«, fragte sie mich. Ich wurde bleich. Mein Herz schien sich beinahe zu überschlagen. »Schau mal!« Ich zeigte vorsichtig zur Halle, vor der zwei uniformierte Männer standen. Soldaten.

Mama verstand sofort. »Keine Sorge, mein Schatz – alles ist gut.«

Alles ist gut? Von wegen. Das waren Soldaten. Das waren genau die Typen, die uns an der Grenze aufgehalten hatten. Die Mama und Khalat verprügelt hatten. Nichts war gut. Ich blieb stehen und weigerte mich, auch nur einen Schritt weiterzugehen.

Mama merkte, dass ich es ernst meinte. Also kniete sie sich zu mir herunter und redete mir gut zu. »Das sind nicht die Männer von damals.«

»Es sind Soldaten«, beharrte ich.

»Aber diese Soldaten wollen uns nichts Böses.«

Ich war nicht überzeugt. Zu sehr hatten sich die Bilder aus der Türkei in meinen Kopf gebrannt. Ich schaute zu Khalat und Walat hinüber. Auch sie schienen erschrocken zu sein. »Euer Vater«, sagte Mama sanft zu uns, »ist auch ein Soldat. Das wisst ihr doch. Und er würde uns niemals etwas antun. Und diese Männer tun uns auch nichts. Vertraut mir.«

Ich hatte noch immer ein merkwürdiges Gefühl im Bauch. Aber ich hatte ja keine Wahl. Störrisch lief ich weiter, bis wir uns der Turnhalle näherten. Man hatte das Gebäude umfunktioniert. Es war nun eine Art Ersteinrichtung für neue Flüchtlinge, die eine Hilfsorganisation betrieb. Ich ließ die Soldaten keine Sekunde aus den Augen.

»Guten Tag«, sagte meine Mutter in dem bruchstückhaften Französisch, das sie sich angeeignet hatte. »Man hat uns gesagt, wir sollen uns hier melden.« Sie hielt einem der Soldaten den Brief entgegen, den sie bekommen hatte. Er nahm ihn ihr ab, überflog ihn und nickte. Er zeigte auf eine Reihe von Holztischen, die mitten in der Halle standen, dann lächelte er mir zu. Ich überlegte einen kurzen Moment, entschied mich dann aber dafür, das Lächeln sicherheitshalber nicht zu erwidern.

Wir betraten die Turnhalle. Sie war voller Kartons und Feldbetten. Aber es war nicht sonderlich viel los. Nur vereinzelt liefen ein paar Menschen herum und machten sich an den Kartons zu schaffen. Als ich die Betten sah, hoffte ich, wir müssten hier nicht übernachten. Dann gingen wir zu den Tischen. Dort saßen mehrere Männer. Mama sprach mit ihnen und zeigten ihnen ihren Brief. Einer der Männer stellte sich vor. Es war ein älterer Herr mit grauem Bart, der einen stolzen Bauch vor sich hertrug. Dann kam ein zweiter Mann, der unsere Sprache sprach. Ein Dolmetscher. Der ältere Herr erklärte uns, dass wir ein Übergangszimmer hier im Heim bekämen, bis man eine Wohnung für uns und unseren Vater gefunden habe. Das Heim, erklärte er, sei nur ein paar Meter entfernt. Ich atmete durch. »Ich bringe euch gleich rüber«, sagte der Dolmetscher. Dann wandte er sich an uns Jungs. »Aber erst einmal«, sagte er, »bekommt ihr noch ein Willkommensgeschenk.« In dem Moment kam einer der Soldaten und übergab jedem von uns eine große, abgepackte Tüte. Als er mir meine Tüte reichte, lächelte er mich an. Ich nickte ihm kurz zu, blieb aber weiterhin skeptisch. Ich bekam das noch nicht ganz zusammen. Erst verprügelten sie uns und jetzt machten sie uns Geschenke? So ganz vertraute ich Männern in Uniformen noch immer nicht. Ich nahm die große Tüte und folgte dem Dolmetscher, der uns in unsere neue Unterkunft brachte. Sie war wirklich nur ein paar Meter von der Turnhalle entfernt.

Das Gebäude war viel kleiner als die Unterkunft in Fribourg. Aber das Zimmer, das man uns zuwies, sah eigentlich genauso aus, wie das vorige. Auf dem Boden lagen ein paar Matratzen, es gab einen Tisch, der in der Mitte des Raums stand, einen Kleiderschrank und ein Waschbecken. Die Duschräume und die Küche mussten wir uns wieder mit den anderen Bewohnern teilen.

Ich suchte mir meinen Schlafplatz aus, setzte mich auf die Matratze und packte die Tüte aus, die der Soldat mir gegeben hatte. Sie war mit Klamotten und Spielzeug vollgepackt. Aber jede Tüte war anders. Bei meinen Brüdern waren andere Klamotten und andere

Spielsachen drin als bei mir. Ich hatte einen Teddybären, ein paar Matchbox-Autos und eine kleine Drachenfigur. Der Drache gefiel mir richtig gut. Er war blau und lila und hatte drei Köpfe. Er erinnerte mich an ein Monster, das ich mal in einer Zeichentrickserie gesehen hatte. Dies war von nun an mein absolutes Lieblingsspielzeug, entschied ich.

\* \* \*

Die Zeit in Port war unglaublich langweilig, Es gab hier einfach nichts zu tun. Ich saß die meiste Zeit in unserem Zimmer und spielte mit meinem dreiköpfigen Drachen. Es war nicht wie in Fribourg, wo wir einfach rausgehen und mit den anderen Kindern spielen konnten. Es gab hier keine anderen Kinder. Es gab niemanden. Das Flüchtlingsheim war fast leer. Es gab nur einen Jungen, mit dem wir uns ein wenig anfreundeten. Sein Name war Carlos. Er kam aus Ghana und war schon deutlich älter als meine Brüder und ich. Ich schätze ihn auf Anfang 20. Trotzdem hing er ständig mit uns rum. Wahrscheinlich, weil es ihm genauso ging wie uns. Ihm war einfach langweilig. Er hatte sonst niemanden.

Einmal nahm er mich mit in sein Zimmer. Meine Brüder waren noch unterwegs und da ich nichts anderes zu tun hatte, nahm ich seine Einladung gerne an. Sein Zimmer war noch viel kleiner als unseres. Und doch war es – anders. Am auffälligsten fand ich die riesigen Stapel an DVDs, die er hatte. Sie standen hoch aufgetürmt in einer Zimmerecke. Während sich Carlos an seinen kleinen Esstisch setzte, inspizierte ich die vier Türme. »Was ist das?«, fragte ich. »Filme«, sagte er.

Das kannte ich nicht. Ich wusste zwar, was ein Fernseher und mittlerweile auch was ein Computer war, aber mir war nicht klar, dass man sich die Filme, die dort liefen, auch einzeln kaufen konnte. »Und was für Filme?«, fragte ich, legte den Kopf schräg und schaute mir einige der DVD-Hüllen an.

Carlos schaute gelangweilt zu mir rüber. »Das ist nichts für dich«, sagte er. »Du bist noch zu jung für so was, glaube ich.«

»Ich bin vier«, beharrte ich.

Carlos zuckte mit den Schultern und gab mir eine der DVDs. Auf dem Cover waren zwei nackte Frauen, die ziemlich krasse Dinge miteinander veranstalteten. »Ähm, okay ...«

»Das sind Pornos, okay?«

»Ja, okay«, sagte ich. Keine Ahnung, was das war. Aber ich fand es irgendwie nicht cool. Ich legte die DVD wieder zurück. »Was ist das?«, fragte ich ihn und zeigte auf einen großen Vorrat flacher roter Konservendosen, die sich in seiner Küche so stapelten wie die Pornosammlung in seinem Wohnzimmer. Sie kamen mir bekannt vor. Carlos hatte ständig so eine Konservendose in der Hand, wenn er draußen saß.

»Das hier?«, fragte er. »Das ist Thunfisch.«

»Thun-Fisch«...Was für ein merkwürdiges Wort.

»Du kennst keinen Thunfisch?« Ich schüttelte den Kopf. »Thunfisch ist das Beste«, sagte er, zog die Lasche von einer der Konserven ab und reichte mir eine Gabel. »Probier mal.«

Ich schaute skeptisch in den braunen, kleingehackten Matsch in der Dose. Wie ein echter Fisch sah das nicht aus. Aber egal. Ich beschloss, es zu probieren. Krass! Das war gut. Das war richtig gut! So etwas hatte ich noch nie gegessen. Aber ich liebte es. Thunfisch. Das war ab sofort mein neues Lieblingsgericht, dachte ich. »Hier«, sagte Carlos und drückte mir drei Konservendosen in die Hand. »Schenke ich dir.«

»Wirklich?«

»Klar, Mann. Ist nichts Besonderes. Ist nur Thunfisch.«

Nur Thunfisch. Dieser Kerl hatte keine Ahnung, was für einen kulinarischen Schatz er in seinem kleinen Zimmer gelagert hatte. Ich bedankte mich und machte mich auf den Weg nach Hause.

* * *

Auf dem Rückweg in unser Zimmer kam mir Mama entgegen. »Wo warst du?«, fragte sie. »Bei Carlos«, antwortete ich. Mama runzelte die Stirn. Aber sie musste gar nichts mehr sagen. Ich wusste schon, was sie dachte. Sie mochte es nicht, wenn ich mit Carlos unterwegs war. Und ich konnte es verstehen. Immerhin war der Kerl schon über 20. Und ich, nun, ich war gerade mal vier Jahre alt. Eine ziemlich merkwürdige Freundschaft. Ich beschloss, Mama erst einmal nichts von der außergewöhnlichen Filmsammlung zu erzählen, die mein neuer Freund mir heute gezeigt hatte. Aber es gab hier ja auch sonst nichts, was man hätte tun können. Port war ein winziges Dorf. Und wir hatten kein Geld, um zu tun, was andere Kinder eben so machten. Kino? Kannte ich nur vom Namen. Schwimmbad? Keine Chance. »Komm«, sagte sie. »Wir gehen eine Runde spazieren.« Ich nahm ihre Hand und wir liefen ein wenig durch die Wälder in der Umgebung. Als wir an einem Stachelbeer-Strauch vorbeikamen, blieben wir kurz stehen. Sie gab mir eine kleine Plastiktüte. Ich hielt sie auf und sie pflückte die Stängel ab. Das war unser kleines Ritual. Stachelbeer-Stiele pflücken. Ich hielt die Tüte auf und fühlte mich wahnsinnig allein. Mama schien genau zu spüren, was mich belastete.

»Ich verrate dir ein Geheimnis, Dadvan.«

»Ein Geheimnis?«

Mama nahm meine Hand und legte sie auf ihren Bauch. »Du bekommst bald einen kleinen Bruder«, sagte sie. Ich schaute sie mit großen Augen an. »Wirklich?«

»Ja, wirklich. Und du bist der Erste, dem ich das erzähle.« Ich strahlte. Ich freute mich wirklich darüber, dass unsere Familie größer wurde.

»Das ist toll, Mama«, sagte ich. Mama lächelte. Dann pflückten wir weiter Stängel ab. Als die Tüte voll war, gingen wir zurück nach Hause. Meine Brüder waren noch unterwegs.

Mama setzte in der Gemeinschaftsküche einen Kochtopf auf den Herd und erhitzte das Wasser. Dann warf sie die gesammelten Stängel hinein und kochte sie ab. Ich schaute mich in der kleinen heruntergekommenen Küche um. Im Waschbecken türmten sich dreckige Kaffeetassen. In einer hatte sich schon eine kleine Schimmel-Schicht gebildet.

»Mama?«

»Ja, mein Schatz?«

»Wie lange müssen wir noch hierbleiben?«

Mama rührte die Stängel um und kniete sich zu mir herunter. »Nicht mehr lange, mein Engel. Bald wird alles gut.« Ich nickte. Aber überzeugt war ich nicht. Seit wir auf der Flucht waren, hörte ich immer wieder diesen Satz. Bald wird alles gut. Ja. Bald. Bald. Aber was heißt das schon? Natürlich war es schon etwas besser geworden. Wenn ich an die Zeit der Flucht zurückdachte, war heute natürlich alles besser. Wir hatten jetzt ein Dach über dem Kopf. Wir mussten nicht mehr um unser Leben fürchten. Aber so richtig toll war es alles nicht.

»Bald«, sagte sie, »haben wir eine eigene Wohnung. Und dann wird unsere ganze Familie wieder richtig vereint sein. Wir werden mit deinem Papa und deinen Brüdern zusammenwohnen.« Ich dachte wieder daran, dass sie schwanger war. Dass ich bald einen kleinen Bruder bekommen würde. Dass ich dann nicht mehr der Jüngste sein würde. »Wenn er erst einmal auf der Welt ist«, sagte Mama, »dann bist du sein großer Bruder. Und dann musst du gut auf ihn aufpassen, verstehst du, Dadvan?«

Ich nickte. »Du trägst dann eine große Verantwortung. Und als großer Bruder musst du ihm immer ein Vorbild sein.«

»Das werde ich, Mama!«

»Du warst sehr, sehr tapfer in den vergangenen Monaten. Ich weiß, wie schwer das alles für dich und deine Brüder ist. Halt noch ein wenig durch«, sagte sie. »Bald wird alles besser.«

Ich nickte. »Okay, Mama, ich verspreche dir, dass ich ein gutes Vorbild sein werde.«

Mama gab mir einen Kuss auf die Stirn. Dann nahm sie den Topf vom Herd, goss das Wasser ab und verteilte die gekochten Stängel auf mehrere Teller. Das war unser Abendessen. Ich erinnerte mich an die Zeit der Flucht. Als Mama uns erzählt hatte, wir kämen zur Belohnung für unsere lange Reise im Paradies an. Ich kaute auf den Stängeln herum. Wenn das das Paradies ist, dachte ich, dann kann die Hölle nicht weit entfernt sein. Aber immerhin habe ich noch meine Thunfisch-Konserve, freute ich mich heimlich.

\* \* \*

Zwei Wochen später war es dann so weit. Zwei Wochen später zogen wir endlich in unsere erste eigene Wohnung. Das war er nun also, unser neuer Anfang, von dem Mama die ganze Zeit gesprochen hatte. Ich legte meine Tasche ab und wanderte einmal durch unser neues Reich. Man hatte uns eine Vierzimmerwohnung gestellt. Sie lag in Ipsach. Eigentlich war Ipsach gar nicht so viel größer als Port. Aber es kam mir größer vor. Vielleicht auch, weil wir jetzt endlich unseren eigenen richtigen Rückzugsort hatten.

Ich betrachtete das Wohnzimmer. Es war noch dürftig eingerichtet. An der Wand stand eine alte, schon ziemlich kaputte Couch, mit einigen Löchern. Der Teppich war uralt und voller Flecken, über deren Herkunft ich mir absolut keine Gedanken machen wollte. Ansonsten gab es ein Holzregal und einen Esstisch. Ich ging in die Küche. Sie war so klein, dass gerade mal zwei Personen gleichzeitig hineinpassten. Und dennoch: Es war unsere Küche. Es war unser Kühlschrank. Wir mussten uns nichts mehr mit irgendwelchen Fremden teilen. Alles, was in dem kleinen Kühlschrank oder in den Wandschränken war, gehörte uns. Meine Brüder und ich hatten ein Gemeinschaftszimmer in dem drei Matratzen auf dem Fußboden lagen. Mama und Papa hatten ihr eigenes Schlafzimmer. Ja, die Wohnung war für fünf Personen viel zu klein. Aber für mich war sie damals wie ein Palast. Es war unser Reich. Was für ein Luxus!

Vielleicht war das hier das Paradies, von dem Mama uns immer erzählt hatte. Ich stellte meine Tasche in unserem Zimmer ab, legte mich auf eine der Matratzen auf dem Boden und starrte an die Decke. Jetzt endlich würde unser neues Leben beginnen. Unser richtiges Leben. Jetzt würde alles gut.

Doch über dem vermeintlichen Paradies zogen schnell die ersten Schatten auf.

Nach ein paar Tagen schon hatte sich die Stimmung in unserer kleinen Wohnung verändert. Sie war düsterer geworden. Meine Eltern waren irgendwie anders. Es war ganz plötzlich gekommen. Von heute auf morgen. Ich verstand nicht genau, was los war.

Aber ich hatte auch keinen Kopf, um es herauszufinden. Denn ich hatte meine ganz eigenen Probleme.

Ich kam in den Kindergarten. Dort lernte ich noch einmal ganz andere Kinder kennen als im Flüchtlingsheim. Eigentlich freute ich mich darauf. Im Flüchtlingsheim war es mir gar nicht schwergefallen, neue Leute kennenzulernen. Man kam sofort ins Gespräch und hatte gleich Themen, über die man sprechen konnte. Und selbst wenn man nicht sprechen wollte, war das auch okay. Dann saß man zusammen und schwieg sich an. Irgendwie hatte man immer ein Grundverständnis für die Situation der anderen. Im Kindergarten war das plötzlich ganz anders.

Die Kinder waren anders.

Und das wurde mir von Tag zu Tag mehr bewusst.

\* \* \*

Ich schüttelte den Kopf. »Red keinen Unsinn«, sagte ich. »Ich rede keinen Unsinn!«, beharrte Lucas. »Es ist wirklich wahr.« »Das kann nicht sein. Das gibt es gar nicht.« Wir saßen auf der großen Wiese von unserem Kindergarten und ich war mir hundertprozentig sicher: Mein neuer bester Freund wollte mich gerade komplett auf den Arm nehmen. Was erzählte er denn da? »Ich schwöre es dir, Dadvan! Warum sollte ich lügen?« Ich schaute auf die Wiese vor mir, pflückte ein paar Grashalme und dachte nach. Klar, er hatte keinen Grund, mich anzulügen. Trotzdem. Das ging mir einfach nicht in den Kopf. Seit zwanzig Minuten versuchte Lucas, mir zu erklären, er habe zwei Mütter und einen Vater. Wie konnte das sein? »Und dein Papa wohnt nicht bei euch?«, fragte ich noch einmal nach. Lucas schüttelte den Kopf. »Nein, ich wohne bei Mama eins und bei Mama zwei. Papa kommt mich am Wochenende abholen und dann machen wir immer etwas cooles.« »Und was macht ihr dann so?« »Wir gehen in den Zoo oder so was.« »Ah, okay.« Ich wusste nicht, was ein Zoo ist. Aber ich traute mich auch nicht zu fragen. Ich hatte hier schon viel zu oft Fragen gestellt, für die ich ausgelacht wurde. Die anderen Kinder wussten vieles, das ich nicht wusste. Und wenn ich erzählte, was ich schon so erlebt und gesehen hatte, schüttelten sie nur den Kopf und sagten, ich erzähle Märchen. Ich hatte das Gefühl, ich passte hier einfach nicht rein. Das war eine andere Welt. Die erste Zeit war ich ziemlich einsam in diesem Kindergarten. Irgendwann fing ich an, den Clown zu spielen. Witze zu reißen oder frech zu werden. So bekam ich zumindest ein bisschen Aufmerksamkeit. Aber das half mir auch nicht weiter. Die anderen lachten zwar mit mir. Dennoch blieb ich immer außen vor. Lucas war der einzige Junge, der sich mit mir abgab. Warum auch immer. »Und findest du das nicht schade, dass dein Papa nicht bei euch wohnt?«, fragte ich noch einmal nach. Ich erinnerte mich daran, dass es für mich ziemlich schwer gewesen war, ohne Vater aufzuwachsen. »Überhaupt nicht, Dadvan. Weißt du, was das Allerbeste ist?« »Was denn?«

»Wenn ich Geburtstag habe oder wenn Weihnachten ist, bekomme ich zweimal Geschenke.« Er strahlte mich an. »Einmal von meinen Mamas. Und einmal von Papa. Das ist echt genial!« Ich schaute wieder auf die Wiese und konzentrierte mich auf die Grashalme. Ich konnte das einfach nicht verstehen. Geschenke, schön und gut. Aber eine Familie ist doch viel wichtiger! Auf der anderen Seite, dachte ich, hatte er seine Familie ja trotzdem. Vielleicht war es irgendwie auch cool, zwei Mamas zu haben. Ich traute mich nicht mehr, etwas zu sagen.

Dann hörte ich, wie unsere Kindergärtnerin nach mir rief. »Dadvan, deine Mutter ist da.« Ich nickte. Mama kam jeden Tag und holte mich vom Kindergarten ab. Zumindest am Anfang. »Ich muss jetzt los«, sagte ich.

»Sehen wir uns heute Nachmittag?«, fragte Lucas. »Heute Nachmittag?« »Ja, auf der Geburtstagsparty von Florence.« Florence war ein Mädchen aus unserer Gruppe. Aber von einer Geburtstagsfeier wusste ich nichts. »Bist du nicht eingeladen?«, fragte Lucas. Ich schüttelte den Kopf.

»Aber alle sind eingeladen.« »Ich nicht ...«, sagte ich und spürte, wie mein Herz schwer wurde. Es war nicht das erste Mal, dass so etwas passierte. Wenn eines der anderen Kinder Geburtstag hatte, dann wurde immer eine große Feier gemacht. Und alle anderen bekamen kleine selbstgebastelte Einladungskarten. Nur ich nicht. Das war eigentlich das Schlimmste. Zuzusehen, wie ein Kind die Karten verteilte und alle eine bekamen. Außer mir. Mein Hals schnürte sich zu. »Ich muss jetzt gehen«, sagte ich. »Mach's gut.« »Mach's gut.« Vor dem Kindergarten wartete Mama bereits. Sie nahm mich an die Hand und wir machten uns gemeinsam auf den Heimweg. »Und, wie war dein Tag im Kindergarten?« »Gut«, log ich. Aber es machte keinen Sinn. Mama erkannte sofort, dass mich etwas belastete. Sie war nur feinfühlig genug, nicht direkt nachzufragen. Es war schon merkwürdig, dachte ich. Wir waren monatelang auf der Flucht gewesen. Wir hatten den Krieg erlebt. Und nach allem, was ich gesehen und erlebt hatte, warf es mich aus der Bahn, nicht zu einem Geburtstag eingeladen zu werden. »Mama?«

»Ja, mein Schatz?« »Die Schweiz ist ein komisches Land.« Mama blieb stehen, ging in die Hocke und legte ihre Hände auf meine Schultern. Dann schaute sie mich mit hochgezogenen Augenbrauen an. »Dadvan«, sagte sie. »Ich weiß, dass vieles hier anders ist als zu Hause. Ich weiß, dass du dich hier an vieles erst gewöhnen musst.« »Die Kinder hier, sie sind – so anders als ich.« »Du bist ein ganz besonderer Junge. Überleg mal. Du bist fünf Jahre alt, aber du hast schon eine sehr große Reise hinter dir. Du hast vieles gesehen, das andere Kinder noch nicht gesehen haben.« Ich nickte. Ja. Sie hatte recht. Aber das machte es auch nicht besser. Ich wollte ja nicht viel. Ich wollte einfach nur dazugehören.

\* \* \*

Aber das gelang mir nicht. Und als ich dann eingeschult wurde, da wurde es noch schwieriger für mich. Gemeinsam mit meinen beiden Brüdern, die schon in einer Klasse über mir waren, machte ich mich morgens auf den Schulweg. Ich war aufgeregt. Die ganze Nacht über hatte ich nicht richtig geschlafen. Immer wieder fragte ich mich, wie es wohl sein würde. Ich hoffte, dass die Kinder anders waren als im Kindergarten. Aber was noch viel wichtiger war: Ich fragte mich, was ich wohl alles lernen würde? Es mag für viele andere Kinder in dem Alter nicht unbedingt nachvollziehbar sein, aber ich war extrem begierig darauf, zu lernen. Ich wollte endlich lesen und schreiben können. Ich wollte die neue Sprache lernen. Ich wollte mehr aus mir machen, als ich eigentlich war. Vielleicht, weil ich schon im Kindergarten gespürt hatte, dass mir die anderen etwas voraushatten. Sie wussten einfach alles Mögliche, das ich nicht wusste. Und dabei ging es nicht einmal unbedingt immer um klassisches Wissen. Sondern auch um kulturelles Wissen. Wie verhält man sich in welchen Situationen? Über welche Themen redet man in einer Gruppe. Ich eckte immer wieder an. Und von der Schule erhoffte ich mir, dass ich all dies dort lernen würde.

»Es wird bestimmt toll«, sagte ich, als ich neben meinen großen Brüdern und meiner Mama die Straße entlanglief. Doch sie schauten mich nur gelangweilt von der Seite an. Sie teilten meinen Enthusiasmus ganz offensichtlich nicht.

Ich verstand nicht genau wieso. Wussten sie mehr als ich? Oder waren sie einfach nur abgeklärter. Egal. Ich nahm mir vor, mir meine Laune nicht verderben zu lassen. Sobald wir die Schule erreichten, brachte Mama mich zum Büro des Rektors. Ein großer, dicker Mann, der einen imposanten Schal um den Hals trug. »Du bist dann also Dadvan«, sagte er sehr herzlich und beugte sich zu mir herunter. »Willkommen an der Primarschule Ipsach.«

Ich lächelte und nickte. »Wir haben eine schöne Klasse für dich gefunden. Die 1c.« Dann verabschiedete ich mich von meiner Mutter und der Rektor führte mich in meine neue Klasse. Mein Herz klopfte vor Aufregung. Ja, genau so hatte ich mir das vorgestellt, dachte ich, als ich den Klassenraum betrat. Vorne stand ein Lehrerpult vor einer großen grünen Tafel, die an der Wand befestigt war. An der Decke hing ein Beamer. Und überall im Klassenraum standen einzelne kleine Tische, an denen jeweils zwei Kinder saßen. »Such dir einen Platz aus, Dadvan«, sagte der Rektor. Ich streifte vorsichtig durch die Reihen und schaute, wo noch etwas frei war. Ich fand einen Tisch, an dem nur ein Mädchen saß. Der Stuhl neben ihr war frei. Ich schaute das Mädchen an. Sie verzog den Mund und schüttelte nur den Kopf. Ich ging weiter. Ein paar Reihen weiter hinten saß ein Junge. Auch der Platz neben ihm war noch frei. Ich zog den Stuhl etwas zurück, doch bevor ich mich setzen konnte legte er seinen Schulranzen auf die Sitzfläche. »Das geht nicht«, sagte er. »Hier sitzt schon mein Schulranzen.« Die anderen Kinder lachten. Ich wurde rot.

»Ja, okay …«, sagte ich ein wenig hilflos und ging weiter in die letzte Reihe, nach ganz hinten, wo noch ein freier Tisch stand. Dort setzte ich mich ganz alleine hin.

Die anderen Kinder drehten sich um und starrten mich an, als sei ich ein Außerirdischer.

»Wo kommst du her?«, fragte mich ein Junge.

»Aus dem Irak«, sagte ich.

»Wo ist das denn?«

Ich zuckte mit den Schultern. So genau wusste ich das auch nicht. Weit weg. Viele Grenzen und Wälder entfernt, dachte ich. Aber es brachte ja nichts, das hier zu erklären.

»Komischer Typ«, sagte ein Mädchen und in dem Moment betrat meine Klassenlehrerin den Raum und der Unterricht begann. Mein Standing in der Klasse war damit vorerst abgesteckt.

* * *

Es wurde nicht besser. In der Klasse war ich sofort ein Außenseiter. Und das blieb ich auch. Die anderen Kinder kannten sich bereits untereinander aus der Nachbarschaft. Sie spielten auf dem Schulhof zusammen, verbrachten ihre Nachmittage miteinander und luden sich gegenseitig auf ihre Geburtstagsfeiern ein. Ich blieb außen vor. Ich verstand nicht wieso. Ich hatte den anderen Kindern ja nichts getan. Dennoch ließen sie mich spüren, dass ich nicht dazugehörte. Und auch nicht dazugehören sollte. Anfangs versuchte ich es noch. Ich stellte mich einfach zu ihnen und fragte, ob ich mitspielen könne. »Ne, geht nicht«, hieß es dann. »Wir sind schon zu viele.« Oder: »Dieses Spiel verstehst du nicht.«

Zum Glück hatte ich noch meine Brüder. Sie waren auf derselben Schule wie ich und so konnten wir zumindest die Pausen gemeinsam auf dem Hof verbringen. Irgendwann hatte ich eine Idee. »Wisst ihr was«, sagte ich. »Wenn die uns nicht mitspielen lassen, dann sorgen wir dafür, dass sie zu uns kommen müssen.«

»Wie meinst du das?«

»Pass auf«, sagte ich. »Ihr kennt doch diese Sendung, die immer im Fernsehen läuft.«

»Welche Sendung?«

»Yu-Gi-Oh!«

Yu-Gi-Oh! Das war gerade die angesagte Sendung schlechthin. Eine Anime-Serie, die nachmittags auf RTL2 lief. Sie handelte von einem Typen, der ein Puzzle gelöst und einen alten ägyptischen

Geist freigesetzt hatte. Mit dem Geist reiste er jetzt herum und kämpfte gegen das Böse und so. Es war eigentlich ziemlich bescheuert. Aber man konnte sich der Serie nicht entziehen. Alle schauten sie. Alle sprachen darüber. Und seit Neuestem gab es auch Yu-Gi-Oh!-Sammelkarten. Ich war mir ganz sicher: Das würde der nächste große Trend. Wir müssten ihn nur setzen.

»Aber wo sollen wir die Karten hernehmen?«

Auch dazu hatte ich schon eine Idee.

* * *

»Meinst du echt, das ist eine gute Idee?«

»Wahrscheinlich nicht«, sagte ich und trank noch einen Schluck Capri-Sonne.

Wir saßen jetzt schon zwei Stunden vor dem großen Laden und beobachteten. Wir beobachteten, wie die Menschen in den Laden gingen. Wir beobachteten, wie sie aus dem Laden herauskamen. Wir beobachteten, wie sich das Personal verhielt. Wir beobachteten, was der Security-Mann an der Tür so anstellte.

Der Laden, vor dem wir warteten, gehörte zu einer großen Schweizer Kaufhauskette, und es gab dort alles Mögliche zu kaufen. Klamotten, Haushaltsgegenstände, Sportartikel, Möbel – und eben Yu-Gi-Oh!-Karten.

»Okay«, sagte ich irgendwann und schmiss die Capri-Sonne in den Müll. »Ich glaube, das geht alles klar.«

»Bist du dir ganz sicher?«, fragte Khalat noch einmal nach.

»Jetzt stell dich nicht so an, wir ziehen das durch. Der Plan funktioniert. Glaub mir.«

Khalat und Walat nickten sich zu. Wir gingen in den Laden. Zunächst schlenderten wir ein wenig durch die Regale und ich schaute an die Decke, ob es irgendwelche Überwachungskameras gab. Nichts. Zumindest nichts, was ich sah. Dann gingen wir in den Textilwarenbereich.

»Verhaltet euch ganz normal, klar?«

Ich näherte mich dem kleinen Stand mit den Karten. Er war direkt neben dem Informationsstand, an dem man auch bezahlen konnte. »Okay, Khalat, mach mal jetzt.«

Khalat ging zu dem Angestellten und verwickelte ihn in ein Gespräch.

»Entschuldigen Sie, wo finde ich denn hier die Sportklamotten?«, fragte er und ließ sich den doch sehr einfachen Weg zum Parallelregal sehr umständlich erklären. Mit einem großen Satz ging ich derweil auf die Karten zu und steckte drei Packungen in die Innentasche meiner Jacke. Drei Packungen. Ich hätte sehr viel mehr klauen können. Aber ich wollte es nicht übertreiben. Die Packungen waren jeweils 50 Rappen wert. Ein paar Cent. Aber ich hatte eh schon ein schlechtes Gewissen.

Dann drehte ich mich um und gab Khalat ein Zeichen, dass alles erledigt war. Wir gingen zum Hauptausgang und ich zog die Karten aus der Tasche.

»Nein, Dadvan, mach nicht, das ist zu krass.«

»Vertrau mir, das wird!« Wir näherten uns der Kasse, an der sich eine lange Schlange gebildet hatte. »Mach nicht! Steck die einfach wieder ein.« Doch ich hörte nicht auf ihn. Ich drängte mich an der Schlange vorbei, blieb kurz bei der Kassiererin stehen und hielt die Yu-Gi-Oh!-Karten hoch. »Entschuldigen Sie«, sagte ich und schaute abwechselnd die Frau an der Kasse und den Security-Mann an der Tür an. »Die habe ich drüben an der kleinen Kasse bezahlt.« Ich spürte, wie mein Puls raste. Wie mein Körper Unmengen an Adrenalin ausschüttete. Würde sie mir das wirklich abkaufen? Was sollte ich sagen, wenn sie einen Kassenbon sehen wollte?

»Hast du einen Kassenbon?«, fragte sie. Mist! «Ja, na klar«, sagte ich und fing an, umständlich in meiner Hosentasche zu kramen. »Moment ...« Ich stellte mich extra blöd an. »Ich habe ihn gleich.« Die anderen Kunden in der Schlange waren genervt und sagten Schweizer Kraftausdrücke. Die Kassiererin verdrehte die Augen. »Schon gut, schon gut«, nickte sie und gab uns ein Zeichen, dass wir verschwinden sollten. Ich grinste. Wir hatten es geschafft. Aber das war nur der erste Teil des Plans.

\* \* \*

Wir hatten nun drei Yu-Gi-Oh!-Decks. Als wir wieder zu Hause waren, gingen wir ins Internet und machten uns mit den Spielregeln vertraut. Aber nicht nur oberflächlich. Wir studierten sie regelrecht. Wir spielten und spielten und spielten, und als wir uns komplett sicher waren, dass wir alles verstanden und durchschaut hatten, gingen wir unseren weiteren Plan noch einmal durch. Am nächsten Tag zogen wir ihn dann durch. Wir verabredeten uns in der großen Pause auf dem Schulhof unter der alten Eiche. Die alte Eiche war ein riesiger Baum, der mitten auf dem Pausenhof stand. Der zentralste Ort, den es auf unserem Schulhof gab. Wir setzten uns hin, packten unsere Karten aus und fingen an zu spielen.

Es dauerte nicht lange, da kamen die ersten Kinder vorsichtig von der Seite an und schauten uns zu.

»Was macht ihr da?«, fragte mich einer.

»Yu-Gi-Oh!«, sagte ich nur desinteressiert, zuckte mit den Schultern und legte die Karten auf.

Es funktionierte genauso, wie ich es mir vorgestellt hatte. Die anderen Kinder wurden neugierig. Am nächsten Tag zogen wir unsere Nummer wieder durch. Dieses Mal bildete sich eine regelrechte Traube um uns. Als die Pause vorbei war und ich wieder in die Klasse ging, kamen zwei Jungs auf mich zu.

»Hey, du bist Dadvan, oder?«

»Ja.«

»Ich bin Jonas, ich bin in deiner Klasse.«

»Ja, hallo.«

»Ich bin Max.«

»Hallo.«

»Ziemlich cool mit den Yu-Gi-Oh!-Karten«, sagte er. »Kann ich die mal sehen?«

»Klar«, sagte ich und zeigte ihm mein kleines Starter-Deck.

»Wie funktioniert das?«, fragte Jonas. Ich erklärte ihm grob die Regeln. »Wenn du dir auch ein paar Karten kaufst«, sagte ich, »können wir ja mal gegeneinander spielen.«

Am nächsten Tag saßen Jonas und Max mit mir und meinen beiden Brüdern unter der großen Eiche und zeigten mir ihre Karten. Ich erklärte ihnen noch einmal die Regeln und wir spielten gegeneinander.

Eine Woche später hatten sich unter der Eiche fünfzehn andere Kinder versammelt. Alle mit Yu-Gi-Oh!-Karten in der Hand. Und sie wollten alle mitspielen. Das war aber nur ein Teil meines Planes, der langsam aufging. »Was ist«, sagte ich, »wenn wir um einen Einsatz spielen?«

»Einen Einsatz?«

»Wer gewinnt, bekommt die Karten des anderen.«

Die anderen Kinder ließen sich darauf ein. Und so begannen wir, um Karten zu spielen. Da meine Brüder und ich nicht nur die Regeln, sondern auch sämtliche Strategien regelrecht studiert hatten, gewannen wir ohne Probleme jedes Match. Und so hatten wir irgendwann einen großen Berg Yu-Gi-Oh!-Karten gewonnen, was uns die Spiele nur noch leichter gewinnen ließ.

Ich hatte begriffen, dass man einen Trend setzen muss, um von ihm profitieren zu können. Wer zu spät kommt, läuft immer nur hinterher. Ich hatte aber auch ein Gespür dafür entwickelt, wann ein Trend seinen Höhepunkt erreicht hat. Als ich nach ein paar Monaten merkte, dass Yu-Gi-Oh!-Karten nicht mehr so angesagt waren, verkaufte ich unser komplettes Set. Von dem Geld nahm ich 1,50 Franken, brachte sie in den Laden, in dem wir damals unsere ersten drei Kartensets geklaut hatten, und legte sie unauffällig auf das Kassenband der Kassiererin. Ich wollte kein schlechtes Gewissen mehr haben müssen. In meinem Kopf hatte ich die Karten nicht gestohlen. Ich hatte sie mir geliehen. Wie eine Art Kredit. Dank meiner Strategie war ich zwar in der Schule ein wenig beliebter geworden, aber die dunklen Schatten über unserem Zuhause verschwanden nicht.

* * *

Abends lag ich auf meiner Matratze und starrte an die Decke. Meine Brüder schliefen bereits. Aber ich konnte keine Ruhe finden. Ich hatte tausend Gedanken gleichzeitig im Kopf. Und es fühlte sich an, als drücke mich ein tonnenschweres Gewicht nieder. Immer wieder musste ich an die Worte meiner Mutter denken, die sie uns damals gesagt hatte. Alles wird besser. Hatten wir den ganzen Weg wirklich für dieses Leben hier auf uns genommen?

Plötzlich hörte ich Geräusche. Was war das? Um diese Zeit? Ich zog mir die Bettdecke bis zum Hals, hielt den Atem an und blieb ganz ruhig. Vorsichtig ging jemand durch das Wohnzimmer, öffnete die Haustür und ging hinaus. Es war Mama. Was machte sie denn da? Ich schaute mich um und vergewisserte mich, dass meine beiden Brüder schliefen. Dann stand ich vorsichtig auf und folgte ihr. Leise öffnete ich die Haustür. Mama saß auf der Treppe mit dem Rücken zu mir vor unserem Haus. Ich sah, dass sie weinte. Ich setzte mich zu ihr.

Sie erschrak, als sie mich sah und wischte sich die Tränen aus dem Gesicht. »Was machst du denn hier?«, fragte sie. Sie wollte gefasst klingen. Aber ihre Stimme brach weg.

»Mama …«, fragte ich und schaute sie besorgt an. »Was ist denn mit dir?«

Doch statt zu antworten, zog sie mich nur an sich und umarmte mich. Ich wusste nicht, was ich tun sollte. Es brach mir das Herz, meine Mutter so zu sehen. Selbst in den schwersten und aussichtslosesten Zeiten war sie doch sonst immer so stark und gefasst. Aber jetzt hatte sie ihren schweren Schutzschild für einen Moment abgelegt. »Was hast du denn nur?«, fragte ich ganz leise.

Nachdem Mama sich ein klein wenig beruhigt hatte, ließ sie mich los und richtete sich auf. Es war ein warmer Sommerabend und der Vollmond stand klar und deutlich am Himmel.

»Dein kleiner Bruder«, sagte sie und ihre Stimme wurde wieder brüchig. »Wir haben ihn verloren.«

Verloren? Ich traute mich nicht, weiter nachzufragen, aber ich verstand natürlich, was sie mir da gerade sagte. Auch wenn ich in meiner kindlichen Naivität noch nicht ansatzweise begreifen konnte, was das für meine Mutter bedeutete, so merkte ich doch, wie sehr sie dieser Verlust traf. »Dann ist er jetzt im Himmel«, sagte ich und zeigte hoch zu den Sternen. »Und schaut auf uns herab.«

»Ja«, sagte Mama und wieder liefen ihr die Tränen über das Gesicht. »So ist es, mein Schatz.«

# Armut

Um der schlechten Stimmung zu Hause zu entgehen, streiften meine Brüder und ich wieder viel in der Nachbarschaft umher. Wir blieben weiter unter uns. Nur manchmal, da kamen Christina und Jonas mit. Die beiden waren bei Walat in der Klasse. Und irgendwie hatten wir eine Verbindung zueinander. Was Christina mit uns verband, war die Armut. Ihre Familie hatte genauso wenig Geld wie unsere. Sie wohnte direkt um die Ecke. Im selben sozialen Brennpunkt wie wir.

Jonas war anders. Jonas war eigentlich ein Kind aus einem besseren Elternhaus. Seine Eltern kamen aus der Schweiz und führten ein richtiges Bilderbuchleben. Sie waren das, was wir als typische Schweizer Bünzli bezeichneten. Sie hatten keine erkennbaren Probleme. Aber Jonas war nicht so wie die anderen Jungs und Mädchen in seinem Alter. Jonas war ein Problemkind.

Jonas war wütend. Er war verdammt wütend. Einmal, da hatte ein Junge die gesamte Klasse auf seinen Geburtstag eingeladen. Walat erzählte, dass Jonas die ganze Zeit allein in einer Ecke stand. Und irgendwann fing er an, die ganzen Luftballons kaputt zu machen. Einfach so. Insgesamt schien er gerne zu randalieren. Oder er nervte die Nachbarn mit anhaltenden Klingelstreichen.

Eigentlich hatte Jonas keinen Grund wütend zu sein. Zumindest kannten wir ihn nicht. Der einzige Grund, warum er mit uns rumhing, war, dass sonst niemand mit ihm rumhängen wollte. Aber Walat war offenherzig. Er war einfach nett und freundlich zu jedem. Er hatte ein riesiges Herz, was am Ende dazu führte, dass wir mit ziemlich vielen komischen Leuten rumhingen, die er anschleppte. Aber warum auch nicht? In den Augen der anderen waren wir die komischen. Das wusste ich ja. Khalat hingegen fing mit den Jahren mehr und mehr an, sich abzugrenzen. Ich glaube, er hatte viele Dinge, die auf der Flucht geschehen waren, nicht richtig verarbeitet. Und das tat er jetzt.

Als wir abends wieder nach Hause kamen, rief uns Mama zu sich. »Jungs«, sagte sie. »Wo wart ihr denn?« Sie legte ihre Stirn in Falten und stemmte ihre Hände in die Hüften. Mama war nicht wütend. Sie wirkte eher besorgt. Wir schauten uns fragend an. Was hatte sie denn? »Ich habe euch doch gesagt, ihr sollt heute ein wenig früher nach Hause kommen«, erinnerte sie uns an das kleine Gespräch, das wir heute nach dem Frühstück geführt hatten. Richtig, da war ja was. Aber dann schüttelte sie den Kopf und beruhigte sich gleich schon wieder. »Jungs, ihr wisst doch, heute ist der große Tag ...« Der große Tag. Ja. Sie hatte recht. Das hatten wir beinahe vergessen. Dabei sprach sie schon seit Wochen von kaum etwas anderem.

»Kommt«, sagte Mama und schob uns in die Küche. »Ihr müsst jetzt erst einmal etwas essen.« Wir setzten uns an den Tisch und Mama zog eine Auflaufschale mit gefüllten Auberginen aus dem Ofen. Eines meiner absoluten Lieblingsgerichte. Es roch großartig. Ich nahm mein Glas und stellte es unter den Wasserhahn. »Freut ihr euch?«, fragte ich meine beiden Brüder. »Auf heute Abend?«

Immerhin war ja heute der große Abend. Aber meine Brüder waren nicht ansatzweise so euphorisch wie ich. Ich betrachtete Walat, wie er lustlos mit der Gabel in der Aubergine rumstocherte. »Was ist los?«, fragte ich. »Heute Abend wird richtig gut ...«

Khalat schüttelte den Kopf. »Was ist denn daran gut. Ich finde es peinlich.« Peinlich? War mein Bruder verrückt geworden? Wieso war ihm das denn peinlich? Es war doch unser Ritual! Seit einem Jahr hatten wir mit Mama diese kleine Tradition eingeführt. Alle vier Monate machten wir das. »Das verstehst du noch nicht«, sagte auch Walat und winkte ab. Dann gingen wir auf unser Zimmer und ruhten uns etwas aus.

Zwei Stunden später war es dann endlich so weit. »Jungs?«, fragte Mama. »Seid ihr fertig? Wir müssen los.« Ich sprang von meiner Matratze auf, packte meinen Rucksack und lief zur Haustüre. Meine beiden Brüder trotten lustlos hinterher. »Was ist denn mit euch?«, fragte Mama sie. Aber die beiden zuckten nur mit den Schultern. Ich schaute aus dem Fenster. Die Sonne war schon lange untergegangen. Es war etwa 22 Uhr. Dann verließen wir das Haus und streiften ein wenig durch die Straßen. Wir waren die einzigen, die noch um diese Zeit unterwegs waren. In den meisten Häusern brannte kein Licht mehr. Es war eine sternenklare Nacht. Keine Wolke war zu sehen. Der Vollmond stand wie ein großer, gelber Ball mitten am Himmel. Ich atmete tief durch. Die Luft war klar. Wir liefen ein wenig den Berg hoch, dort, wo die etwas besseren Häuser der Stadt lagen. »Da drüben«, rief ich und zeigte auf einen Sack, der vor einem der Häuser stand. »Sehr gut, Dadvan«, lobte mich meine Mutter und nickte mir zu. Ich lief vorsichtig und leise zu dem Haus rüber, schnappte mir den kleinen Sack und gab ihn Mama. Dann gingen wir weiter. Ich fühlte mich wie ein Jäger, der auf der Suche nach seiner Beute war. Ich schaute mich um, ein paar Häuser weiter fand ich eine weitere große Tüte, die ich Mama brachte. So zogen wir durch die Straßen, bis wir so viele Tüten und Säcke beisammen hatten, dass wir nicht mehr von ihnen tragen konnten. Vollbepackt kamen wir mitten in der Nacht wieder nach Hause und verteilten unsere Beute im Wohnzimmer. Wir fingen an, die Säcke zu öffnen und sie auszuschütten. Sie waren voller Klamotten.

»Okay, Jungs«, sagte Mama und begann die Sachen zu sortieren. »Sucht euch raus, was euch gefällt und probiert die Sachen an, ob sie passen«, sagte sie. »Und den Rest packt ihr zurück in die Säcke, die bringen wir dann später wieder raus.« Ich ging die ganzen Klamotten durch und sofort stach mir ein Kapuzenpulli ins Auge. Das gibt es doch nicht, dachte ich! Ich schnappte mir den Pulli und betrachtete ihn. Er hatte so ein dunkles Camouflage-Muster, das mir richtig gut gefiel. Ich kannte diesen Sweater. Ich hatte ihn schon einmal gesehen und mich damals direkt in ihn verliebt. Genau so einen wollte ich immer haben. Aber das war nur Träumerei. Mir war klar, dass wir uns das eigentlich nicht leisten konnten. Eigentlich. Doch jetzt hatte ich das Ding hier in meinen Händen. Ich probierte ihn sofort an. Jackpot! Er passte perfekt!

* * *

Am nächsten Morgen ging ich mit meinen neuen Klamotten in die Schule. Ich fühlte mich wie ein König! Mit meinem neuen Sweater konnte ich mich richtig sehen lassen, dachte ich. Und ich merkte auch direkt, wie die anderen Kinder mich plötzlich wahrnahmen. Zumindest bildete ich mir das ein. Vielleicht lag es aber auch daran, dass ich jetzt viel selbstbewusster war. Krass, dachte ich. Wie die Klamotten, die man trägt, einen doch verändern konnten. Ich setzte mich auf meinen Platz, verschränkte die Arme hinter meinem Kopf und lehnte mich lässig mit meinem Stuhl zurück. Ab heute, dachte ich, ab heute wird alles anders. Ab heute muss ich mich nicht mehr für meine billigen Klamotten schämen. Ab heute werde ich dazugehören!

»Hey, Dadvan«, hörte ich plötzlich einen meiner Mitschüler durch die halbe Klasse brüllen. »Schicker Pullover.« Das war Julius. Julius war ein richtiges Bonzenkind. Jeder wusste, dass seine Familie wohlhabend war. Ich lächelte. Wahnsinn, dass sogar dieser Typ mich lobte. Mein Selbstbewusstsein stieg ins Unermessliche.

»Kommt mir irgendwie bekannt vor ...«, sagte er. »Kann es sein, dass das meiner ist?«

Plötzlich wurde es ganz still in der Klasse. Alle schauten zu mir rüber. Ich spürte, wie mir ganz plötzlich der kalte Schweiß über den Rücken lief. »Nein«, sagte ich kleinlaut. »Das kann nicht sein.« Julius kam mit einem selbstgefälligen Lächeln auf mich zu, stellte sich hinter mich und zog an meinem Kragen, sodass das kleine Etikett zum Vorschein kam.

»Was soll das?«, sagte ich und wollte am liebsten aufstehen und dem Kerl eine scheuern. Aber ich spürte plötzlich eine Angst, die mich fast vollständig lähmte.

»Na siehst du«, rief er und schaute die anderen Kinder in der Klasse an. »Da steht ja sogar noch mein Name drin.«

Ich merkte, wie mein Kopf rot anlief. Mir wurde heiß und kalt zugleich. »Den Pulli haben meine Eltern für Arme gespendet«, rief er. »Und jetzt trägt Dadvan ihn. Kannst du dir nicht ausdenken!«

Die anderen Kinder fingen an zu lachen. Ich spürte, wie sich das ganze Selbstbewusstsein, das ich für fünf Minuten aufgebaut hatte, von einer Sekunde auf die nächste einfach implodierte. Ich starrte auf den Boden. War nicht mehr fähig, den anderen Kindern ins Gesicht zu schauen. Ich habe mich noch nie in meinem Leben so geschämt. Ich spürte, wie mir schwindelig wurde. Wie mir langsam der Boden unter den Füßen weggezogen wurde. Es war plötzlich, als würde sich alles in Zeitlupe abspielen. Das Gelächter der Kinder wurde merkwürdig stumpf. Ich hörte nur noch Bässe. Merkwürdig verzerrt. Mein Herz schlug wie verrückt. Nicht ausflippen, Dadvan, sprach ich mir gut zu. Reiß dich zusammen. Aber es ging nicht. Auf einmal lief eine Träne über mein Gesicht. Ich wischte sie weg. Ich musste hier raus. Sofort. Ich packte meinen Schulranzen, zog ihn mir über die Schulter und floh aus der Klasse. Ich lief einfach weg. Ich hörte noch das Lachen der anderen Kinder. Als ich über den Schulflur lief, kam mir unsere Lehrerin entgegen und packte mich am Arm. »Hey, hey«, sagte sie. »Wo willst du denn hin?« Ich konnte auch ihr nicht mehr in die Augen sehen.

»Mir geht's nicht so gut«, sagte ich. »Ich habe Bauchweh ...« Dann riss ich mich los und lief nach Hause. Als ich dort ankam, war ich ganz allein in unserer kleinen Wohnung. Baba war arbeiten. Mama war wahrscheinlich einkaufen und meine beiden Brüder noch in der Schule. Ich schmiss den Rucksack auf den Boden und zog den Sweater aus. Tatsächlich. Da stand wirklich noch Julius Name auf dem Etikett. Mir schoss das Blut in den Kopf. Ich setzte mich auf den Boden und betrachtete unser Wohnzimmer ganz genau. Die ganzen Möbel, die wir in den letzten Wochen und Monaten neu bekommen hatten. Und plötzlich erkannte ich sie wieder. Plötzlich erkannte ich alles wieder. Ich schaute mir den Teppich an und sah den Tomatenfleck, den wir versuchten mit dem Sofa zu verdecken. Das war nicht irgendein Teppich. Das war genau der Teppich, den Julians Eltern in ihrem Wohnzimmer gehabt hatten. Das Regal war dasselbe Regal, das bei Lucas zu Hause gestanden hatte. Ich schaute an mir herunter. Jetzt verstand ich, warum es meinen Brüdern peinlich war, die Säcke einsammeln zu gehen. Ich hatte es nie verstanden. Erst jetzt begriff ich es. Das waren die alten Klamotten von fremden Menschen, die sie nicht mehr brauchten. Ihr Müll. Und wir zogen das an. Und mit genau diesem Müll richteten wir auch unsere Wohnung ein. Unser Haus war eingerichtet mit dem Müll fremder Menschen. Ich war angezogen mit dem Müll meiner Freunde. Und alle wussten es. Ich empfand eine solche Scham, wie ich sie noch nie zuvor in meinem Leben empfunden habe. Ich wusste, dass wir nicht viel Geld hatten. Aber jetzt erst begriff ich, wie mausearm wir wirklich waren. Und ich verstand, dass es diese Armut war, die mich so anders machte. Solange wir nur die Reste der anderen verwerteten, das wusste ich, würde man mich hier niemals akzeptieren. Man würde mir niemals zugestehen, dass das meine Heimat ist. Ich setzte mich auf unseren Müllteppich und fing an zu weinen. Eines Tages werde ich reich sein, sagte ich zu mir selbst. Egal, was passiert! Ich werde es aus dieser Armut rausschaffen! Das schwor ich mir. Ich war hungrig. Ich war so verdammt hungrig.

\* \* \*

»Dadvan?«

Ich schreckte auf und blickte direkt in die Hölle. Okay. Ich blickte nicht direkt in die Hölle, sondern nur in das Gesicht von Frau Allemann. Aber das war beinahe dasselbe. Frau Allemann war eine Art Torhüterin und wenn sie wollte, konnte sie die Tore ins Verderben öffnen.

»Schläfst du?«

»Nein«, sagte ich und raffte mich auf. »Natürlich nicht.«

Okay, vielleicht war ich kurz eingeschlafen. Für einen kleinen Moment. Es war immerhin eine recht lange Nacht gewesen und ich war einer ziemlich heißen Sache auf der Spur. Ich hatte seit ein paar Wochen ein neues Hobby. Programmieren. Die Sache war die: Ich hatte mir irgendwie einen Computervirus eingefangen und mein Vater war verständlicherweise ziemlich sauer, weil sein Computer jetzt nicht mehr funktionierte. Er gab mir die Schuld dafür. »Wer weiß, wo du wieder herumgesurft bist und was du dir da für Viren eingefangen hast«, motzte er. Ich vermutete, dass er recht hatte, wusste allerdings nicht genau, was ein Computervirus war. Also wartete ich, bis er den Rechner hat reparieren lassen, und recherchierte es dann nach. Ich stieß auf eine komplette Parallelwelt. Und fand das extrem faszinierend. Da gab es also irgendwelche Programme, die man verschicken konnte, und wenn sie dann auf einem fremden Computer waren, gingen diese Computer kaputt. Mir war nicht ganz klar wer so etwas machte und warum man so etwas machte. Vielleicht war es einfach nur ein ziemlich destruktives Hobby. Aber mich interessierte, wie das funktionierte – und wie man sich dagegen schützen kann. Also stieg ich immer tiefer in die Materie ein. Und lernte sogar die Grundzüge des Programmierens. So gut es eben ging. So stieß ich auf die ersten Hackerforen. Warum auch nicht? Ich war mittlerweile zehn Jahre alt und wohnte in einem Dorf, in dem ich keine richtigen Freunde hatte. Meine Klassenkameraden wollten mit mir nichts zu tun haben. Und ich war arm. Das Einzige, was ich hatte, waren unser Computer und das Internet. Dass wir einen alten, gebrauchten Computer hatten, war eigentlich schon absoluter Luxus. Aber es war die einzige Möglichkeit, wie wir mit unserer Familie in Kurdistan in Kontakt bleiben konnten. Also sparte sich mein Vater diese Investition von den Rippen ab. Verständlich, dass er sauer war, dass ich mir fahrlässig einen Virus eingefangen hatte.

Für mich war das eine richtige Parallelwelt, seit ich damals im Asylantenheim war und Herr Rütli uns seinen Computer gezeigt hat.

»Hast du deine Hausaufgaben gemacht?«

»Natürlich habe ich meine Hausaufgaben gemacht.«

Natürlich hatte ich meine Hausaufgaben nicht gemacht. Ich hatte Besseres zu tun. Da war dieser Virus und …

»Dann lies doch mal vor …«

Ich kramte etwas verlegen in meinem Rucksack herum, um noch ein wenig Zeit zu schinden, aber eigentlich wusste ich, dass es sinnlos war, dass ich das Unheil nur hinauszögerte, dass es nur noch eine Frage der Zeit war, bis Frau Allemann die Pforten zur Hölle öffnen würde und …

»Du hast deine Hausaufgaben nicht gemacht.«

Okay, es hatte ja keinen Sinn. Ich gab nach. »Tut mir leid, Frau Allemann.«

Ich wusste, was mir jetzt drohte. Dasselbe wie jede Woche. Frau Allemann hatte sich eine ganz besondere Strafe für mich ausgedacht: Texte abzuschreiben. Das war ihr beliebtestes Folterwerkzeug. »Dieses Mal habe ich was ganz Besonderes für dich, Dadvan …«, sagte sie, zog ein Buch aus ihrer Handtasche und hielt es mir hin. Es war die *Odyssee* von Homer. »Ein echter Klassiker«, freute sie sich und drückte mir das 600-Seiten schwere Monster in die Hände. »Dieses

Mal kriegst du etwas anspruchsvolleres als sonst. Meine Privatlektüre.« Das machte ihr Spaß. Merkte man. Vielleicht brauchte sie das einfach. »Zwanzig Seiten. Welche, kannst du dir selbst aussuchen.« Ich nickte. Sehr nett.

Aber ich kannte das ja schon. Ich musste regelmäßig Artikel oder Bücher abschreiben, weil ich meine Hausaufgaben nicht gemacht oder einen Test in den Sand gesetzt hatte. Aber das Ganze hatte auch einen Vorteil. Durch das ständige Abpinnen, das ich als Strafarbeit aufbekam, hatte ich nicht nur gelernt, wahnsinnig schnell zu schreiben – ich hatte mir auch ein ziemlich gutes literarisches Grundwissen angeeignet. Und ich lernte die Sprache immer besser. Deutsch wurde nach und nach zu meinem Lieblingsfach in der Schule. Während der Rest der Klasse fertig war und nach Hause ging, blieb ich noch im Klassenraum und fing mit dem Abschreiben an. Ich wollte es gleich hinter mich bringen. Ich blätterte das Buch einmal durch. Ich hatte keine Ahnung, was das sein sollte. Die Odyssee. Ich fing an, den Klappentext zu lesen. Dann blätterte ich ein paar Seiten durch. Es ging scheinbar um einen Mann, der einfach nach Hause kommen wollte, aber eine jahrelange Irrfahrt auf sich nehmen und viele Abenteuer bestehen musste. Das Buch war wahnsinnig schwierig geschrieben. Ich verstand sehr wenig. Aber irgendwie fand ich die Geschichte spannend. Mir ging es ja ganz ähnlich, dachte ich. Ich musste zwar nicht gegen irgendwelche Riesen kämpfen. Aber ich hatte auch eine ziemlich lange Reise hinter mir. Und angekommen war ich noch immer nicht. Ich fing an, eine der Geschichten abzuschreiben.

Als ich fertig war, machte ich mich auf den Weg nach Hause. Ich hatte das Gefühl, dass es einfach nicht besser wurde. In der Schule wurde ich immer mehr zum Außenseiter. Und je mehr ich das zu ändern versuchte, desto schlimmer machte ich es. Ich merkte, dass ich nicht dazugehörte. Dass die anderen Kinder mich einfach nicht beachteten. Also wollte ich ihre Aufmerksamkeit mit aller Kraft erzwingen. Ich wurde zum Klassenclown. Ich gab den Lehrern freche

Antworten und legte mich mit jedem an, der mir blöd kam. Ich raufte mich ständig mit den anderen Kindern. Dadurch bekam ich zwar meine Aufmerksamkeit, doch wirklich beliebter machte es mich nicht. Im Gegenteil. Es führte nur dazu, dass die anderen Kinder jetzt richtig Angst vor mir hatten. Und das verunsicherte mich noch mehr. Ich war nicht mehr bloß der Flüchtlingsjunge, der kein Geld hatte. Jetzt war ich auch noch das Asi-Kind, vor dem man sich besser in Acht nahm. Ich wusste einfach nicht weiter. Egal, was ich machte, ich machte es falsch. In mir hatte sich eine ungeheure Wut angestaut. Aber ich fand kein Ventil für diese Wut.

Als ich nach Hause kam, spürte ich gleich, dass die Stimmung bei uns mal wieder auf dem Tiefpunkt war. Dass ich zu spät kam, schien niemanden zu interessieren. Alle hatten ihre eigenen Probleme. Mein Vater saß mit hochrotem Kopf im Wohnzimmer auf dem Sofa, während meine Mutter in der Küche das Abendessen zubereitete. Alle paar Minuten stand er auf, ging zu ihr und die beiden fingen an zu diskutieren. Es wurde immer lauter und immer unangenehmer. Es wurde so laut, dass sogar meine kleine Schwester aufwachte und zu weinen anfing. Meine Schwester. Das war das einzig Gute, was uns in den letzten Monaten widerfahren ist. Nachdem meine Mutter meinen kleinen Bruder verloren hatte, wurde sie erneut schwanger und brachte ein kleines Mädchen zur Welt. Hovina. Sie war unser ganzer Stolz. Immer wenn ich sie sah, dann hatte ich das Gefühl, dass ich mich zusammenreißen musste. Dass ich mich nicht mehr bemitleiden durfte. Schließlich war ich jetzt ein großer Bruder.

Ich ging ins Schlafzimmer meiner Eltern, nahm sie hoch und lief ein paar Schritte mit ihr durch die Wohnung, bis sie sich wieder beruhigt hatte. Dann legte ich sie zurück in ihr Babybett und setzte mich auf die Couch. Ein eigenes Zimmer hatte ich jetzt nicht mehr. Das hatten meine Brüder und ich an Hovina abgetreten. Wir schliefen jetzt im Wohnzimmer.

»Was haben sie denn dieses Mal?«, fragte ich Khalat. Er zuckte nur mit den Schultern. Eigentlich war ich es schon gewohnt. Meine

Eltern stritten sich die ganze Zeit. Es gab kaum einen Tag, an dem es zu Hause noch friedlich war. Meistens ging es ums Geld. Wir hatten keins. Mein Vater durfte offiziell noch immer nicht arbeiten. Also hielt er sich weiterhin mit schlechtbezahlten Gelegenheitsjobs über Wasser. Meine beiden Brüder und ich halfen mit, nahmen alle Möglichkeiten wahr, die sich uns boten, aber richtig große Sprünge konnten wir trotzdem nicht machen.

»Es ist wegen Oma«, sagte Walat. Ich nickte. Das hatte ich mir schon fast gedacht. Dieses Thema hatte unsere Familie in den vergangenen Tagen häufig beschäftigt. Meine Großmutter. Sie war krank. Und sie musste dringend operiert werden. Nur gab es im Irak kein Gesundheitswesen wie in der Schweiz oder in Deutschland. Wer eine Operation brauchte, musste sie bezahlen. Und wer sie nicht bezahlen konnte, hatte Pech gehabt. Meine Oma war bettelarm. Genau wie der Rest unserer Familie in unserem Heimatdorf in Zaxo. Also hatten sie uns um Hilfe gebeten. Die Operation kostete umgerechnet ein paar Hundert Euro. Für europäische Verhältnisse eigentlich ein Witz. Aber für uns eine Summe, die wir nicht wirklich stemmen konnten. Wir bekamen ja gerade genug Geld zusammen, um am Ende des Monats nicht zu verhungern.

»Baba hat die Summe irgendwie aufgetrieben«, sagte Walat.

»Wie?«, fragte ich.

Er zuckte mit den Schultern. Mein Vater war kreativ, wenn es darum ging, an Geld zu kommen. Wahrscheinlich hatte er sich gleich drei neue Nebenjobs gesucht und einen Vorschuss ausgehandelt. Reden konnte mein Vater wie kein Zweiter. »Das Problem ist, dass wir das Geld nicht zu Oma schicken können.«

Darüber hatte ich noch gar nicht nachgedacht. Zaxo war ein kleines Dorf im Nordirak. Ich erinnerte mich an die Fotos, die ich gesehen hatte. Und wenn die Erzählungen meiner Eltern stimmten, war dieses Dorf recht weit von dem zivilisatorischen Standard entfernt, den wir hier kannten. Moneygram oder Western Union gab es dort nicht. Meine Oma hatte noch nicht einmal ein Bankkonto.

Wozu denn auch? Sie lebte in einer kleinen Lehmhütte und ihre gesamte Familie lebte von Landwirtschaft. Sie konsumierten, was sie produzierten.

Der einzige Weg war, dass jemand tatsächlich in den Irak flog und Oma das Geld brachte. Persönlich. Aber die Kosten für den Flug waren für uns natürlich unermesslich hoch. »Das kann doch nicht sein«, sagte ich und hörte wie Mama und Papa sich wieder anbrüllten. Nein, es musste für ein solches Problem doch eine Lösung geben. Ganz sicher.

Ich ich setzte mich an den Rechner und googelte: »Wie kann man Geld verschicken?« Ich las mir alles durch, fand dann aber nur die klassischen Wege, die uns verschlossen blieben. Das konnte doch nicht wahr sein. Es musste doch noch andere Möglichkeiten geben. Aber ich fand nichts. Wieder stieg Wut in mir auf. Wieso war unser ganzes System nur so beschissen? Ja, es war für alles gesorgt, wenn man dazugehörte. Aber für Leute wie uns, Flüchtlinge, Menschen ohne Geld, Menschen, die in beschissenen Verhältnissen lebten, blieben alle Türen verschlossen. Wieso funktionierte nichts? Wieso ist unser System so kaputt? Ich googelte nach »Besseres Geld«. Nichts. »Shit Banks«. Nichts. »Fuck Banks.« Auch nichts. Zumindest nichts, das mir weiterhalf.

Und dann hatte ich einen Einfall. Ich dachte an ein Computerspiel, das mir ein Freund einmal gezeigt hatte. Ein Spiel, nach dem ich irgendwann richtig süchtig geworden war. Es hieß *Gilde Wars* oder so ähnlich. Es war ein kostenloses Browsergame, das man im Internet spielen konnte. Man baute sich ein Dorf und eine kleine Armee auf und überfiel fremde Dörfer, um Gold einzusammeln, mit dem man dann wiederum sein eigenes Dorf und seine eigene Armee aufrüsten konnte. Das Besondere war: Man konnte dieses Spiel mit Freunden zusammen spielen. Ich brauchte nur den Spielernamen eines Kumpels und dann konnten wir uns zu gemeinsamen Raubzügen verabreden. Man konnte sich auch gegenseitig helfen, in dem man sich Gold schickte. Kein echtes

Gold natürlich. Nur die In-Game-Währung, die man im Spiel er-
wirtschaftete. Wenn ich John einen Teil von meinem Gold oder
meinem Holz abgeben wollte, musste ich nur seinen Namen in
das Transferfeld eingeben und innerhalb von Sekunden war es
bei ihm. Warum sollte das denn nicht auch mit echtem Geld gehen, dachte ich. Und dann googelte ich »digitales Geld«. Wieder
fand ich nur Unsinn. Es war zum Verzweifeln. Ich kam einfach
nicht weiter. Ich probierte es ein letztes Mal und tippte den Begriff
auf Englisch in das Suchfeld ein. »Digital money«. Bingo. Plötzlich fand ich einige Einträge, die mir ganz interessant erschienen.
Ich stieß auf ein Forum. Es war ziemlich freakig. Da träumten irgendwelche Typen hinter ziemlich verrückten Nicknames davon,
die Welt zu erobern. Sie sprachen von einer Revolution. Von einer New World Order. Und tatsächlich: Auch der Begriff »Fuck
Banks« stand wieder und wieder im Raum. Ich las mir die Threads
genauer durch. Ich hatte das Gefühl, auf eine Art Geheimgesell-
schaft von Nerds gestoßen zu sein, die die Welt verändern wollten. Nerds, die es verdammt ernst meinten. Ich verstand nicht
einmal die Hälfte von dem, was sie schrieben, aber auf einen Begriff traf ich immer wieder: Bitcoin. Ich hatte keine Ahnung, was
das sein sollte. Also fing ich an zu recherchieren. Wieder schottete
ich mich komplett von meiner Umwelt ab. Ich wollte das unbedingt verstehen. Es gelang mir noch nicht so richtig. Aber ich begriff, dass Bitcoin digitales Geld war. Und dass es schon überall auf
der Welt akzeptiert wurde. Eine Transaktion könne man innerhalb
von wenigen Sekunden ausführen. Okay, dachte ich. Mehr musste
ich nicht wissen. Das war genau das, was ich brauchte! Also so, wie
in dem Spiel, das ich damals mit John immer gespielt hatte. Mir
war nur eine Sache noch nicht ganz klar: Wo kann ich diese Bitcoins kaufen? Am Kiosk nebenan schon einmal nicht. Aber egal,
darum würde ich mich später kümmern. Bevor ich mir die Din-
ger kaufen konnte, brauchte ich sowieso erst einmal Cash. Und
zwar schnell. Ich schaltete den Computer aus und schaute mich in

unserem Zimmer um. »Was hast du?«, fragte Walat. Ich schüttelte den Kopf. Ich konnte es ihm jetzt nicht erklären. Ich stand auf und packte das ganze Spielzeug, das ich hatte, in meinen Rucksack. Dann lief ich in die Stadt, breitete eine Decke aus und fing an, zu verkaufen. Das erste, wofür sich jemand interessierte, war mein dreiköpfiger Drache, den mir der Soldat damals in Port geschenkt hatte. Es brach mir beinahe das Herz, ihn wegzugeben. Aber ich wusste ja: Es war für eine gute Sache. Als ich wieder nach Hause kam, hatte ich ganze vierzehn Franken verdient.

Dann recherchierte ich, wie ich diese Bitcoins kaufen konnte. Es war gar nicht so schwer. Ich brauchte nur eine Kreditkarte. Ich lief ins Wohnzimmer.

»Baba«, sagte ich. »Ich brauche deine Kreditkarte.«

Mein Vater schaute mich mit hochgezogenen Augenbrauen an. »Du bist elf Jahre alt. Wofür brauchst du meine Kreditkarte?«

»Ich will Bitcoins kaufen.«

»Du willst was?«

Ich erklärte es ihm. Na ja. Ich versuchte es. So gut ich eben konnte.

»Junge, bist du auf den Kopf gefallen? Du willst echtes Geld ausgeben für …« Er suchte nach Worten. »Spielgeld?«

»Das ist kein Spielgeld«, sagte ich. »Baba, glaub mir. Das ist die Zukunft. Das ist die Revolution des Geldsystems«, plapperte ich nach, was ich in einem Forum gelesen hatte. Mein Vater schaute mich an, als hätte ich komplett den Verstand verloren. Er fing an, mit mir zu diskutieren. Aber ich ließ nicht locker. Verdammt, ich hatte nicht meinen dreiköpfigen Lieblingsdrachen verkauft, damit ich jetzt an der Kreditkarte meines Vaters scheiterte. Irgendwann merkte er, dass es mir ernst war. Er riss mir mein Geld aus der Hand und gab mir seine Kreditkarte. »Aber wehe, du machst Mist damit«, ermahnte er mich. »Mache ich nicht!«

Dann kaufte ich meine ersten zehn Bitcoins. Im Herbst 2011. Für umgerechnet rund fünfzehn Euro. Ich schaute mir die Wallet an. Das war eine Art digitale Geldbörse. Aber ich verstand gar nichts. Was mache ich denn jetzt damit? Egal, dachte ich. Das würde ich später noch herausfinden. Dann fing ich an, mich damit auseinanderzusetzen, wie ich meine Bitcoins verschieben konnte. Ich probierte es ein wenig aus, las mich durch diverse Foren und irgendwann hatte ich halbwegs begriffen, wie es ging. Dann rief ich meine Großmutter an.

»Oma, wie geht es dir?«

Ich hörte über Skype zu, wie sie sich zum Lachen zwang. Typisch Oma. Sich bloß nichts anmerken lassen. »Hör mal, Oma, ich weiß, wie ich dir das Geld für deine Operation schicken kann. Hast du eine Wallet?«

»Eine was?«

»Eine Wallet. Für Bitcoins.«

Schweigen in der Leitung. »Okay«, sagte ich. »Gib mir mal einen meiner Cousins.«

Ich ließ mich zu jedem Menschen in Zaxo durchstellen, dem ich irgendwie erklären könnte, wie man eine Wallet eröffnet. Aber keiner verstand es. Und niemand nahm es ernst. Nach zwei Stunden gab ich frustriert auf. Es funktionierte einfach nicht.

Vielleicht hatte ich doch einen Fehler gemacht. Am nächsten Morgen fragte mich mein Vater, wie es denn nun um mein »Spielgeld« stehen würde. Ich wurde rot. Vielleicht hätte ich auf ihn hören sollen. Ich schloss die Handelsplattform, den Exchange, auf dem meine Bitcoins lagerten und von dem ich sie hätte transferieren können. Ich hatte es ja nur gut gemeint.

\* \* \*

Als ich dreizehn wurde, zogen wir ein weiteres Mal um. Dieses Mal nach Biel. Unsere Familie war mittlerweile deutlich größer geworden. Wir waren jetzt nicht mehr zu sechst, sondern zu acht. Also brauchten wir auch eine größere Wohnung. Und die fand mein Vater in Biel. Als wir noch im Flüchtlingsheim untergebracht waren, hatte er dort ganz in der Nähe gewohnt, in einer Kleinstadt, die Nidau hieß. Entsprechend gut kannte er sich in der Ecke aus. In Biel wurden die Karten noch einmal neu gemischt. Ich kam auf eine neue Schule und hier war wirklich alles ganz anders. Na ja. Fast alles. Eins blieb unverändert. Ich war wieder mal der totale Außenseiter. Nur dieses Mal aus anderen Gründen. In Ipsach war ich der einzige Ausländer in der Klasse gewesen. Auf meiner neuen Schule hatte sich das Kräfteverhältnis komplett umgekehrt. In meiner Klasse gab es nur Ausländer. Und einen einzigen Schweizer. Und der hatte kein allzu schönes Leben. Es verging fast kein Tag, an dem er nicht verprügelt wurde. Wir wohnten in einer richtigen Asi-Gegend und entsprechend rau ging es auch auf unserer Schule zu.

Meine Armut war hier kein großes Thema mehr. Im Gegenteil. Hier waren alle so wie ich. Und sie alle wohnten im selben sozialen Brennpunkt. Standesdünkel gab es nicht. Und trotzdem war ich anders. Trotzdem hatte ich Schwierigkeiten, mich anzupassen. In Ipsach hatte man mich ausgestoßen, weil ich nicht so war wie die anderen Schweizer Kinder. Also versuchte ich, mich an sie anzupassen. Versuchte, zu verstehen, wie sie tickten. Ich dachte an das Buch, das ich bekommen hatte. An den Schneider, der eigentlich nur ein Schneider war, aber trotzdem lernte, sich wie ein Edelmann zu benehmen. Ich versuchte, es ihm nachzumachen. Ich versuchte, mich anzupassen. So zu sein wie meine Klassenkameraden. Und es gelang mir.

Die letzten Monate, die wir in Ipsach verbrachten, war ich schweizerischer als die Schweizer. Doch genau damit fiel ich in Biel ziemlich unangenehm auf.

* * *

Die Schule war schon seit ein paar Stunden vorbei und es zog mich gerade nicht nach Hause, also streunerte ich noch ein wenig in der Nachbarschaft herum.

Die Wolken hatten sich zusammengezogen. Es regnete. Auf dem grauen Asphalt bildeten sich kleine Pfützen. Alles hier war so grau, dachte ich. Die Häuserblocks. Der Beton. Ich lief über den nassen Asphalt und schaute mich ein wenig in meiner neuen Siedlung um. Alles wirkte trostlos. Das passte ganz gut zu meiner Stimmung.

Ich senkte den Kopf und achtete darauf, mit meinen billigen Schuhen in keine Pfütze zu treten. Wahrscheinlich würden sie sonst kaputt gehen. Oder sich einfach auflösen. Und das würde nur wieder für Streit in der Familie sorgen. Das waren die Gedanken, die ich in dieser Zeit so hatte. Plötzlich traf mich etwas am Rücken. Ich blieb stehen und drehte mich um. Was war das? Da. Schon wieder. Dieses Mal traf es mich am Arm. Ich schaute mich um und sah, dass auf einer Mauer ein älterer Junge saß, der mich mit Steinen bewarf, die an meiner Jacke abprallten. »Was soll das?«, rief ich.

»Heul nicht«, sagte der Junge und warf den nächsten Stein, der mich an den Beinen erwischte.

»Lass das«, rief ich.

»Lass das«, äffte er mich nach und lachte. Was für ein Idiot, dachte ich nur und ging weiter. Da traf mich der nächste Stein. Dieses Mal wieder am Rücken.

Ich biss mir auf die Lippen und ballte meine Fäuste. Ich wurde wütend. Aber ich ließ mich nicht provozieren. Irgendwann, dachte ich, zahle ich es diesem Idioten heim.

Ich wusste zu diesem Zeitpunkt noch nicht, dass diese Begegnung mein Leben für immer verändern sollte.

Als ich zu Hause ankam, schmiss ich meinen Rucksack in eine Ecke und verkroch mich in meinem Zimmer. Was für ein beschissener Tag! Ich ließ mich auf meine Matratze fallen, verschränkte die Arme hinter meinem Kopf und starrte an die Decke. Draußen wurde es nun richtig ungemütlich. Ich hörte, wie der Regen immer intensiver gegen meine Scheibe prasselte. Der Wind pfiff durch die undichten Stellen. Ganz weit entfernt zog ein Gewitter auf. Ich wollte nicht mehr. Ich wollte nicht mehr dieses Leben führen. Ich wollte nicht mehr ständig der Außenseiter sein. Ich hatte das Gefühl, dass ich einfach nirgendwo dazugehörte. Ich musste irgendetwas machen, um hier rauszukommen. Nur was?

Dann klopfte es an meine Tür. »Dadvan? Bist du da?«

»Ja ...«

Mein Vater kam in das Zimmer. »Ist alles in Ordnung mit dir?«

»Ja«, sagte ich und richtete mich auf. Ich dachte für einen kurzen Moment nach. Sollte ich ihm ...? Nein. Baba hatte ganz andere Sorgen. Ich wollte ihn mit meinen Problemen nicht auch noch zusätzlich belästigen.

»Dadvan«, sagte er. »Ich habe einen Job für dich.«

»Einen Job?«

»Ja, komm, pack deine Sachen.«

»Jetzt?«

»Hast du etwas anderes zu tun?« Hatte ich nicht. Also packte ich meine Sachen zusammen und fuhr mit meinem Vater in einen Randbezirk der Stadt. Ein wenig Geld zu verdienen, war sicherlich nicht das Schlechteste.

Er brachte mich zu Tarek. Mein Vater hatte ihn kennengelernt, als er in die Schweiz gekommen war. Tarek war ein türkischer Kurde, der einen kleinen Friseurladen am Stadtrand hatte. Einen Barbershop. Der Laden war winzig. Es gab nur einen Frisierstuhl, der vor einem Spiegel stand. Tarek hatte keine Mitarbeiter. Er machte hier alles allein.

»Tarek«, begrüßte er ihn. »Das ist mein Sohn, er möchte bei dir arbeiten.« Tarek musterte mich von oben bis unten. Dann nahm er noch einen Zug von seiner bis auf den Stummel heruntergerauchten Kippe und schnippte sie weg. »Mal schauen, was er kann ...«, brummte er. Der Kerl war mir ein wenig suspekt. Tarek war recht groß und gebeugt. Seine Zähne waren gelb. Sein Haar schütter. Und der gesamte Laden war verraucht wie eine Shisha-Bar. Trotzdem konnte er sich nicht beklagen, dass er zu wenig Kunden hatte. Sie standen regelrecht Schlange bei ihm.

Tarek war kein Mann der großen Worte. Er winkte seine Kunden heran, schnürte ihnen den Umhang zu und machte sich dann ans Werk. »Nimm dir einen Stuhl«, sagte er zu mir. »Und schau zu.«

Ich schaute mich um. Einen Stuhl nehmen? Was denn für einen Stuhl? Es gab hier keinen Stuhl. Nur Tareks kleinen Hocker, der hinter der Kasse stand. Ich setzte mich drauf.

»Nein«, sagte er. »Nicht auf meinen Hocker.«

Oh Mann, das konnte ja noch lustig werden. Ich stellte mich also an Tareks Seite und schaute zu, wie er einem Kunden die Haare schnitt. »Nicht so nah«, raunte mich der alte Mann an. Ich ging einen Schritt zurück und lehnte mich an die Wand. Als Tarek mit seinem Schnitt fertig war, zeigte er auf einen Besen, der ebenfalls an der Wand lehnte. »Wegmachen.«

Ich nahm den Besen und fegte die Haare weg. In dem Moment nahm schon der nächste Kunde auf dem Stuhl Platz.

»Dadvan«, wies mich Tarek zurecht und zeigte auf die Wand. Mein Signal, mich wieder zurückzuziehen und zuzuschauen. So ging das weiter. Ich sah zu, wie Tarek seinen Kunden die Haare schnitt. Und fegte den Laden. Zuschauen. Fegen. Zuschauen. Um 19 Uhr schloss er seinen Barber-Shop.

»Morgen kommst du wieder.« Es war mehr eine Aufforderung als eine Frage. »Ja«, sagte ich. »Okay.«

»Gut. Wann?«

»Nach der Schule?«

»Gut. Bis dann.«

Tarek war wirklich kein Mann der großen Worte. Ich fuhr mit dem Bus nach Hause zurück, wo mein Vater schon auf mich wartete.

»Und?«, fragte er mich. »Hast du etwas gelernt?«

»Ich habe gelernt, Haare wegzufegen«, sagte ich und schmiss meinen Rucksack in die Ecke. Ich hatte schlechte Laune. Richtig schlechte Laune. Ich hätte meinen Tag definitiv besser verbringen können, als einem alten Mann dabei zuzuschauen, wie er anderen Leuten die Haare schneidet. Was sollte das?

»Hey, hey«, sagte mein Vater und gab mir zu verstehen, dass ich mich zu ihm setzen sollte. Widerwillig ließ ich mich auf den Stuhl fallen und verschränkte die Arme. »Hör zu, Dadvan. Ich weiß, dass du das für unsinnig hältst ...«

»... das ist ja wohl klar, oder? Ich will kein Friseur werden!«

»Du musst auch kein Friseur werden.«

»Und warum muss ich dann zu Tarek in die Lehre?«

»Schau mal, mein Sohn. Ich will, dass du eines verstehst ...« Mein Vater machte eine kurze Pause, legte seinen Kopf in den Nacken und dachte nach. »... alles was du dir an Wissen aneignest, ist gut. Es ist egal, ob es dein Wissen über Computer ist. Ob du eine neue Sprache lernst. Oder ob man dir beibringt, wie man Haare schneidet. Es sind alles Fähigkeiten, die dich besser machen.«

»Aber nicht alles davon wird mich weiterbringen.«

»Du täuschst dich. Je mehr du kannst, desto besser wirst du dich in dieser Welt zurechtfinden. Auch wenn du das jetzt vielleicht noch nicht verstehst, aber glaub mir, eines Tages bringt es dir etwas.«

Ich beruhigte mich wieder ein wenig. Auch wenn mir noch immer nicht klar war, wie es mich im Leben weiterbringen sollte, Haare zu schneiden, verstand ich dennoch, was mein Vater mir zu sagen versucht hatte. Es war ja nicht ganz falsch. Und es traf irgendwie auch einen Nerv bei mir. Ich wollte das ja. Ich wollte es rausschaffen, aus diesen Verhältnissen. Ich wollte unbedingt besser werden. Ich wollte unbedingt die beste Version meiner selbst werden.

Am nächsten Tag ging ich direkt nach der Schule wieder zu Tarek. Ich hatte mich mittlerweile mit dem Gedanken angefreundet, ein wenig bei ihm in die Lehre zu gehen. Mein Vater hatte recht. Es schadete nicht, dass ich mir neue Fähigkeiten aneignete. Und wenn ich erst mal Haare schneiden konnte, wäre das auch eine gute Möglichkeit, mir hier und da nebenbei etwas Geld dazuzuverdienen. Ich hoffte nur, dass ich heute auch wirklich etwas lernte. Als ich die Tür zu dem Barber-Shop öffnete, klingelte eine kleine

Glocke. Tarek stand vor einem Kunden, dem er gerade die Haare schnitt. In seinem Mundwinkel hing eine Zigarette.

»Hallo, Tarek«, grüßte ich ihn. Doch er zeigte nur auf die Wand. Klar. Das war mein Platz. Ich legte meinen Rucksack ab, lehnte mich an die Wand, beobachtete, wie er den Kunden frisierte und fegte anschließend die Haare weg. Den ganzen Tag. So ging es weiter. Noch einen Tag. Und noch einen Tag. Und noch einen Tag. Schließlich befand Tarek, dass ich für den nächsten Schritt bereit war. »Stell dich neben mich«, sagte er. Ich tat, was er mir sagte. »Streck deine Hand aus.«

Ich streckte meine Hand aus.

»Und jetzt mach diese Bewegung«, sagte er und machte eine schwingende Bewegung mit dem Handgelenk von unten nach oben.

Ich versuchte, sie nachzumachen. Tarek schüttelte den Kopf. »Nein, nein, mehr aus dem Handgelenk«, sagte er und machte es noch einmal vor. »Knick es ab und schwing es von unten nach oben, ja, genau. Genau so! Das machst du jetzt den ganzen Tag.«

So stand ich neben ihm und wiederholte diese blöde Bewegung, während er einen Kunden nach dem anderen frisierte. Ich kam mir vor wie der letzte Idiot.

Die gesamte nächste Woche verlief wieder nach dem gleichen Muster. Nur stand ich nicht mehr in der Ecke und schaute Tarek beim Haareschneiden zu, sondern stand neben ihm und machte dabei diese dumme Handbewegung, von der ich nicht verstand, was sie sollte. Irgendwann hatte ich genug. »Hör mal, Tarek«, sagte ich. »So geht das doch nicht weiter. Ich lerne ja gar nichts.«

Er nahm einen Zug von seiner Kippe, blies den Rauch in die Luft und grinste mich mit seinen gelben Zahnstummeln an. »Du lernst nichts?«, sagte er. »Oh, da täuschst du dich aber.« Er rief den nächsten Kunden auf seinen Sitz, drückte mir den Rasierer in die Hand und erklärte seinem Kunden etwas auf Türkisch. »Na los«, sagte er. »Rasier ihm den Kopf.«

»Wie bitte?«

»Du hast mich schon verstanden. Stell das Gerät auf drei Millimeter ein.«

Ich drehte an dem Rädchen des Rasierapparats und schaute völlig entgeistert auf den Kunden. »Das kann ich nicht«, sagte ich. »Ich habe das noch nie gemacht.«

»Du machst das schon seit zwei Wochen«, sagte mir Tarek und machte mit seiner Hand die schwingende Bewegung vor. Ich schaltete den Rasierer ein und rasierte die Haare des Mannes mit genau der Geste, die ich in den vergangenen Tagen rund um die Uhr üben musste. Es funktionierte. Ich konnte es wirklich. Krass, dachte ich. Tarek war so ein bisschen wie Mister Miyagi von *Karate Kid*. Dieser alte japanische Meister, der seinen Schüler Autos wischen ließ und ihm damit ganz unbewusst echte Schlagkombinationen beibrachte.

Ich nahm mir vor, Tarek von nun an mehr zu vertrauen.

Er ließ mich weitere Trockenübungen einstudieren. Haare langziehen und die Spitzen schneiden. Ziehen und schneiden. Ziehen und schneiden. Irgendwann hatte ich die Abläufe so sehr verinnerlicht, dass ich meinen Brüdern die Haare schnitt. Und es sah gut aus. Nach und nach ließ er mich auch bei seinen Kunden Hand anlegen. Wenn jemand eine Glatze oder einen Kurzhaarschnitt wollte, übernahm ich das. Alles Kompliziertere erledigte Tarek weiter selbst. So wurde ich Teil seines Salons.

* * *

Ich kam nach Hause, klappte meinen Laptop auf und surfte ein wenig im Internet. Plötzlich stieß ich auf eine Anzeige, in der ein Wort stand, dass ich beinahe schon wieder vergessen hatte: Bitcoin. Na klar, die Kryptowährung! Davon hatte ich mir mit elf Jahren für fünfzehn Euro ein paar Coins gekauft. Später hatte ich noch einmal nachgekauft. Jetzt war ich dreizehn, es war wieder ein Jahr vergangen und ich hatte nichts mehr davon gehört. Hatte sie einfach vergessen. Vielleicht auch verdrängt. Ich ging noch einmal auf den

Exchange, auf dem meine Coins gelagert waren. Ich war noch immer angemeldet. Es war ein kleines Wunder. Heutzutage wäre das unmöglich. Heute gibt es eintausend Sicherheitsbeschränkungen. Aber damals war das alles noch so anarchistisch und wild, dass es einfach egal war. Es war ja auch egal gewesen, dass ich erst elf Jahre alt war, als ich mir die Coins gekauft habe. Der gesamte Markt war damals komplett unreguliert.

Ich versuchte, mich in der komplizierten Übersicht etwas zurechtzufinden. Irgendwo war ein Fenster, in dem der Gesamtwert meiner Bitcoins angegeben war. Ich legte den Kopf schräg und starrte die Summe an, die dort aufleuchtete. Aber das konnte gar nicht sein. Das war ein Fehler. 11 000 Euro? Wie war das möglich? Ich hatte doch nur ein paar Euro bezahlt. Ich las mich ein wenig ein. So richtig begriff ich es aber immer noch nicht. Ich verstand nur, dass der Wert eines Bitcoins sich veränderte. Er war *volatil*. Gestern war er noch rund einen Euro wert. Heute ein Vielfaches mehr. In meinem dreizehnjährigen Kopf erklärte ich es mir so, dass man einen Bitcoin kauft und der Wert immer weiter steigt. Also kaufte ich nach. Um an das Geld für neue Bitcoins zu kommen, verkaufte ich ein paar der alten. Ich kaufte sie, wenn sie hoch im Kurs standen. Und verkaufte sie wieder, wenn sie ebenfalls hoch im Kurs standen. Das machte natürlich überhaupt keinen Sinn. Aber das begriff ich damals noch nicht. Für mich war das wie ein Spiel. Und über dieses Spiel lernte ich nach und nach, wie man tradet.

Irgendwann begriff ich, dass ein Bitcoin in seinem Wert nicht einfach nur stieg. Er konnte auch wieder fallen. Er konnte heute 1000 Euro wert sein und morgen nur noch 800 Euro. Also musste ich kaufen, wenn der Wert gering war. Und verkaufen, wenn der Wert hoch war.

Dass sich das Ganze wie ein Spiel anfühlte, hatte noch einen anderen Grund. Ich konnte zwar die Bitcoins, die ich hatte, verkaufen. Aber das Geld, das dann auf meiner digitalen Börse lag, konnte ich mir nicht auszahlen lassen. Denn ich hatte kein richtiges Konto.

Dazu war ich nicht nur zu jung. Ich hatte auch einen Flüchtlingsstatus. Damit war es mir damals nicht möglich, zur Bank zu gehen und einfach ein normales Girokonto zu eröffnen. Ich hatte also theoretisch rund 10 000 Euro herumliegen, konnte praktisch damit jedoch gar nichts anfangen.

\* \* \*

Ich schaltete den Rechner ab und massierte mir die Schläfen. Dann schaute ich auf die Uhr. Wow. Ich hatte die Zeit komplett vergessen. Ich saß jetzt schon geschlagene acht Stunden vor dem Bildschirm. Mein Kopf tat weh. Ich brauchte ganz dringend eine Pause. Ich schaute aus dem Fenster. Draußen war es schon dunkel, dabei war es noch nicht allzu spät. Gerade mal kurz nach 21 Uhr. Ein perfekter Zeitpunkt für einen kleinen Abendspaziergang, dachte ich mir und zog mir meine Jacke über. Draußen war es nicht allzu kalt. Ich lief einmal um den Block und ging schließlich zu meiner Schule hinüber und begrüßte ein paar Jungs aus der Nachbarschaft, die auf der Tischtennisplatte saßen und rauchten. »Hey, Dadvan«, riefen sie mir zu. Ich klopfte meinem Freund Yusuf auf die Schulter. Er hielt mir seine Zigarettenpackung hin. Ich zog mir eine Kippe heraus und nickte. Ich war nicht stolz darauf, dass ich mit dem Rauchen angefangen hatte. Aber jeder hier in der Nachbarschaft machte es. Und ich wollte mithalten. Wollte nicht wieder der Junge sein, der »anders« war. Verrückt. In Ipsach wäre es genau andersherum gewesen.

»Kennst du schon meinen Kumpel Leart?«, fragte er mich. »Der wohnt hier auch im Block.« Ich senkte den Kopf und formte meine Hand zu einem kleinen Windschutz, um mir die Kippe anzustecken. Dann schaute ich auf. Und vor mir stand … Nicht sein Ernst, dachte ich. Den Kerl kannte ich doch. Leart schaute mich mit seinen riesigen Glubschaugen an und grinste. »Hey, Kleiner«, sagte er.

Ich biss mir auf die Lippe. Das war doch der Typ, der mich damals mit Steinen beworfen hatte.

»Lauf nicht gleich rot an«, sagte er. »Benimmst dich ja, wie ein kleines Mädchen.«

Ich ballte die Fäuste. Dieser Kerl legte es wirklich drauf an.

»Ganz ruhig«, sagte er. »War doch nur Spaß. Komm ein bisschen runter.«

»Ja, Dadvan«, gaben ihm die anderen recht. »Bleib cool, was hast du denn?«

»Ich glaube, wir sind uns auf dem falschen Fuß begegnet«, sagte Leart. »Nichts für ungut, Kleiner. Ich mache es wieder gut. Ich habe da etwas, das dich definitiv wieder runterkommen lässt.«

Unsicher schaute ich ihn an. »Was meinst du?«, fragte ich. »Finde es heraus«, grinste er und reichte mir eine Zigarette. Ich nahm sie und schaute sie mir an. Nein, das war keine normale Zigarette. Das war ein Joint.

»Was ist los?«, fragte er. »Noch nie eine Tüte geraucht?«

Nein, verdammt, natürlich hatte ich noch nie einen Joint geraucht. Ich war gerade mal dreizehn Jahre alt. Und mit Drogen hatte ich überhaupt nichts am Hut. Wollte ich auch nicht. Meine Eltern würden mich umbringen, wenn sie wüssten, dass ich auch nur im entferntesten etwas damit zu tun hätte. Schon das Rauchen musste ich vor ihnen verheimlichen. Ich schaute die Jungs an, die mich mit großen Augen anstarrten. Verdammt! Sie erwarteten jetzt etwas von mir. Was sollte ich tun? Das Ding einfach zurückgeben? Dann hätten mich alle für ein Weichei gehalten. Das ging nicht. Ich konnte vor den Jungs jetzt auch nicht wie der letzte Idiot dastehen. Ich überlegte noch einen kurzen Moment. Überlegte, ob ich irgendeine Ausrede finden würde, aber mir fiel nichts ein. Dann warf ich meine Prinzipien über Bord. Wenn ich hier irgendwie akzeptiert werden wollte, dann musste ich nach den Spielregeln spielen, die hier galten. Wie das Schneiderlein in den fremden Klamotten. Es reichte nicht, nur nach außen so zu wirken wie die anderen. Man musste auch leben wie sie. Also zündete ich mir das Ding an und nahm einen Zug. Es schmeckte ungewohnt süßlich. Der scharfe Qualm kratzte in meiner Lunge. Ich musste husten. Dann nahm ich noch einen Zug. Nach ein paar Sekunden setzte plötzlich eine ungewohnte Leichtigkeit ein. Es war, als bildete sich in meinem Kopf eine Art Nebel, der alles verschleierte. Alles fühlte sich leichter an. Meine Füße gaben nach. Es war, als würde ich auf Watte laufen. Ich setzte mich auf die Tischtennisplatte zu den anderen. Alles um mich herum war auf einmal ganz still und ruhig. Und auch die ganzen Stimmen, die ich in meinem Kopf hatte, die ganze Wut in meinem Bauch, die Unruhe in meinem Herzen. Alles war weg. Einfach so. Ich nahm noch einen Zug, dann gab ich den Joint weiter.

»Und?«, fragte Leart mich. Ich nickte. »Gut«, sagte ich kurz angebunden. Die Jungs lachten und Leart klopfte mir auf die Schulter. »Guter Junge«, sagte er.

Vielleicht, dachte ich, war der Kerl ja wirklich ganz in Ordnung. Von diesem Tag an trafen Leart und ich uns immer häufiger. Und wir wurden beste Freunde. Es war komisch. Leart und ich entwickelten eine ganz besondere Beziehung zueinander. Leart war auch ein Flüchtlingskind. Wir waren wie die meisten Jungs aus der Gegend bettelarm. Aber im Gegensatz zu all den anderen, die sich gewissermaßen in ihrer Armut eingerichtet haben, waren wir beide anders. Das war vielleicht etwas, das man uns beiden nicht wirklich anmerkte. Aber je mehr wir uns kennenlernten, desto klarer wurde uns, dass wir gleich tickten. Dass wir beide nach mehr strebten. Wir wollten uns nicht mit unserer Situation abfinden. Wir hatten beide den unbändigen Willen, es hier rauszuschaffen. Uns ein besseres Leben aufzubauen. Auch wenn wir noch nicht genau wussten, wie.

* * *

Ich war schon früher immer wieder im Internet abgetaucht, wenn ich die Welt vor meiner Haustür nicht mehr ertrug. Aber jetzt wurde es extremer. Wenn ich nicht gerade mit Leart unterwegs war, vergrub ich mich oftmals stunden-, teilweise sogar tage- oder wochenlang im Netz. Ich versank völlig in dieser neuen Krypto-Welt, die ich für mich entdeckt hatte. Irgendwie hatte ich im Traden meine Bestimmung gefunden. Das Thema reizte mich unheimlich. Und je mehr ich darüber erfuhr, desto mehr verstand ich, wie naiv ich damals an die Sache herangegangen war. Ich hatte mir einfach nur Bitcoin gekauft, geschaut, wie ihr Wert fiel und stieg und gedacht, dass ich ein Trader wäre. Aber das war natürlich kein Trading. Das war lediglich »investiert« sein. Oder, wie es im Krypto-Space genannt wird: HODL. HODL ist ein Meme. Ein Running Gag. Es basiert auf einem Tippfehler und steht eigentlich für Hold, also für Leute, die ihre Coins einfach nur im Portfolio halten, statt mit ihnen zu arbeiten. Leute, die ihre Coins einfach nur ablegten, waren HODLer. Aber das wollte ich nicht. Ich wollte mehr aus dem machen, was ich hatte. Kaufen, wenn der Preis unten ist und verkaufen, wenn der Preis oben ist. Die Volatilität ausnutzen. Klingt eigentlich logisch und dennoch war das Ganze alles andere als leicht. Ich googelte nach allen möglichen Strategien. Ausprobiert habe ich sie alle. Oft habe ich mir die Finger dabei verbrannt, neue Strategien entworfen – und mir dabei noch mehr die Finger verbrannt. Aber ich wollte einfach alles austesten. Und sehen, wie ich damit zurechtkam.

Und es gab so einige Strategien. Viele setzen etwa auf Trading nach chartanalytischen Mustern.

Ich begann damit, mir die Kursverläufe anzuschauen. Und ich erkannte Muster. Immer wieder die gleichen Muster. Wenn ein Kurs in einer bestimmten Reihenfolge fiel und wieder anstieg, konnte man diesem Muster zufolge mit ziemlicher Sicherheit erkennen, wie die weitere Entwicklung des Kurses verlaufen würde. Ich fing an, Börsenfachmagazine zu lesen. Ich studierte chartanalytische Muster. Was ist ein Bullflag? Wie muss ich auf welche Kursveränderung reagieren?

Bei dieser Methode sitzt man die ganze Zeit vor dem Bildschirm und beobachtet die Kurse. Eine weitere Möglichkeit ist das sogenannte Newstrading. Auch das probierte ich aus. Dabei achtet man gar nicht so sehr auf die Kurse selbst, sondern mehr auf das Weltgeschehen. Was passiert gerade? Droht ein Krieg? Welche Konsequenzen könnte dieser Krieg haben? Aufrüstung? Ölknappheit? Aus den Nachrichten heraus, versucht man dann kommende Entwicklungen vorherzusehen und entsprechende Investments einzugehen. Wer zu Beginn der Corona-Welle etwa darauf gesetzt hat, dass eine bestimmte Pharmafirma den ersten Impfstoff auf den Markt bringt – und damit recht behalten sollte, dürfte heute ein reicher Mann oder eine reiche Frau sein. Das funktioniert auch für die Entwicklungen am Krypto-Markt.

Dann gab es Trading-Strategien, bei denen man auf der Grundlage von Mikro- beziehungsweise Makroökonomie handelte. Man analysiert Zinsveränderungen, Inflation und politische Begebenheiten und interpretiert entsprechend die Kurse. Daneben gibt es noch *arbitrage trading*, bei welchem man sich den unterschiedlichen Preis einer Kryptowährung auf unterschiedlichen Handelsplattformen zunutze macht. Es gab unendlich viele Möglichkeiten. Und ich wollte sie alle ausprobieren.

In dieser Zeit verhielt ich mich richtig gestört. Ich verlor völlig den Kontakt zu meiner Umwelt. Ich dachte nur noch in Zahlen und in Kursen.

Mein Ziel war es, mein Geld jedes Jahr zu verfünffachen. Ich wollte aus meinen 11 000 Euro unbedingt eine Million machen. Und aus der Million wollte ich vier Millionen machen.

In dieser Zeit vergrub ich mich ganz tief in diese Krypto-Foren. Und dort begegnete ich ganz besonderen Menschen. Sie verwendeten eine ganz eigene Sprache. Ich kannte diese Sprache schon. Ich kannte sie aus den Programmierer-Foren, in denen ich mich früher bewegt hatte. Das waren Leute, in deren Profilbeschreibungen etwas wie »C0de 0ver G0d« stand. Es waren Freaks. Aber Freaks, die getrieben waren, die Welt zu verändern. Sie sahen in Kryptowährungen nicht bloß eine Möglichkeit, Geld zu verdienen. Sie sahen darin eine Möglichkeit, die Welt zu verändern. Sie grundlegend zu revolutionieren. Erst nach und nach begriff ich die ganze Philosophie, die dahinterstand.

Es ging nicht bloß darum, Geld von A nach B schicken zu können. Es war viel mehr. In den 1990er-Jahren hatte sich eine Gruppe von Hackern im frühen Internet zusammengefunden und darüber philosophiert, wie man es schaffen könnte, dass die Privatsphäre im Netz besser gewährleistet wird. Die Gruppe nannte sich »Cypherpunks«. Zu ihnen gehörte auch ein User, der sich Satoshi Nakamoto nannte. Satoshi entwickelte nach und nach eine Idee, die er im Jahr 2008 schließlich vorstellte: Bitcoin. Eine digitale Währung. Das Besondere: Die Datenpakete, die hinter dieser Währung stehen, waren nicht einfach nur auf einem Server hinterlegt, sondern auf Tausenden Servern gleichzeitig. Ein Hacker kann also nicht einfach Zugriff auf einen Server erlangen und eine Transaktion fälschen oder jemand anderem sein Geld stehlen. Alles war tausendfach abgesichert. Jede Transaktion, die mit Bitcoin getätigt wurde, war für jeden einsehbar. Dadurch ließen sich Manipulationen ausschließen. Das ist aus sicherheitstechnischen Gründen spannend. Aber ich sah noch einen weiteren Vorteil. Man war mit dieser digitalen Währung komplett unabhängig vom Bankensystem. Jeder, der sich Bitcoins kauft, kann sie ohne Zwischenhändler kaufen und wieder verkaufen. Es gibt keine Finanzinstitute, die sich einmischen. Es gibt keine Banken, die einem ein Konto verwehren oder jemandem Gebühren abknöpfen konnten. Wenn man Geld ins Ausland überweisen will, geht das einfach so. Und es gibt keine unterschiedlichen Währungen mehr. Nur noch eine Einheitswährung, die auf der ganzen Welt gleichermaßen akzeptiert wird. Ein revolutionärer Gedanke. Man sperrt einfach die mächtigsten Player der Welt – die Banken – komplett aus. Und macht sein eigenes Ding.

Mittlerweile gibt es Tausende Kryptowährungen. Die wenigsten sind erfolgreich. Aber sie funktionieren alle nach demselben Prinzip. Mir gefiel der Gedanke, dass sich irgendwelche Nerds im Internet eine eigene Welt geschaffen hatten, die nach ihren eigenen – viel faireren Regeln – funktionierte als die echte Welt.

Und ich tauchte mehr und mehr in diese parallele Welt ab.

Ich interessierte mich immer weniger für mein Umfeld. Mich interessierten nur noch die Märkte. Ich analysierte alles, was passierte. Besonders spannend fand ich den großen Immobiliencrash, den es vor ein paar Jahren gab. Ich las alles darüber, was ich finden konnte. Ich kam nicht mehr von meinem Computer los. Ich musste alles beobachten. Alles verstehen. Wie ging es nun weiter? Was passierte mit dem neuen Geld, das in den Markt gepumpt wurde? War das gut? War das schlecht? Wie musste ich darauf reagieren? In dieser Zeit begann ich, mein richtiges Leben für die digitale Finanzwelt einzutauschen.

# Abstieg

Ich hatte das Gefühl, dass mein Leben zwischen zwei sehr extremen Polen hin- und herpendelte. Einmal war da meine Internetwelt, in der ich das Gefühl hatte, mit meinem Krypto-Trading wirklich voranzukommen. Und auf der anderen Seite war da mein echtes Leben. Dort trat ich einfach immer nur auf der Stelle. Am liebsten hätte ich mich komplett in mein Zimmer zurückgezogen und das Trading-Ding durchgezogen. Aber ich wusste, dass beide Welten, in denen ich mich bewegte, zusammenhingen. Dass das eine nicht ohne das andere funktionierte. Dass ich im virtuellen Raum keine neuen Bitcoins kaufen konnte, wenn ich in der realen Welt nicht irgendwie Geld auftreiben würde. Und außerdem hatte ich Verpflichtungen. Schule. Freunde. Ich konnte mich nicht komplett aus dem Leben zurückziehen. Also ließ ich mich irgendwann wieder einmal bei Leart blicken. Ich atmete tief durch, stützte mich auf der warmen Tischtennisplatte ab und lehnte mich etwas zurück. Es war ein schöner warmer Sommertag, wie wir ihn hier schon lange nicht mehr hatten. Und ich erst recht nicht. Die vergangenen Wochen hatte ich mich fast vollständig verzogen. Ich schloss die Augen, zog an meiner Zigarette und hörte, dass ein paar Jungs aus der Nachbarschaft Basketball spielten. »Sag mal, Dadvan«, begann Leart. »Das mit den Fahrrädern …« Er hielt kurz inne, schaute auf den Boden und trank einen Schluck aus seiner Cola-Dose. »Kann ich da noch einsteigen?«

Die Sache mit den Fahrrädern. Ich wusste, dass das jetzt kommen würde. Ich hätte Leart nie davon erzählen sollen. Ich wusste schon in dem Moment, in dem ich es ausgesprochen hatte, dass es ein Fehler war.

»Vergiss es«, wiegelte ich sofort ab. »Keine Chance.«

»Warum nicht?«

»Du weißt doch genau wie es läuft, Leart, das Ganze artet am Ende nur wieder aus.«

»Ach, komm schon, Dadvan«, sagte er und schlug mir gegen die Schulter. »

Ich wollte Leart wirklich nicht in diese Fahrrad-Nummer hineinziehen. Es wäre besser, wenn er nichts damit zu tun hätte. Besser für ihn. Besser für mich. Besser für uns beide. Das Ganze war ja eigentlich sowieso schon völlig daneben. Ich war in den vergangenen Monaten so tief in meiner Krypto-Welt versunken, dass ich unbedingt neues Geld brauchte. Ich wollte es in neue Coins investieren. Ich war mir sicher, ein paar Sachen entdeckt zu haben, die sich richtig gut entwickeln würden. Aber ich brauchte Geld. Mit meinem Friseur-Job bei Tarek verdiente ich nicht annähernd genug. Und auch, wenn ich mit meinem Vater immer wieder mal in Restaurants arbeitete – ich wollte mehr. Ich war regelrecht besessen von dem Gedanken, durch Krypto-Geld reich zu werden. In einer dieser Nächte ging ich vor die Tür. Und irgendwann hatte ich dann die Idee mit den Fahrrädern. Es war eine ziemlich bescheuerte Idee.

Aber sie rentierte sich. Ich fand ein Rad, das nicht abgeschlossen war. Also stieg ich kurzerhand auf und fuhr damit nach Hause. Ich verstaute es im Keller und stellte es ein paar Tage später bei eBay ein.

Schon hatte ich 250 Franken verdient. Leichtes Geld. Also wiederholte ich die Nummer. Ein paar Mal.

»Hör zu, Leart«, sagte ich. »Das ist wirklich nicht gut. Ich habe schon die ganze Zeit richtig schlimme Schuldgefühle wegen der Fahrräder. Ich hatte sowieso vor, damit aufzuhören.«

»Aber du verdienst gutes Geld damit, oder?«

Ja. Ich verdiente gutes Geld damit. Trotzdem. »Na komm, Dadvan, lass es uns zusammen machen. Ich kann dir helfen. Und wir machen fifty-fifty.«

Ich schaute Leart an und überlegte. Lass dich nicht drauf ein, Dadvan, riet ich mir selbst ab. Du weißt doch, wie es ausgeht. Leart war mein bester Freund. Und er war wirklich ein ziemlich schlauer Typ. Ich glaube, dass er das Herz am rechten Fleck hatte. Aber wenn wir beide zusammen waren, entstand irgendeine ganz merkwürdige Verbindung, die uns zu Teufeln werden ließ.

»Bitte, Dadvan«, sagte er. »Ich kann das Geld echt gebrauchen.« Ich nahm noch einen Zug von meinem Joint, blies den Qualm aus und lehnte mich zurück, um nachzudenken. Plötzlich hatte ich eine Idee. Eine ziemlich verrückte Idee.

»Sag mal, Leart, du hast doch einen Führerschein, oder?«

\* \* \*

Ich schaute auf die Uhr. 22.21 Uhr. Noch eine knappe halbe Stunde. Ich atmete einmal durch und ließ mich auf meine Matratze im Wohnzimmer fallen. Dann schaute ich wieder auf die Uhr. Es war immer noch 22.21 Uhr. Die Zeit schien überhaupt nicht zu vergehen.

»Was denn los mit dir, Dadvan?«, hörte ich eine Stimme. Ich drehte mich. Mein Bruder Khalat saß an die Wand gelehnt da und las ein Buch. »Ist alles in Ordnung?«

»Klar ist alles in Ordnung«, sagte ich. Von wegen. Gar nichts war in Ordnung. Ich war vierzehn Jahre alt und gerade kurz davor, eine wirklich große Nummer abzuziehen. Es war gar nicht so, dass ich Angst gehabt hätte. Im Gegenteil. Ich war innerlich ganz ruhig. Ich machte mir eigentlich keine Sorgen. Aber in meinem Kopf tauchten plötzlich tausend Fragen auf. Was machst du da eigentlich? Ist das richtig? Ist das gut? Ist das gerecht? Sich auf Kosten anderer Menschen zu bereichern? Hatte ich nicht genau das mein Leben lang verachtet? Ich schaute zu meinem Bruder und überlegte, ob ich ihn einweihen sollte. Ich brauchte jemanden, mit dem ich über das alles sprechen könnte. Ich hatte so viele Stimmen im Kopf. Mach es nicht, es ist der falsche Weg, sagte die eine. Mach es, nimm dir, was dir zusteht, dir hat doch im Leben noch nie jemand etwas geschenkt.

Vielleicht hätte ich es tun sollen. Vielleicht hätte ich an diesem Abend mit Khalat sprechen sollen. Aber ich entschied mich dafür, alles mit mir selbst zu vereinbaren.

Ich ging ins Badezimmer und machte mich fertig.

»Was machst du?«, fragte mich mein Bruder. »Nichts«, sagte ich. »Was soll ich machen?«

Ich schaute wieder auf die Uhr. 22.30 Uhr. Also gut, dachte ich. Ich würde es jetzt einfach durchziehen. Dann vibrierte mein Handy in meiner Hosentasche. Ich zog es heraus. Eine Nachricht von Leart. »Fahre jetzt los. Bin in 5 Minuten da.«

Es gab jetzt kein Zurück mehr. Ich machte mir etwas Gel in die Haare und streifte mir ein schwarzes T-Shirt über. »Gehst du noch weg?«, fragte mich mein Bruder.

»Könnte spät werden«, sagte ich. »Frag einfach nicht.«

Er nickte. Dann verließ ich leise die Wohnung und setzte mich auf die kleine Treppe vor unserem Haus. Es war immer noch eine warme Nacht. Es dauerte nicht lange, bis Leart kam. Seinen Wagen erkannte ich sofort. Ein alter Renault, den er sich mit seiner Familie teilte. Eine absolute Schrottkarre, die wahrscheinlich genauer betrachtet gar nicht mehr hätte fahren dürfen. Der Wagen fiel beinahe komplett auseinander. Ich öffnete die Beifahrertür und nahm Platz.

»Und, Bro?«, fragte mich ein bestens gelaunter Leart. »Bist du bereit?«

»Klar«, sagte ich recht kühl. Ich war fokussiert. Ich wusste, dass wir uns heute Nacht keinen Fehler erlauben durften.

Wir fuhren nach Ipsach. Als wir ankamen, lotste ich Leart zu einem Parkplatz am Rand der Stadt. Ich kannte mich ja noch immer bestens aus und wusste ganz genau, dass wir mit seinem Wagen hier nicht groß auffallen würden. In dieser Gegend gab es nur wenige Häuser und die Menschen, die hier wohnten, interessierten sich nicht für das, was um sie herum so passierte. »Und wie geht es jetzt weiter?«, fragte Leart.

»Wir ziehen durch die Stadt und nehmen jedes Fahrrad mit, das wir kriegen können.«

Ich hatte in meinem Rucksack einen Bolzenschneider. Damit ließen sich einfache Fahrradschlösser ohne Probleme kaputtschneiden. Aber wir setzten mehr auf Fahrräder, die sowieso nicht abgeschlossen waren. Ipsach war ein wahnsinnig friedliches Dorf. Hier gab es eigentlich so gut wie gar keine Kriminalität. Wenn doch mal etwas passierte, wurde noch viele Jahre später davon gesprochen, so aufregend war es. Und entsprechend gutgläubig waren die Menschen hier. Kaum ein Fahrrad war abgeschlossen. Die Leute vertrauten einander. Das Dorf war so klein, dass man sich ja ohnehin untereinander kannte. Wer wollte hier irgendwem etwas Schlechtes? Als wir die ersten Fahrräder einfach so mitnahmen, meldete sich mein schlechtes Gewissen wieder. Wie asozial war es eigentlich, die Naivität der Menschen so auszunutzen? Ich schämte mich. Aber ich unterdrückte mein Schamgefühl auch gleich wieder. Sie sind doch selbst schuld, redete ich mir ein. Wie haben sie uns damals denn behandelt? Wie Dreck! Wir mussten unsere Wohnung mit ihrem Müll einrichten und wurden dafür auch noch ausgelacht. Nach außen tat man immer ganz weltoffen, aber sobald unsere Familie irgendwo auftauchte, wurde getuschelt und geredet und man schüttelte den Kopf. Klar, man war dafür, den Flüchtlingen zu helfen.

Aber bitte woanders. Nicht in der unmittelbaren Nachbarschaft. Da störten sie nur. Wieder stieg Wut in mir auf und ich wischte alle meine Zweifel einfach beiseite. »Los, komm«, heizte ich Leart jetzt noch etwas ein, »da hinten steht noch eins.«

Wir schoben nun zwei Fahrräder vor uns her. »Wie gehen wir weiter vor? Wollen wir die schon ins Auto packen?«, fragte er mich.

Ich winkte ab. Nein, das wäre viel zu auffällig gewesen. »Lass sie uns in den Wald bringen. Ich kenne da eine kleine Lichtung. Da stapeln wir sie und holen sie später mit dem Wagen ab.«

»Einverstanden.«

Und so brachten wir die Räder in den nahen Wald. Alles lief völlig reibungslos. Um diese Uhrzeit war niemand mehr unterwegs. Niemand kam uns entgegen. Niemand schöpfte Verdacht. Nach eineinhalb Stunden war es dann so weit. Wir hatten genau zwanzig Fahrräder auf einen riesigen Fahrrad-Berg mitten im Wald gestapelt.

»Die kriegen wir aber nicht alle ins Auto«, sagte Leart. Wir spielten ein wenig Tetris und schafften es, gerade einmal vier Räder gleichzeitig in seinen alten Renault zu quetschen. Der Kofferraum ging aber nicht mehr zu.

»Scheiße«, fluchte mein Kumpel. »Und jetzt?«

»Egal«, sagte ich. »Dann machen wir mehrere Touren.«

»Mehrere Touren?« Leart hielt inne und rechnete. »Das wäre ja …«

»… siebenmal hin und zurück.«

Leart legte die Stirn in Falten. »Komm schon«, sagte ich. »Es nützt ja nichts.« Dann fuhren wir mit den ersten drei Rädern zurück nach Biel, brachten sie bei uns ins Kellerabteil und fuhren wieder nach Ipsach, um die nächsten Fahrräder zu holen. Als wir endlich unsere letzte Tour machten, ging die Sonne bereits auf. Aber wir hatten es geschafft. Wir hatten tatsächlich zwanzig Fahrräder in einer Nacht gestohlen!

* * *

Der Rest war Routine. Ich ging nach Plan vor. Ich wartete zwei Wochen, bis ich die ersten Inserate ins Netz stellte. Ich kaufte mir eine Wegwerf-SIM-Karte, damit man meine Nummer nicht zurückverfolgen konnte. Und dann kamen die ersten Anfragen. Die ersten zwei Transaktionen liefen routinemäßig. Man einigte sich auf einen Preis, vereinbarte einen Treffpunkt, ich gab dem Käufer sein Fahrrad und teilte das Geld mit Leart.

»Bruder«, sagte er glücklich, als er die Scheine zählte. »Das ist das Geschäft unseres Lebens. Und weißt du, was das Schönste ist? Die ganze Schweiz ist voller Fahrräder. Wenn wir alle verkauft haben, dann ziehen wir das Ganze einfach noch mal durch. Das ist die beste Geschäftsidee, die du je hattest.«

Ich zuckte mit den Schultern. Ich hatte eigentlich nicht vor, noch einmal so eine Nummer durchzuziehen. Mein schlechtes Gewissen quälte mich schon mehr als genug. »Ich weiß nicht, ob …«

»Dein Handy«, sagte Leart und zeigte auf das vibrierende Telefon, das neben mir lag. Es war mein Verkaufs-Handy.

»Hallo?«

»Ja, schönen guten Tag«, meldete sich eine männliche Stimme. »Ich melde mich auf die Kleinanzeige, wegen des Mountainbikes. Steht das noch zum Verkauf?«

Ich stellte auf Lautsprecher, damit Leart mithören konnte.

»Ja«, sagte ich. »Das wäre noch zu haben.«

»Ah, super, und sagen Sie mal, haben Sie zufällig noch ein zweites Mountainbike zu verkaufen?«

Ich stockte. Was sollte die Frage? Das kam mir wirklich schräg vor.

»Na ja«, sagte der Mann. »Ich habe zwei Söhne, die beide nächsten Monat Geburtstag haben. Und darum brauche ich zwei Fahrräder. Ich dachte, vielleicht …«

»Nein«, sagte ich. »Ich verkaufe nur ein Fahrrad.«

Leart schlug mir auf die Schulter und zeigte mir einen Vogel. Ich hielt meinen Finger vor den Mund und gab ihm zu verstehen, dass er die Klappe halten soll.

»Okay, ja, natürlich, kein Problem«, sagte der Mann. »Ich dachte, ich frage einfach mal. Hätte ja sein können. Und der Preis liegt bei 250 Franken?«

»Genau, 250 Franken«, sagte ich.

»Wann können wir uns treffen?«

»Wann Sie mögen. Wie wäre es mit …«

»… morgen Mittag?«

»Perfekt!«

»Und das Geld, wollen Sie es bar haben oder geht es mit Kreditkarte?«

Wieder stutzte ich. Fuck. Das war doch eine Falle! Kein normaler Mensch fragte, ob er ein Fahrrad, das er über eine Kleinanzeige kauft, mit einer beschissenen Kreditkarte bezahlen könne. Völlig utopisch. Da war definitiv etwas faul.

»Hallo?«, fragte der Kerl.

»Ja, hallo. Bargeld wäre schon gut«, sagte ich.

»Okay, dann treffen wir uns morgen um 12 Uhr. Wo?«

Ich schlug einen Treffpunkt vor meiner Schule vor. Dann könnte ich in der Pause kurz rausgehen, die Übergabe machen und wieder untertauchen.

Als er auflegte, schlug mir Leart an die Schulter. »Junge, was ist mir dir? Der wollte uns zwei Fahrräder abnehmen.«

»Bruder, das ist eine faule Nummer«, sagte ich. »Das passt nicht. Der verarscht uns.«

»So ein Quatsch. Wieso sollte er uns verarschen.«

»Leart, der hat gefragt, ob er das Rad mit seiner Kreditkarte zahlen kann.«

»Jetzt chill doch mal. Das war halt irgendein Schweizer Bonze. Du weißt doch, wie diese Typen sind. Die bezahlen ihre Kaugummis mit Kreditkarte.«

Vielleicht hatte er recht. Vielleicht war ich ein wenig paranoid. Aber es war besser, auf Nummer sicher zu gehen. »Lass es uns abblasen, wir finden andere Käufer«, sagte ich. »Der Typ kommt mir schräg vor. Vielleicht ist er ein Bulle.«

Leart lachte laut auf. »Dein Ernst? Ein Bulle? Hast du jetzt völlig den Verstand verloren? Glaubst du im Ernst, die Polizei würde sich die Mühe machen, einen Lockvogel bei dir anrufen zu lassen?«

»Warum nicht?«

»Weil es um ein Fahrrad geht. Um ein scheiß Fahrrad. Jeden Tag werden Hunderte von Fahrrädern geklaut. Das ist ein Kavaliersdelikt. Das interessiert niemanden. Glaub mir, die Cops haben wirklich ganz andere Probleme.«

Ich nickte. Wahrscheinlich hatte er recht. Wahrscheinlich war ich wirklich ein bisschen übervorsichtig. Ich wusste ja, dass ich manchmal dazu neigte, mich in etwas hineinzusteigern.

»Ich bin vielleicht etwas zu vorsichtig«, sagte ich und lächelte.

»Bist du, Dadvan. Mach dir mal keinen Kopf.«

\* \* \*

»Entschuldigung«, unterbrach ich den langen Vortrag von Frau Ringli. Frau Ringli war meine Mathelehrerin. Gerade bemühte sie sich, der Klasse die Grundregeln der Stochastik zu erklären. Wahrscheinlichkeitsrechnung.

»Entschuldigung, Frau Ringli«, rief ich erneut in die Klasse und streckte meinen Arm in die Höhe.

»Ja, was ist denn Dadvan?«

»Ich glaube, mir geht es nicht so gut.«

»Aha«, sagte sie. »Und jetzt?«

»Ich glaube, es wäre ganz gut, wenn ich einmal frische Luft schnappen würde«, sagte ich. »Sonst kippe ich noch um.«

Man merkte, wie es in ihrem Kopf arbeitete. Wahrscheinlich berechnete sie gerade irgendwelche Stochastik-Formeln. *Wie wahrscheinlich wäre es, dass ich richtig großen Ärger bekäme, wenn einer der Schüler in meinem Unterricht einfach umkippt?* Das Ergebnis muss sie überzeugt haben. »Also gut«, sagte sie. »Dann geh halt.« Ich nickte und verließ ein wenig torkelnd den Klassenraum. Draußen schaute ich auf meine Uhr. Es war kurz vor zwölf Uhr. Perfektes Timing. Ich ging zu dem Fahrradständer, an dem ich das geklaute Fahrrad sicherheitshalber gleich zweimal abgeschlossen hatte, und schob es zu dem Treffpunkt, den ich mit dem Käufer vereinbart hatte.

Ich schaute mich um. Noch war niemand da. Ich zog eine Packung Zigaretten aus der Tasche und steckte mir eine Kippe an. Dann sah ich einen älteren Mann die Hauptstraße entlangkommen. Ich nahm einen tiefen Zug von meiner Zigarette und musterte ihn. Das musste er sein. Sah ganz normal aus. Trug eine Chino-Hose, ein Polohemd und wirkte, wie man sich einen Familienvater vorstellte, der etwas Geld sparen wollte und seinem Sohn deswegen nur ein gebrauchtes Mountainbike aus einer Kleinanzeige bestellte. Typischer Schweizer. Als er mich sah, nahm er seinen Arm hoch und winkte mir zu. Ich lächelte. Vielleicht hatte Leart recht. Vielleicht war der Typ hier doch ganz in Ordnung. Vielleicht hatte ich mir einfach zu viele Gedanken gemacht. Dennoch blieb ich vorsichtig.

»Hallo, bist du …«

»Ja, genau«, sagte ich. »Und das hier ist das Fahrrad.«

Er legte den Kopf schräg und musterte das Mountainbike. »Du hast nicht zu viel versprochen«, sagte er. »Es sieht wirklich aus wie neu.«

»Ja, ja«, sagte ich.

»Und du willst es wirklich verkaufen? Wieso denn?«

Schon wieder diese blöde Fragerei. Ich wusste wirklich nicht, was das sollte. »Ich muss gleich los«, wich ich ihm entnervt aus, zog noch mal an meiner Zigarette und warf sie auf den Boden.

»Wie viel wolltest du dafür noch einmal haben?«, fragte er. Meine Güte. Er wusste doch genau, wie viel ich haben wollte. Wieso zog er jetzt so eine Show ab?

»250 Franken ...«

»Okay, alles klar«, sagte er und zog seine Geldbörse raus. Dann reichte er mir drei Scheine.

Als ich meine Hand ausstreckte, um sie zu nehmen, zog der Kerl sie wieder zurück und von einer Sekunde auf die nächste brach ein Höllenlärm los. Eine Sirene. Ich zuckte zusammen und verstand überhaupt nicht, was gerade passierte. Dann sah ich aus einer Seitenstraße mit hoher Geschwindigkeit einen Polizeiwagen angefahren kommen. Ich drehte mich um. Auch von der anderen Seite kam ein Polizeiauto. Sie hatten mich beinahe eingekesselt. In meinem Kopf ging ich in Sekundenbruchteilen sämtliche verbleibenden Optionen durch. Es blieb nur noch die Flucht nach vorne. Doch bevor ich auch nur eine einzige Bewegung machen konnte, schüttelte der Typ, der vor mir stand, bloß den Kopf. »Denk nicht mal dran, Kleiner.«

Von wegen sparsamer Familienvater.

Die beiden Polizeiwagen bremsten neben mir ab und es stiegen insgesamt vier uniformierte Polizisten aus. »Ich glaube, wir sollten uns doch noch einmal etwas intensiver unterhalten«, sagte der Cop in Zivil. Scheiße. Ich war richtig am Arsch. Und als wäre das alles nicht schon schlimm genug, hörte ich genau in dem Moment ein unangenehm vertrautes Geräusch. Die Schulglocke.

»Hände an den Streifenwagen«, raunte mich der Cop an und während ich mit ausgestreckten Armen vor ihm stand und er mich von oben bis unten abtastete, kamen meine Mitschüler den Weg entlang. Der Unterricht war zu Ende.

»Ist das nicht Dadvan?«, hörte ich sie flüstern. Was für ein beschissenes Timing! Frau Ringli hätte mit Sicherheit keine einzige Formel gefunden, um ausrechnen, wie unwahrscheinlich diese peinliche Nummer war.

»Komm schon«, sagte der Polizist, der eben noch ein vermeintlicher Käufer war. »In den Wagen, bevor dein Fanclub noch Autogramme will.« Ich schaute auf die anwachsende Zahl an Schülern, die mittlerweile eine Traube gebildet hatten und Fotos von mir machten, während ich mit hochrotem Kopf in den Streifenwagen stieg.

* * *

Es gibt Erfahrungen, die man nicht unbedingt machen muss. Es war nicht das erste Mal, dass ich Mist gebaut hatte. Aber es war das erste Mal, dass man mich dabei erwischt hatte. Ich wurde in einen kleinen, absolut unspektakulären Raum geführt. Auf einem hässlichen Fliesenboden stand ein großer Holztisch mit zwei Stühlen.

Ich weiß nicht, wie lange man mich in dieser Zelle sitzen ließ. Es fühlte sich an wie eine Ewigkeit. Jedenfalls hatte ich genug Zeit, um mir zu überlegen, wie ich jetzt am besten vorgehen würde. Ich versuchte mir einen Plan zurechtzulegen. Ausreden. Dachte darüber nach, wer mir ein Alibi geben könnte. Aber dann verwarf ich die Gedanken wieder. Okay, dachte ich. Was soll das? Es hat doch keinen Sinn. Was suchte ich für Ausreden? Ich war ein kleiner vierzehnjähriger Junge, der Scheiße gebaut hatte. Und wenn mein Vater mir auch nur eine Lektion im Leben beigebracht hatte, dann die, dass man immer zu seinen Taten stehen soll. Ich war ein Idiot. Ich hatte richtig Mist gebaut. Aber ich war bereit, dafür geradezustehen. Ich atmete tief durch und richtete mich auf dem Stuhl auf, als der Polizist endlich reinkam und sich mir gegenübersetzte. »Hast du uns was zu sagen?«, fragte er.

»Ich habe das Fahrrad gestohlen«, sagte ich.

»Na bitte«, sagte der Polizist. »Geht doch. Und was ist mit denen hier?«

Er legte drei Fotos auf den Tisch. Diese Fahrräder werden auch vermisst. »Die habe ich dann wahrscheinlich auch geklaut.«

»Wahrscheinlich?«

Ja. Wahrscheinlich. Ich war mir nicht ganz sicher. Ich erkannte die Fahrräder nicht unbedingt wieder. Aber die Wahrscheinlichkeit, dass sie unter meinem Diebesgut waren, wenn sie am selben Tag in demselben Ort vermisst gemeldet worden waren, war relativ hoch. Simple Stochastik.

Meine Antwort machte den Polizisten stutzig. »Waren da noch mehr?«, fragte er mich.

»Kann ich mein Handy haben?«

Er fixierte mich mit seinem Blick. Dann nickte er seinem Kollegen zu, der an der Tür stand. Er verließ den Raum und kam ein paar Minuten später mit meinem Handy zurück. Ich loggte mich in meinem Kleinanzeigen-Account ein und reichte dem Polizisten das Handy. Er schaute sich mein Profil an. Dann scrollte er runter. Weiter. Und weiter. Und weiter. Er wurde dabei immer blasser.

»Du verarschst mich doch.«

Ich presste die Lippen zusammen und schüttelte den Kopf.

»Junge, du bist wirklich am Arsch«, sagte er.

Ich wusste, dass ich mich gerade selbst noch tiefer reingeritten hatte, als notwendig gewesen wäre. Aber ich wollte das. Ich empfand tatsächlich so etwas wie Erleichterung. Ich hatte schon seit Wochen so ein unfassbar schlechtes Gewissen. Dieser Typ, der die Fahrräder gestohlen hatte, das war nicht ich. Das war nicht der Dadvan, der ich sein wollte. Sich auf Kosten anderer zu bereichern – das war einfach falsch. Und das wusste ich.

»Diese Fahrräder …«, sagte der Polizist, »… wurden alle zum selben Zeitpunkt in Ipsach als gestohlen gemeldet.« Er dachte nach. »Und die hast du alle geklaut und hier nach Biel gebracht?«

Ich nickte. »Wer hat dir geholfen?«, fragte er mich ganz straight.

»Niemand«, sagte ich.

Der Polizist wandte sich an seinen Kollegen, der wieder an der Tür stand. »Hör mal, lass uns hier mal gerade zwei Minuten allein, okay?«

Sein Kollege zögerte einen Moment. Dann nickte er und verließ das Verhörzimmer.

Als wir allein waren, beugte sich der Polizist zu mir vor. Seine Stimmlage war nun anders. Ruhiger. Milder. »Pass auf, Dadvan, ich will dir nichts vormachen. Du hast Mist gebaut. Und du wirst dafür Ärger bekommen.« Er ließ eine kurze Pause und fixierte mich mit seinem Blick. »Richtig, richtig großen Ärger.«

»Ich weiß«, sagte ich, auch wenn ich eigentlich keine Vorstellung davon hatte, was mir drohte. Und plötzlich bohrte sich ein Gedanke in meinen Kopf. Kann es sein, dass … ich traute mich gar nicht, das zu Ende zu denken. Plötzlich lief mir der Schweiß kalt den Rücken hinunter. Ich hatte kein Problem damit, bestraft zu werden. Aber was wäre, wenn man mir meinen Flüchtlingsstatus aberkannte? Wenn man mich wieder zurück in den Irak schickte? War das möglich? Ich war ja erst vierzehnzehn. Aber was hieß das schon. Ich wurde nervös. Plötzlich hatte ich ganz viele Bilder in meinem Kopf. Wenn unsere Familie abgeschoben werden würde, nur wegen mir, dann wäre alles umsonst gewesen. Mein Hals schnürte sich zu. Scheiße. Darüber hatte ich gar nicht nachgedacht. Hätte ich doch bloß nichts gesagt. Ich verfluchte mich selbst. Stutzig schaute ich zu dem Polizisten, der aus irgendeinem Grund so wirkte, als hätte er Mitleid mit mir. Ich überlegte, ihn danach zu fragen, traute mich aber nicht.

»Pass auf, Kleiner«, sprach er weiter und beugte sich wieder zu mir vor. »Es war gut, dass du so ehrlich zu mir warst und mir das hier gezeigt hast.« Er tippte auf mein Handy. »Aber ich weiß, dass du das unmöglich alleine geschafft haben kannst. Du hattest einen Komplizen. Sag mir, wer …«

»Ich war allein«, beharrte ich, aber meine Stimme klang nicht mehr so selbstsicher wie eben noch.

»Wenn du uns hilfst, den Fall komplett aufzuklären, wird es für dich nicht ganz so schlimm ausgehen, okay?«

Ich biss mir auf die Lippe. Tausend Gedanken rasten gleichzeitig durch meinen Kopf. Ich konnte nicht mehr klar denken. War der Typ hier gerade wirklich auf meiner Seite? Oder wollte er mir nur ein Geständnis entlocken? Würde ich wirklich unseren Aufenthalt riskieren, wenn ich jetzt schwieg? Oder war der nicht vielleicht sowieso schon weg, nachdem ich mein Geständnis gemacht hatte? Ich fing an zu zittern. Die Situation überforderte mich komplett. Wie sollte ich darauf reagieren? Was sollte ich jetzt tun? Ich wusste es einfach nicht. Ich schloss die Augen und atmete einmal tief durch. Versuchte die tausend Stimmen und Gedanken zu vertreiben. Dann sah ich den Polizisten an und sagte ganz ruhig: »Ich habe es wirklich ganz allein gemacht.«

Ich hatte Mist gebaut. Und dafür würde ich geradestehen. Aber ich würde niemanden mit reinziehen. Niemals. Wenn man mich ausweisen würde, dann würde ich zurück in den Irak gehen und mich auf eigene Faust durchschlagen. Das wäre dann der Preis, den ich zu zahlen hätte. Aber ich würde Learts Leben nicht zerstören, nur damit ich eine bessere Zukunft hätte. Ich hatte in den vergangenen Monaten alles Mögliche getan, das ich nicht wollte. Noch mal würde mir das nicht passieren. Ich war nicht der Mensch, der seine Freunde für einen persönlichen Vorteil ans Messer liefert. Und der würde ich auch niemals werden. Aber ich hatte irgendwie noch Glück gehabt. Ich bekam als Strafe einige Sozialstunden aufgebrummt.

\* \* \*

Ich lebte in zwei Welten. In meiner digitalen Welt. Und in der Realität. Während ich in meiner digitalen Welt wie ein Verrückter tradete und dabei immer besser wurde, brach mir in der echten Welt nach und nach der Boden unter den Füßen weg. Ich hatte das Gefühl, dass ich mich von einer beschissenen Situation in die nächste trug. Und ich wusste nicht einmal warum. Es passierte einfach. Schon ein paar Monate, nach der Fahrrad-Nummer gab es wieder Ärger. Dabei hatte ich mir so fest vorgenommen, mich aus allem rauszuhalten. Doch manchmal laufen die Dinge eben anders.

Es lag etwas in der Luft. Das spürte ich sofort. Ich zog mein Handy aus der Tasche und starrte auf das Display. Nichts. Wieso antwortete er mir nicht? Ich steckte mein Smartphone wieder ein, zog mir den Reißverschluss meiner alten verschlissenen Jacke zu und ging ein bisschen schneller. Es war kalt geworden. Der Winter brach langsam ein. Ich hasste den Winter. Ich hasste ihn, weil er mir jedes Jahr aufs Neue bewusst machte, dass ich nicht einmal genug Geld hatte, um mir ordentliche Klamotten kaufen zu können, die mich auch nur halbwegs warmhielten. Ich ging ein wenig schneller. Leart hatte mir nicht geantwortet. Das war merkwürdig. Eigentlich schrieb er immer sofort zurück. Na ja, dachte ich. Vielleicht war sein Akku leer. Aber vielleicht war auch etwas nicht in Ordnung. Ich näherte mich langsam dem Club, an dem wir verabredet waren. Mitten in der Stadt. Das war einer der Läden, in denen Leart und ich uns die Wochenenden versüßten. Zum einen kostete er keinen Eintritt. Zum anderen kontrollierte man an der Tür die Ausweise nicht so genau. Sonst wäre ich mit meinen fünfzehn Jahren gar nicht reingekommen. Aber hier lief alles immer glatt. Vielleicht auch, weil Leart einen der Türsteher kannte und es immer irgendwie schaffte, mich hineinzuschmuggeln. Ich klappte den Kragen meiner Jacke hoch und ging auf die Menschenmenge zu, die vor dem Einlass wartete. Kurzer Blick auf die Uhr: 22.37 Uhr. Ich war spät dran. Je mehr ich mich näherte, desto mehr hatte ich das Gefühl, dass hier irgendetwas los war. Die Stimmung war aufgeheizt. Die Leute wirkten nervös. Scheiße, Leart, wo bist du?

»Hey, hey, hey …«, hörte ich eine Stimme, die ich sofort erkannte. »Pass bloß auf, Junge.«

Die Leute vor dem Club bildeten einen kleinen Kreis und ich sah, dass ein paar Typen sich gegenseitig hin- und herschubsten. Ich lief sofort hin.

»Mach mich hier nicht blöd an«, rief Leart und schubste einen Kerl weg, der bestimmt einen Kopf größer war als er. Sofort gingen zwei andere Jungs auf Leart los und packten ihn an seinem

Mantel. »Packt mich nicht an«, raunte er die beiden an, drehte sich zur Seite und gab einem davon eine Ohrfeige. Kurz darauf sprang ein weiterer Kerl auf ihn drauf. Zu dritt hielten sie ihn fest und schlugen ihm in den Magen. Ich hatte überhaupt keine Ahnung, was los war, sprang aber ohne nachzudenken in das Getümmel, riss einen der Kerle von Leart weg und schlug ihm in den Bauch.

»Na, kommst du auch noch?«, bemerkte Leart spöttisch und riss sich von den anderen Typen los. »Na los«, fauchte er sie an. »Verpisst euch.« Die beiden Jungs schauten sich skeptisch an, dann wichen sie zwei Schritte zurück und Leart wandte sich wieder dem Wortführer der Gruppe zu. Ich musterte den Typen von der Seite. Ich kannte ihn. Zumindest vom Sehen. Leart war schon häufiger mit dem Kerl aneinandergeraten. Bisher hatten sich die beiden aber bloß blöde Sprüche an den Kopf geworfen. Irgendetwas musste an diesem Abend eskaliert sein. Ich hatte ein schlechtes Gewissen, dass ich zu spät war. Vielleicht hätte ich es irgendwie verhindern können. Bei diesem Gedanken schlug mich mein Gegenüber plötzlich mit voller Kraft in den Magen. Mir blieb die Luft weg und ich krümmte mich vor Schmerzen. Reflexartig nahm ich meine Hände über den Kopf, um den nächsten Schlag abzuwenden.

Ich duckte mich weg, machte einen Ausfallschritt und gab dem Kerl eine richtige Faust. Volltreffer. Er torkelte. Ich nutzte die Chance, sprang auf ihn drauf und riss ihn so zu Boden. »Du Idiot«, fluchte ich. »Leg dich nicht mit uns an, klar?« Ich saß auf dem Brustkorb des Kerls und sah, dass er genug hatte. Wimmernd hielt er sich schützend die Hände vors Gesicht. Dann zog mich jemand von hinten weg. Es war Leart. »Lass mir noch was übrig«, rief er und gab dem Kerl noch zwei richtig üble Fäuste mit. »Das wäre doch nicht nötig gewesen«, sagte ich. »Er war doch schon am Boden.«

»Dann erst recht«, grinste Leart mich an.

Die Sache hatte ein Nachspiel. Eins, das ich so nicht erwartet hatte. Es gab da gleich mehrere Überraschungen. Die erste war, dass die Jungs, die wir aufgemischt hatten, zur Polizei gingen. Das war ungewöhnlich. Es gab einen Straßenkodex, solche Dinge untereinander zu klären. Zumal die Kerle ja begonnen hatten, Stress zu machen. Aber das war ihnen ganz offenbar egal. Irgendwann bekam ich einen Brief zugestellt, in dem stand, dass ich mich bei der Polizei erklären sollte. Ich rief Leart an.

»Hör mal«, sagte ich. »Ich muss zu einer Zeugenvernehmung. Wegen dieser Schlägerei vor ein paar Wochen.«

»Ja«, sagte Leart. Er wirkte geknickt. »Ich auch.«

»Ist alles okay?«

»Meine Mutter ist richtig sauer«, sagte er. Wäre meine auch gewesen, dachte ich. Zum Glück hatte ich den Brief aus der Post fischen können, bevor sie ihn zu Gesicht bekam. »Was machen wir jetzt?«, fragte Leart.

»Was sollen wir machen? Wir sagen einfach die Wahrheit. Die Typen haben dich provoziert und mit dem Ärger begonnen. Außerdem waren sie in der Überzahl. Wir haben uns nur gewehrt.«

»Mh, ja«, sagte Leart. Er wirkte nachdenklicher als sonst. »So machen wir das.«

Eigentlich hatte ich viel mehr Gründe, besorgt zu sein, als er. Schließlich hatte ich schon vor einigen Monaten wegen dieser Fahrrad-Geschichte Ärger mit der Polizei gehabt. Leart war zwar beteiligt gewesen, aber das wusste niemand. Ich hatte mehr zu verlieren als er. Trotzdem hielt ich die Klappe. Wir steckten schließlich beide in derselben Situation. Außerdem war ich mir recht sicher, dass wir gute Karten hatten.

Zwei Tage später fand ich mich auf dem Polizeirevier in Biel wieder. Alles wirkte vertraut. Ich wurde sogar wieder in denselben kleinen Raum gebracht, in dem ich schon einmal verhört worden war. Hätte nur noch gefehlt, dass mich derselbe Polizist begrüßt. Aber heute war sein Kollege dran.

»Herr Yousuf«, begrüßte mich ein großer Mann, der eine stolze Plautze vor sich hertrug. »Sie wissen, warum Sie hier sind …«

Ich nickte, verschränkte die Arme vor meiner Brust und lehnte mich in dem Stuhl zurück. Ich war wirklich ganz entspannt. Leart hatte sein Verhör gestern gehabt. Er hatte mir erzählt, alles sei sehr gut verlaufen und wir müssten uns keine Sorgen machen. Also machte ich mir auch keine Sorgen.

»Schildern Sie doch einmal, wie es in der Nacht zu der Schlägerei gekommen ist«, bat mich der Beamte. Ich beugte mich etwas vor und fing an, zu erzählen. Ich erzählte die Geschichte genau so, wie sie stattgefunden hatte. Ich war mit Leart verabredet gewesen. Ich kam zur Diskothek. Und plötzlich sah ich, wie mehrere Leute auf meinen Freund losgingen und ihn angriffen. Die Hintergründe kannte ich nicht. »Ich wollte nur meinen Freund verteidigen.«

»Ach ja?«, sagte der Polizist. »Verteidigen, ja?«

Er legte mir ein Foto vor, das einen der Kerle zeigte. Er hatte zwei schlimme Platzwunden im Gesicht. »Das passiert nicht, wenn man jemanden nur verteidigt«, sagte der Mann. »Das passiert eher, wenn man auf eine wehrlose Person einschlägt.«

Der Kerl sah wirklich übel aus. Ich versuchte mir zu erklären, wie das hatte passieren können. Dann erinnerte ich mich wieder. Es müssen die beiden Schläge von Leart gewesen sein, der mich von dem Kerl heruntergezogen hatte, als er schon am Boden lag. Ich schwieg.

»Sie haben dazu nichts zu sagen?«

»Ich weiß es nicht«, sagte ich. »Es muss im Eifer des Gefechts passiert sein.«

»Ihre Erinnerung trügt Sie?«

»Es ist alles so passiert, wie ich es Ihnen gesagt habe.«

»Da habe ich aber anderes gehört.«

Na klar. Die Typen, die die Anzeige aufgegeben hatten, hatten die Geschichte wahrscheinlich aus ihrer Perspektive erzählt. Und entsprechend geschönt. Damit hatte ich ja gerechnet.

»Ich habe gehört, dass Sie in Rage geraten sind. Dass Sie völlig ausgeflippt sind.«

Ich zuckte mit den Schultern und lächelte. »Das ist doch Quatsch«, sagte ich.

»Sie sollen sich völlig vergessen haben und immer wieder auf Ihr Opfer eingeschlagen haben.«

»Nun hören Sie mal, das stimmt einfach nicht. Es ist doch klar, dass die Typen Ihnen irgendwas auftischen, um davon abzulenken, dass sie den Streit angefangen haben. Wir haben uns nur gewehrt.«

»Oh«, sagte der Polizist. »Das haben uns nicht die Opfer erzählt.«

Ich stockte. Nicht die Opfer? Aber wer denn dann? Jeder, der dabei gewesen war, wusste, dass ich nicht »in Rage« geraten war. Das stimmte einfach nicht. Wer sollte so etwas erfinden?

»Ihr Kumpel hat es uns gesagt.«

»Leart?«

Der Polizist nickte. Mir blieb die Luft weg. War das wirklich sein Ernst? Oder bluffte er nur? Ich wusste nicht, was ich sagen sollte. Hatte Leart mich wirklich verraten? Hatte er mich ins offene Messer laufen lassen, um seine Haut zu retten? Das konnte ich mir nicht vorstellen. Das würde er nicht machen. Er war doch mein bester Freund. Und bei der Fahrrad-Sache, da habe ich mich ja auch vor ihn gestellt.

»Ich habe alles gesagt, was ich zu sagen hatte«, wiederholte ich noch einmal und der Polizist entließ mich. Am Abend rief Leart mich an und fragte, wie es gewesen sei. Ich traute mich nicht, ihn zu fragen, ob es stimmte, was der Polizist mir erzählt hatte. Ich konnte es nicht glauben. Und ich wollte es nicht glauben. »Alles gut, Bruder«, sagte ich. »Die haben mich in die Mangel genommen, aber ich denke, wir haben nichts zu befürchten.« Ein paar Wochen später erhielt ich dann einen Strafbefehl. Ich wurde wegen Körperverletzung zu weiteren Sozialstunden verdonnert. Learts Zeugenaussage war mir zum Verhängnis geworden. Ich habe mich noch nie so verraten gefühlt.

\* \* \*

Es fühlte sich an, als würde ein Unglück auf das nächste folgen. Ich geriet in einen regelrechten Strudel. Alles wurde immer schlimmer. Und dann passierte etwas, womit ich nicht gerechnet hatte. »Es reicht jetzt«, brüllte meine Klassenlehrerin mich an und schlug mit der Faust auf den Tisch. Von einem Moment auf den nächsten wurde es komplett still in der Klasse. So kannten wir Frau Schwieler gar nicht. Scheinbar hatte ich sie zum Äußersten gebracht. Nichts, worauf ich stolz sein sollte. Frau Schwieler und ich wurden keine Freunde mehr. Das war schon länger absehbar gewesen. Aber dass ausgerechnet sie einmal so einen Wutanfall kriegen würde? Alle Blicke der Klasse lagen jetzt auf mir. Ich lächelte ein bisschen blöd, weil es mir selbst unangenehm war. Vielleicht hatte ich übertrieben. Aber die Sache war die: Man erwartete das hier von mir. Zumindest redete ich mir das ein. Während ich in Ipsach nicht ins Klassenbild gepasst hatte, weil ich der einzige Ausländer war, bestand meine Klasse in Biel nur aus Ausländern. Und alle waren Jungs von der übelsten Sorte. Hier galt: Fressen oder gefressen werden. Um Respekt zu erlangen, musste ich mithalten. Musste mich beweisen. Auf dem Schulhof kam es ständig zu Prügeleien. Nach der Schule mischte ich mit meinem Kumpel Leart die Gegend auf. Und in der Klasse war ich der Typ mit der größten Klappe. Es war eigentlich egal, was meine Lehrer sagten. Ich gab Widerworte. Immer. Einfach aus Prinzip. Aber dieses Mal hatte ich es wohl zu weit getrieben. Meine Klassenlehrerin stand vor mir und ich wusste, dass ich jetzt nichts mehr hätte sagen können, um die Situation zu entschärfen. Es war ernst.

»Mitkommen, jetzt!«, raunte sie mich an. Verdutzt schaute ich mich um. »Wie bitte?«, fragte ich sie.

»Mitkommen!«

Sie öffnete die Tür des Klassenzimmers, stellte sich in den Rahmen und erwartete, dass ich ihr folgte. Ich verstand nicht, was hier passierte. »Frau Schwieler, es tut mir wirklich leid«, bemühte ich mich, die Wogen zu glätten. Aber sie war nicht in der Laune, zu diskutieren.

Ich folgte ihr in das Büro des Rektors, vor dem ich mich erklären musste. Es fühlte sich falsch an, wie oft ich mich in letzter Zeit zu erklären hatte.

Der alte Mann hörte sich alles an und sprach dann sein Urteil. Ich wurde für drei Monate suspendiert.

»Was bedeutet das?«, fragte ich. Er erklärte mir, dass ich nun drei Monate vom Unterricht ausgeschlossen werde. Ausgeschlossen? Das war für mich ein unvorstellbarer Gedanke. Warum sollten Lehrer mir so etwas antun? Gut, ich benahm mich wie ein Idiot. Aber ich war gerade erst in die siebte Klasse gekommen. Wie sollte ich denn den Anschluss halten?

»Du bist natürlich verpflichtet, den Stoff selbstständig nachzuholen.«

Ich wurde blass. »Sie werfen mich von der Schule?«

»Für drei Monate. Sieh es als eine Art Time-Out«, sagte der Rektor. »Nutze die Zeit, um über dein Verhalten nachzudenken.«

Mir wurde schwindelig. Nein, damit hatte ich wirklich nicht gerechnet. »Sonst noch was, Dadvan?«, fragte mich der Rektor. Ich schüttelte den Kopf.

»Dann sehen wir uns in drei Monaten.«

Ich ging noch einmal zurück in die Klasse, um meine Sachen zusammenzupacken. Die anderen sahen mich beinahe mitleidig an. Ich fühlte mich richtig elendig. Ich streifte mir meinen Rucksack über die Schulter und verließ das Schulgebäude. Ich schaute auf die andere Straßenseite. Es waren nur ein paar Meter bis zu mir nach Hause. Aber sie zogen sich wie Meilen. Langsam, ganz langsam ging ich auf unser Wohnhaus zu. Mit jedem Schritt schnürte sich mein Hals mehr zu. Mein Herz wurde schwer. Es ging mir gar nicht so sehr um mich selbst. Mir ging es um meine Eltern. Sie hatten keine Ahnung, wie mies mein Stand in der Schule war. Ich hatte ihnen das die ganze Zeit verheimlicht. Sie hatten doch sowieso genug andere Probleme. Ich wollte nicht, dass sie sich auch noch um mich Gedanken machen müssten. Immer wieder hatte

Mama mir erzählt, wie sehr sie sich wünschte, dass ich Arzt würde. Dass ich sie stolz mache. Ich näherte mich unserem Haus. Der Wind pfiff mir um die Ohren. Es fühlte sich an, als liefe alles in Zeitlupe ab. Ich verlor jeden Bezug zu Zeit und Raum. Plötzlich erinnerte ich mich wieder an unsere Flucht. An den Wald. An den Soldaten. An die Männer, die mich umbringen wollten. An die kalten Kellerräume, in denen wir gesessen hatten. Wir haben das alles auf uns genommen, weil meine Eltern eine bessere Zukunft für uns haben wollten. Weil sie wollten, dass aus ihren Kindern einmal mehr wird als aus ihnen selbst. Sie haben all das gemacht, damit wir eine Perspektive bekommen. Und ich? Ich habe all diese Pläne mit Füßen getreten. Ich benahm mich wie der letzte Idiot. Und jetzt war ich von der Schule geflogen. Wie sollte ich das meiner Mutter erklären? Wie sollte ich ihr jetzt in die Augen schauen können? Ich wusste es wirklich nicht.

Ich stand vor unserer Haustür. Aber ich konnte nicht reingehen. Ich zitterte. Komm schon, Dadvan, da musst du jetzt durch. Reiß dich zusammen. Aber es ging nicht. Ich konnte nicht. Ich schämte mich fürchterlich. Eine Träne lief mir über das Gesicht. Dann setzte ich mich auf die Treppenstufe und heulte wie ein kleines Kind. Es war das erste Mal seit sehr, sehr langer Zeit, dass ich weinte. Ich ließ einfach alles raus. Den ganzen Frust. Den ganzen Ärger. Die ganzen Demütigungen, die ich erfahren hatte. Ich weinte mich regelrecht leer. Vielleicht, redete ich mir ein, kriege ich es ja noch hin. Vielleicht kriege ich ja noch die Kurve. Dann wurde ich wieder pessimistisch. Ich war ein vierzehnjähriger Kanacke, der gerade von der Schule geflogen war. Meine Noten waren mies. Ich hatte eh schon eine beschissene Perspektive. Ich war ständig in irgendwelche dummen Aktionen verwickelt. Ich hatte Fahrräder geklaut und wurde erwischt. Ich war in eine Schlägerei verwickelt und wurde von meinem besten Freund verraten. Ich war noch keine 15 und hatte schon zweimal Ärger mit der Polizei! Wie sollte jemand wie ich denn bitte noch die Kurve kriegen? Ich hatte fürchterliche Selbstzweifel. Und ich schämte mich. Ich schämte mich für den ganzen Mist, den ich gebaut hatte. Wofür das alles? Nur um gut vor irgendwelchen Straßenjungs anzukommen? Nur um ein paar Franken zusätzlich zu verdienen? Dafür verkaufte ich meine Seele?

Ich weiß nicht, wie lange ich auf dieser Treppe saß. Eine halbe Stunde? Eine Stunde. Ich fühlte mich leer. Ich fühlte einfach gar nichts mehr. Dann ging hinter mir die Haustür auf. »Dadvan …«, hörte ich die Stimme meiner Mutter.

Ich wischte mir die letzten Tränen weg, stand auf und setzte mir den Rucksack auf. »Hey, Mama«, machte ich auf cool. »Alles gut?«

Mama schaute mich eindringlich mit ihren großen Augen an. »Die Schule hat angerufen, Dadvan. Ich weiß Bescheid«, sagte sie. Mein Kopf lief rot an. Peinlich berührt schaute ich auf den Boden. Mama kam einen Schritt auf mich zu. Es war mir so wahnsinnig unangenehm. Aber statt mich auszuschimpfen, tat meine Mutter etwas, was ich ihr niemals vergessen werde. Sie nahm mich einfach nur in den Arm. »Es ist alles gut, mein Schatz«, sagte sie. Wieder brach es aus mir heraus. Ich drückte sie so fest ich konnte an mich. »Es tut mir so wahnsinnig leid, Mama«, flüsterte ich.

»Es ist alles in Ordnung. Alles wird gut«, sagte sie. »Wir haben schon ganz andere Dinge geschafft, oder?«

Ich nickte.

»Komm«, sagte sie und strich mir liebevoll über mein Gesicht. »Lass uns reingehen. Ich habe gefüllte Auberginen gekocht.« Mein Lieblingsessen. Ich kann kaum in Worte fassen, was mir dieser Moment in meinem Leben bedeutet hat. Meine Mutter hat in einer Situation Verständnis für mich gezeigt, in der ich mich selbst eigentlich schon aufgegeben hatte. Sie hielt zu mir, obwohl ich Mist gebaut hatte.

Das würde ich ihr eines Tages tausendfach zurückgeben, schwor ich mir selbst.

* * *

Ich begriff das, was mir passiert war, als eine Art Warnschuss. Okay, es waren mehrere Warnschüsse. Es waren eigentlich schon ziemlich heftige Streifschüsse. Ich war mir bewusst, dass es wirklich bergab für mich ging. Also steuerte ich gegen. Die Auszeit in der Schule nutzte ich, um wieder in meine Krypto-Welt abzutauchen. Ich fuchste mich immer tiefer in die Materie ein und kaufte und verkaufte meine Coins immer professioneller. Oft machte ich noch immer Verluste. Aber ich wurde besser und besser. Von Leart hielt ich mich derweil fern. Seit er mich bei der Polizei angeschwärzt hatte, um selbst besser dazustehen, hatte unsere Freundschaft Risse bekommen. Aber irgendwie war das Thema bei uns nie zur Sprache gekommen. Ich traute mich nicht, ihm zu sagen, was ich wusste. Innerlich distanzierte ich mich mehr und mehr von ihm. Auch weil ich merkte, dass er mir nicht guttat. Als ich wieder in die Schule zurückdurfte, gab ich auch dort ein wenig mehr Gas. Ich versuchte, mich anzustrengen und nicht mehr den Klassenclown zu spielen. Ich hatte das Gefühl, das sei ich meiner Mutter schuldig. Aber auch wenn ich so langsam wieder in die richtige Spur kam, fühlte ich mich dennoch mir selbst fremd. Ich war kein glücklicher Mensch. Jeden Tag, wenn ich von der Schule nach Hause kam und meine kleinen Geschwister sah, wurde mir bewusst, wie beschissen unsere Situation war. Wir waren mittlerweile sieben Geschwister. Und wir lebten in einer Vier-Zimmer-Wohnung. Es war alles viel zu klein, viel zu beengt und ich sah nicht, dass wir irgendeine Perspektive hätten. Ich fühlte mich einfach wertlos. Mein Leben bestand bis zu diesem Zeitpunkt aus meiner Online-Welt, ein paar Kleinkriminellen-Geschichten und echter Perspektivlosigkeit. Es vergingen zwei Jahre, in denen sich nichts veränderte, es aber zumindest nicht noch weiter bergab ging. Bis eine Nachricht kam, die mich ein wenig aufmunterte.

Im Irak fanden Parlamentswahlen statt. Und wir bekamen die Genehmigung, für die Wahlen dort einzureisen. Eine absolute Ausnahme. Denn noch immer hatten wir nur den Flüchtlingsstatus, der uns ansonsten verbot, irgendwohin zu reisen.

Mama und Papa diskutierten lange, ob sie die Reise auf sich nehmen sollten. Immerhin war ein Flug teuer und unser Erspartes knapp. Und Papa kämpfte noch immer mit seiner Vergangenheit. Er fühlte sich noch nicht bereit, in das Land zurückzukehren, dem er einst den Rücken gekehrt hatte. Aber Mama wollte ihre Verwandten wiedersehen. Und ich wollte mit. So entschlossen wir uns, dass Mama, Khalat, Walat und ich für zwei Wochen in den Irak reisen würden.

Ich war aufgeregt. Für mich war das nicht einfach nur irgendein Verwandtschaftsbesuch. Für mich war es eine Art Selbstfindungstrip. Ich bin in der Schweiz aufgewachsen und auch wenn ich weiß, dass die Schweiz meine Heimat ist, so habe ich doch immer auch gespürt, dass ich dem Land ein Stück weit fremd geblieben bin. Dass man mich hier immer mit anderen Augen gesehen hat als die anderen Menschen. Vielleicht klingt es merkwürdig, aber ich hatte immer das Gefühl, dass ich auch nach sechzehn, beinahe siebzehn Jahren noch nicht so richtig wusste, wer ich eigentlich bin. Es fühlte sich an, als sei meine Identität ein großes Puzzle, dem einige Teile fehlten. Und ich hoffte, diese Teile in Kurdistan wiederfinden zu können.

* * *

»Alles in Ordnung?«, fragte mich mein Bruder. Ich zog einen Koffer hinter mir her und kalter Schweiß rann mir den Rücken hinunter. »Ja, na klar«, sagte ich. Aber das war gelogen. Es war überhaupt nichts in Ordnung. Ich war wahnsinnig nervös. Nicht, weil ich Angst vor dem Fliegen gehabt hätte. Auch wenn ich gleich zum ersten Mal in meinem Leben in ein Flugzeug steigen würde. Es war eher diese Situation hier am Flughafen. »Du bist blass, Dadvan …«

»Einfach nur wenig geschlafen«, wiegelte ich ab. Aber das war es nicht. Ich schaute mich um. Der Flughafen war riesig. Ich fühlte mich komplett verloren und hatte überhaupt keine Ahnung, wo wir hinmussten. Zum Glück hatte unsere Mutter den Überblick. »Da lang«, sagte sie und wir gingen auf ein kleines Häuschen zu, in dem zwei Grenzschutzbeamte saßen. Vor ihnen hatte sich eine lange Schlange gebildet. Mein Magen zog sich langsam zusammen. Das war der Moment, vor dem ich mich am meisten fürchtete. Ich hatte wirklich mies geschlafen und regelrechte Albträume gehabt. Meine Kindheitserinnerungen an unsere Flucht hatten sich bei mir so tief eingebrannt, dass ich mich jetzt wieder in diese Zeit zurückversetzt fühlte. Ich wusste, dass das alles Unsinn war. Wir hatten ja Papiere. Wir durften ausreisen. Es war alles in Ordnung. Doch die Angst, die ich empfand, als wir den Beamten immer näherkamen, war nicht rational. Es war eine Angst, die sich tief in meine Seele gefressen hatte. Schließlich standen wir vor ihnen.

»Grüezi«, begrüßten sie uns freundlich. »Die Papiere, bitte.«

Mama legte ihnen unsere Ausweise vor. Dazu die Sondergenehmigung zur Ausreise. Der Mann glich unsere Lichtbildfotos mit unseren Gesichtern ab. Dann tippte er etwas in den Computer.

Was dauerte denn so lange, dachte ich. Das war doch nicht normal. Die anderen Passagiere kamen viel schneller durch. Der Mann starrte auf seinen Bildschirm. Er wirkte gelangweilt. Dann schaute er noch einmal auf unsere Papiere. Es wird ein Problem geben. Ganz sicher. Ich hatte es mir die ganze Zeit schon gedacht. Wäre ja auch zu schön gewesen, wenn einfach einmal in unserem Leben alles glatt laufen würde. Nervös trat ich von links nach rechts. Ich war hellwach. Nahm alles wie in Zeitlupe wahr. Ich war zu allem bereit. Bereit zu diskutieren, bereit zu fliehen, bereit zu kämpfen. Was auch immer jetzt passieren würde, ich würde meine Familie verteidigen.

»Gut«, sagte der Grenzer schließlich. »Alles in Ordnung. Ich wünsche Ihnen eine gute Reise.«

Dann winkte er uns durch.

Gut? Eine gute Reise? Damit hatte ich nicht gerechnet. Aber ich traute der Sache nicht. Das war doch bestimmt ein Trick. Gleich würden sie von hinten kommen und uns Handschellen anlegen oder …

»Kommst du, Dadvan?«, rief mich meine Mutter. Ich nickte, griff den Koffer und rollte ihn hinter mir her. Es passierte nichts. Wir konnten ganz normal ins Flugzeug steigen.

»Was ist los mit dir?«, fragte mich Khalat schließlich, als er neben mir saß und mir half, diesen merkwürdigen Flugzeug-Gurt anzulegen. Er hatte wohl gesehen, dass ich mich mit schwitzenden Händen an der Sitzlehne festklammerte.

»Flugangst?«

»Keine Ahnung«, sagte ich. »Ist bestimmt gleich vorbei.« Es war komisch. Ich wusste, dass es dieses Mal ganz anders war als damals. Dass wir Papiere hatten. Dass wir offiziell einreisen durften. Dass es keine Probleme geben würde. Mein Kopf wusste das. Aber mein Körper rebellierte trotzdem. Erst als das Flugzeug über die Startbahn rollte und abhob, wurde ich wieder etwas ruhiger.

»Wie meinst du wird es werden?«, fragte ich Khalat.

Er zuckte mit den Schultern. »Bestimmt gut.«

»Erinnerst du dich noch an das Dorf?«, fragte ich ihn.

Er schüttelte den Kopf. »Nicht wirklich. Nur in Bruchstücken.« Mir ging es ähnlich. Ich konnte auch nicht mehr klar unterscheiden, ob die wenigen Erinnerungen, die ich an Zaxo hatte, meine eigenen waren oder ob sie aus den Erzählungen meiner Eltern und von den Fotos stammten, die ich mir immer wieder anschaue. Ich lehnte mich zurück und schloss die Augen. Irgendwann schlief ich ein.

* * *

»Meine Damen und Herren, wir befinden uns nun im Landeanflug. Bitte klappen Sie den Bordtisch hoch, bringen Sie Ihren Sitz in eine aufrechte Position und schnallen Sie sich wieder an.« Ich schaute aus dem kleinen runden Fenster und sah, wie wir langsam immer tiefer flogen, bis wir schließlich die Landebahn erreichten. Als der Flieger aufsetzte, ging alles von vorne los. Ich spürte, wie mein Herz wieder schneller schlug. Wie sich der Schweiß auf meiner Stirn sammelte. Während die anderen Passagiere aufstanden, ihr Gepäck zusammensuchten, um sich in einer langen Schlange in Richtung Ausgang zu drängeln, blieb ich mit Magenschmerzen sitzen, wartete, bis die Reihen etwas lichter wurden und trottete dann langsam meinen Brüdern hinterher. Ich wusste, dass wir gleich wieder durch eine Passkontrolle mussten. Und ich konnte die Panik, die ich bekam, nicht abschalten. Ich kann es bis heute nicht. Egal, wohin ich reise, egal, welche Grenze ich überquere. Es stellt sich jedes Mal wieder neu ein. Als wir die Kontrollen durchgestanden hatten, beruhigte ich mich wieder etwas. Am Flughafen wurden wir von einem Onkel abgeholt. Ein kleiner, herzlicher Mann mit einem imposanten Schnäuzer. »Malas ...«, begrüßte er meine Mutter mit weit ausgestreckten Armen. Dann kam er auf meine Brüder zu. »Jungs, ihr seid verdammt groß geworden«, sagte er. Dann schaute er mich an. »Meine Güte, Dadvan ...« Er lächelte. »Das letzte Mal, als ich dich gesehen habe, hast du noch in die Windeln geschissen.«

»Gerüchten zufolge tut er das heute noch immer«, neckte mich Walat. Ich boxte ihm in die Seite. »Es ist schön, dass ihr hier seid«, sagte mein Onkel. »Willkommen zu Hause.«

Zu Hause. Das waren große Worte. Wir schauten uns den kleinen Flughafen an.

»Ganz schön schäbig«, sagte Khalat. Er hatte recht. Der Flughafen war wirklich ziemlich heruntergekommen. Es gab bloß eine große Start- und Landebahn und im Terminal gab es nur ein paar Bänke und einen Billigladen. »Free Shop«, stand auf einem großen Schild vor dem winzigen Kiosk, der Getränke und Bücher verkaufte. Keiner von uns wirkte so richtig begeistert.

»Kommt, wir haben noch einen weiten Weg vor uns«, sagte mein Onkel. Wir folgten ihm zu seinem alten Pick-up, der ganz in der

Nähe geparkt war. Das Auto war eigentlich schon ziemlich schrottreif. Ich quetschte mich mit meinen Brüdern auf die Rückbank. Anschnallgurte gab es nicht.

»Haltet euch gut fest«, sagte der Onkel. »Die Straßen hier sind nicht die besten.«

»Es ist anders hier«, sprach Walat aus, was wir alle dachten. Es war nicht so, dass mir nicht klar war, dass wir hier nicht mehr in Europa waren. Aber es war wahnsinnig heiß und die Luft so trocken, dass keiner von uns richtig atmen konnte.

»Ihr seid schon richtig verwöhnte Europäer geworden«, rief uns Mama von vorne zu. Ich musste grinsen. Sie hatte nicht ganz unrecht.

»Wollt ihr was trinken, Jungs?«, fragte der Onkel, öffnete das Konsolenfach auf der Beifahrerseite, zog drei Cola-Dosen heraus und warf sie zu uns nach hinten. Perfekt, dachte ich. Genau das brauchte ich jetzt. Ich öffnete die Dose und trank einen großen Schluck. Bah! War das ekelhaft! Die Cola war nicht warm, sie war heiß. Und die Kohlensäure war von den buckeligen Straßen schon komplett herausgeschüttelt worden. Mama hatte recht. Wir waren mittlerweile wirklich verwöhnte Europäer. Ich lehnte mich zurück und schaute aus dem heruntergekurbelten Fenster. Auf den Straßen waren bloß Taxis und Motorroller unterwegs. Aber je weiter wir uns von der großen Stadt entfernten, desto monotoner wurde alles. Wir fuhren über lange staubige Straßen. An den Rändern standen vereinzelte Palmen und dorniges Gestrüpp. Hin und wieder kamen wir an frei stehenden Ruinen vorbei. Ich fragte mich, wer auf die Idee gekommen war, hier mitten im Niemandsland ein Haus bauen zu wollen. Dann lehnte ich mich wieder zurück. Irgendwann überquerten wir die Grenze zum Irak. Es war recht harmlos, dennoch war ich wieder nervös. Mein Körper ging in Abwehrhaltung.

»Und?«, fragte mich mein Onkel. »Erinnerst du dich an das alles hier?«

Ich schüttelte den Kopf. »Nein«, sagte ich. »Nicht richtig.« Aber das stimmte nicht ganz. Ich hatte zwar keine konkreten Erinnerungen an diese Welt, aber dennoch immer wieder das Gefühl, dass mir alles hier viel näher war, als es auf den ersten Blick schien. Ich spürte eine Verbindung zu diesem Ort. Ich konnte sie nur nicht in Worte fassen.

»Hat sich hier viel verändert, seitdem wir gegangen sind?«, fragte ich meinen Onkel. »In den großen Städten? So einiges. Aber in Zaxo ist alles so wie immer.«

Mama lächelte. »Wir sind gleich da«, sagte sie. Sie erkannte die Gegend offenbar wieder.

\* \* \*

Es war merkwürdig. Ich fühlte mich in eine Welt hineinversetzt, die mir auf der einen Seite sehr fremd, auf der anderen Seite aber doch so vertraut war. Ich konnte mich an nichts mehr erinnern. Doch immer wieder gab es kleine Momente, in denen ich das Gefühl hatte, dass Bruchstücke vergangener Erinnerungen hochkamen. Manchmal waren das Gerüche. Oder Bilder. Oder es war der Staub, der sich auf unsere Körper legte, als wir am Stadtrand durch den trockenen Sand spazierten. Wir wohnten hier bei Verwandten. Jeden zweiten Tag bei irgendwem anders. Ich hatte das Gefühl, das gesamte Dorf war mit uns irgendwie verbandelt. War es ja auch. Ein Dorf voller Gulis. Auch wenn wir nicht mehr ihren Namen trugen.

Mir wurde hier vieles bewusst. Vor allem wurde mir bewusst, was Armut bedeutet. Natürlich waren wir für Schweizer Verhältnisse arm. Aber hier in Zaxo wirkten wir wie reiche Bonzen auf die Menschen. Sie schauten uns an, als kämen wir aus einem Land, in dem Milch und Honig fließen. Und ja. Irgendwie war es auch so. Sooft ich unsere viel zu kleine Wohnung verflucht hatte, in der ich mit meinen beiden großen Brüdern auf dem Wohnzimmerboden schlafen musste – gegen die offenen Steinhäuser, in denen meine

Verwandten wohnten, war das doch wirklich purer Luxus. Jeden Tag, den wir in Zaxo verbrachten, wurde ich ein klein wenig demütiger. Jeden Tag begriff ich ein kleines Stückchen mehr, wo ich eigentlich herkam. Und wie dankbar ich doch eigentlich sein sollte. Nie hatte ich so viel Armut, so viel echte Armut gesehen wie hier.

Und dann war es so weit. Ich sollte meinen Großvater treffen. Endlich. Für mich war das ein Moment, auf den ich schon die ganze Reise über gewartet hatte. Irgendwie hatte ich das Gefühl, dass mein Opa und ich miteinander verbunden waren. Dass es ein ganz besonderes Band zwischen uns gab. Eigentlich merkwürdig. Ich hatte an den Mann überhaupt keine Erinnerungen mehr. Es lag wohl an den Erzählungen meiner Mutter. Immer wieder hatte sie betont, dass Opa damals ein ganz besonderes Verhältnis zu mir gehabt hatte. So besonders, dass er mir schließlich auch meinen Namen gab. Denn eigentlich hieß ich gar nicht Dadvan. Eigentlich hieß ich Human. Aber als mein Vater sich auf den Weg nach Europa machte und meine Mutter, meine Brüder und ich ein paar Monate bei unserem Opa lebten, da sagte er, eines Tages, dass Human kein richtiger Name für mich wäre. Er sagte, meine Mutter solle mich lieber Dadvan nennen. Dadvan, das bedeutete so viel wie »Der, der Gerechtigkeit bringt«. Ein wahnsinnig seltener Name in Kurdistan. Mama fand das zunächst merkwürdig. Aber irgendwie war sie von der spontanen Eingebung meines Großvaters so angetan, dass sie sich tatsächlich für diesen Namen entschied. Sie dachte, dass sein sonderbares Verhalten vielleicht eine Bedeutung hatte.

Und dann kam er. An unserem fünften Tag in Zaxo. Ein Freitag. Die Familie hatte zu einem großen Grillfest eingeladen. Mitten auf der Straße wurden Tische aneinandergereiht und mit Plastikstühlen bestückt. Die gesamte Nachbarschaft kam vorbei. Jeder brachte große Schüsseln mit – frische Salate, Couscous, gefüllte Weinblätter. Auf einem großen Grill brutzelten frisches Lammfleisch und Hähnchen. In der Luft lag der Duft tausend fremdartiger Gewürze. Und plötzlich stand er vor mir. Mein Großvater. Ich musste schlucken. Er sah ganz anders aus als auf den Fotos. Und er wirkte gar nicht so, wie man ihn mir beschrieben hatte. Damals soll er ein stolzer Mann gewesen sein. Doch wenn das wirklich stimmte, war davon nicht mehr viel übrig. Vor mir stand ein Mann, der nur noch ein Schatten seiner selbst war. Ein alter gebeugter Mann, der an einem Stock ging. Sein Blick war fahrig. Seine Hände zitterten. Er wirkte wie ein Gespenst. Von dem Mann, der er einmal gewesen sein musste, war nur noch eine Ahnung übrig geblieben. Ich ging vorsichtig auf ihn zu und gab ihm die Hand.

»Hallo, Großvater«, begrüßte ich ihn. Er drehte sich zu mir, schaute mich für einen kurzen Moment an, aber dann wanderte sein Blick schon wieder weiter. Er erkannte mich nicht. »Ich bin es«, sagte ich. »Dadvan. Dein Enkel.«

»Dadvan«, sagte er. »Ja, ja, ich weiß …« Dann ging er weiter.

Ich hatte das Gefühl, ein schwerer Stein würde sich auf mein Herz legen. Das hatte ich so nicht erwartet. Ich schluckte und zog mich ein wenig zurück. Ich weiß nicht wieso, aber es nahm mich mit. Ich hatte wohl zu hohe Erwartungen an dieses Treffen gehabt. Ich nahm mir meinen Pappbecher mit Wasser und setzte mich vor das Haus. Ich wollte ein wenig allein sein. Vielleicht hatte ich gehofft, dass mein Großvater dieses fehlende Mosaiksteinchen war, das ich gesucht habe. Jemand, mit dem ich eine besondere Verbindung hatte.

»Alles in Ordnung?«, hörte ich die Stimme meines Onkels, der sich neben mich setzte. »Was machst du hier?«

Ich überlegte kurz, ob ich ihm erzählen sollte, was mich bedrückte, entschied mich aber dagegen. »Alles in Ordnung, Onkel. Ich wollte nur für ein paar Minuten allein sein.«

»Du hast deinen Großvater kennengelernt, nicht wahr?«

Es war, als könne er meine Gedanken lesen. Ich nickte.

»Er ist ein schwieriger Mann. Aber er hat auch viel durchgemacht.« Dass er schwierig war, wusste ich. Das hatte meine Mutter mir erzählt. Immerhin hat sie zwei Jahre bei ihm gewohnt. In der Zeit, in der mein Vater bereits in der Schweiz war.

»Du musst wissen, dass dein Großvater ein reicher Mann war.«
Der Onkel machte eine Pause. »Ein sehr reicher Mann.«

Eigentlich war auch das untertrieben. Mein Großvater war nicht
einfach nur reich. Er war ein Superreicher. Zumindest für kurdische
Verhältnisse. Er hatte sich ein riesiges Vermögen angehäuft. Und das
nur, indem er Joghurt und Käse verkaufte. Er hat alles, was er verdiente, gehortet, sich und seiner Familie nichts gegönnt. Abends gab
es nur ein dürftiges Abendessen, das aus Brot und Wasser bestand.
Es wurde an allem gespart. Das Geld, das Großvater verdiente, in-
vestierte er. So brachte er es zu einem Millionär. »Dein Großvater
wusste bereits was Geld ist, noch lange bevor andere wussten, was
Geld ist«, sagte mein Onkel. »Alle anderen hier in der Region haben
einfach nur gehandelt. Tauschten Waren gegeneinander. Jeder nahm
nur das, was er brauchte. Aber dein Großvater dachte weiter. Und
damit wurde er ungeheuer reich.« Den Teil der Geschichte kannte
ich. Aber ich wusste nicht, wie sie weiterging.

»Er wirkt nicht wie ein Millionär.«

»Haben deine Eltern es dir nicht erzählt?«

Ich schüttelte den Kopf. »Sie haben mir nur erzählt, dass er viel
von dem, was er sich aufgebaut hat, wieder verloren hat.«

Der Onkel schüttelte den Kopf. »Dein Großvater hatte sich gar
nichts aufgebaut«, sagte er und schaute in die Ferne. »Das konnte
er nicht. Er konnte nur horten. Er hat sein ganzes Geld gehortet. Er
hat auf seinem Geld gesessen. Auf seinem Geld geschlafen.«

»Das klingt nicht gesund.«

»Nein, das war es nicht. Und es hat deinem Großvater auch
nicht gutgetan. Irgendwann wurde er paranoid. Er sah in jedem
Menschen nur noch einen Gegner.«

»Einen Gegner?«

»In seinem Kopf wurden seine Freunde zu seinen Feinden. Er
glaubte, alle seien nur hinter seinem Geld her. Dass jeder ihn nur
bestehlen wollte.«

»Stimmte das denn?«

Mein Onkel winkte ab. »Dadvan, schau dich um. In dieser Gegend spielen Geld und Reichtum keine Rolle. Hier leben die Menschen so, wie sie schon immer gelebt haben. In den großen Städten mag das anders sein.«

»Es gab niemanden, der neidisch auf sein Geld war?«

»Bestimmt gab es das. Bestimmt gab es Menschen, die gerne einen Teil davon abbekommen hätten. Aber niemand hier strebt nach Reichtum. Vielleicht auch, weil das jenseits der Vorstellungskraft der Menschen hier liegt. Dein Großvater war weiter als wir anderen.« Mein Onkel nahm einen Schluck aus seiner Cola-Dose.

»Und das viele Geld hat ihm nicht gutgetan. Es hat ihn korrumpiert. Es hat ihn aufgefressen.«

»Wie meinst du das?«

»Er wurde immer argwöhnischer. Baute sich ein kleines Haus auf dem größten Hügel im Dorf. Dorthin zog er sich zurück. Er lebte dort viele Jahre. Wie ein Einsiedler. Nur er und sein Geld.«

»Was hat er in diesem Haus gemacht?«

»Das weiß nur Gott. Er empfing keinen Besuch. Nur seine alte Schwester durfte ihm einmal am Tag das Essen vor die Tür stellen. Sonst wäre er wahrscheinlich verhungert. Irgendwann aber reichte es ihm. Da kam er von seinem Hügel wieder herunter in sein Dorf. Aber alles hatte sich verändert.«

Ich lehnte mich zurück und hörte gebannt zu. Die Geschichte faszinierte mich total.

»Warum kam er herunter?«, fragte ich. Mein Onkel zuckte mit den Schultern. »Vielleicht hatte er genug von der Einsamkeit? Vielleicht hat er eingesehen, dass Geld allein auch kein Glück bedeutet. Jedenfalls war die Welt, in die dein Großvater zurückkam, eine andere als die, die er verlassen hatte. Der Krieg war mittlerweile vorbei. Saddam gestürzt. Es gab eine neue Regierung. Und eine Währungsreform.«

»Eine Währungsreform?«

Mein Onkel starrte in die Ferne. Er stellte seine Cola-Dose auf den Boden, fischte sich eine Zigarette aus der Packung, die auf dem Boden vor ihm lag, und zündete sie an. Er blies den Rauch in die Luft und legte seinen Kopf in den Nacken. Dann drehte er sich zu mir. »Im Irak wurde eine neue Währung eingeführt. Der neue Dinar. Es gab eine Übergangsfrist, in der man sein Geld eintauschen konnte. Aber dein Großvater hat davon nichts mitbekommen. Weil er isoliert in seinem Haus auf dem Hügel saß. Als er sein Geld schließlich umtauschen wollte, war es zu spät. Es hatte keinen Wert mehr. Aus seinen Millionen alter Dinar war nur noch Papier geworden.«

Ich schluckte. Was für eine Geschichte. »Seit diesem Tag ist auch dein Großvater nicht mehr der Mann, der er einmal war.«

Die Sonne war mittlerweile untergegangen. Es war kühl geworden. Aus dem Garten hörten wir das Lachen meiner Cousins und Cousinen. Der Geruch gebratenen Fleischs lag in der Luft. Ich schaute zu den Tanten und Onkeln und den Cousins und Cousinen, die alle fröhlich miteinander den Abend einläuteten.

»Wo lebt Opa jetzt?«, fragte ich.

»Wir kümmern uns um ihn«, sagte der Onkel.

»Obwohl er euch nie etwas von seinem Reichtum abgegeben hat?«

Mein Onkel legte mir den Arm um die Schultern. »Wir sind eine Familie, Dadvan. Und egal, wie speziell manche von uns sein mögen, am Ende halten wir immer zusammen. Niemand wird zurückgelassen. Das ist es, was eine Familie ausmacht.« Ich bekam eine Gänsehaut. Diese Worte berührten mich. Und ich hatte das Gefühl, in diesem Moment das fehlende Puzzleteil gefunden zu haben, das ich so lange gesucht hatte. Ich wusste jetzt, wer ich war. Und ich wusste, wo ich herkomme. Ich bin Dadvan Yousuf. Ich komme aus einem kleinen Ort, den die meisten Menschen auf dieser Welt nicht kennen. Ich komme aus einer Familie, die keine echte Perspektive hatte. Ich komme von einem Fleckchen Erde, von dem der

Rest der Menschheit nicht einmal weiß, dass er existiert. Aber ich komme aus einer Familie, die füreinander einsteht. Die weiß, was Solidarität bedeutet. Diese Menschen halfen einander, wenn einer am Boden lag. Und darauf war ich verdammt stolz! Ich ging zurück zu den anderen und setzte mich neben meine Mutter. Ich gab ihr einen Kuss auf die Wange. »Wofür war das?«, fragte sie mich. »Für alles, Mama.«

Ich meinte, was ich sagte. Erst jetzt begriff ich, was diese Frau alles auf sich genommen hatte, um uns ein besseres Leben zu ermöglichen. Plötzlich spürte ich eine Hand auf meiner Schulter. Ich drehte mich um. Mein Großvater. Er schien einen Moment der Klarheit zu haben. Sein Blick war fest auf mich gerichtet. Er beugte sich zu mir und flüsterte leise etwas in mein Ohr. »Weißt du, mein Junge«, sagte er mit seiner rauen Stimme, »es kostet viel weniger Kraft etwas loszulassen, als es festzuhalten. Und dennoch fällt es uns so wahnsinnig viel schwerer.« Dann klopfte er mir auf die Schulter, stand auf und verschwand wieder in der einbrechenden Nacht. Ich blieb zurück und dachte über seine Worte nach. Ich verstand nicht wirklich, was er mir hatte sagen wollen. Aber alles, was ich heute über ihn erfahren hatte, und diese kurze, wirklich seltsame Begegnung machten mich sehr nachdenklich.

\* \* \*

Ich zehrte noch lange von dieser Reise. Ich hatte das Gefühl, ich hätte ein Stück von mir selbst entdeckt auf diesem Trip. Doch nach ein paar Monaten verfiel ich dann doch wieder in dieselben Muster wie früher. Wieder einmal überspannte ich in meiner Klasse den Bogen. Ich wusste selbst nicht genau, was mich da eigentlich geritten hatte. Dabei war es zwischenzeitlich recht gut gelaufen. Ich hatte auf eine neue Schule gewechselt und mich dort einigermaßen gefangen und hatte sogar gute Noten geschrieben. Dennoch konnte ich es nicht lassen, immer mal wieder querzuschießen.

Und einer dieser Schüsse ging wohl zu weit. Oder sagen wir es so: Einer dieser Schüsse traf die falsche Person. Ich glaube, es lag daran, dass ich innerlich so zerrissen war. Denn die Diskrepanz zwischen meinem Online-Leben und der echten Welt wurde immer größer. Ich war 17 Jahre alt und in meiner Online-Welt war ich mittlerweile Millionär. Vor ein paar Tagen hatte der Wert meiner Bitcoins eine Million Franken überstiegen. Aber das brachte mir nichts. Ich war noch immer ein Flüchtling, hatte kein richtiges Konto und wusste nicht, wie ich mein digitales Geld in echtes Geld umwandeln sollte, ohne dass es Ärger geben würde. Vielleicht war ich paranoid. Wie sollte ich denn erklären, dass ein Flüchtling, dessen Familie von Sozialhilfe und Gelegenheitsjobs lebt, plötzlich eine Million Franken auf dem Konto hat? Völlig unmöglich. Im echten Leben blieb ich also weiter mausarm, hatte nur schlechte und billige Klamotten. Und bekam noch immer zu spüren, wie man Menschen in der Schweiz sieht, die nichts auf dem Konto haben. Wer nichts hat, der ist auch nichts wert. Traurig, aber leider auch die Realität.

Im Unterricht ließ ich dann meinen Frust so richtig raus. Wir sprachen gerade über den sogenannten »Islamischen Staat«, dessen Terrorregime in Syrien die Welt beschäftigte. Irgendwer fragte, wie sich die Terroristen eigentlich finanzieren, und meine Lehrerin warf in den Raum, dass sie gelesen habe, dass die IS-Leute Bitcoin nutzen. Ich hatte den Eindruck, dass sie keine Ahnung hatte, was Bitcoin eigentlich ist, und es störte mich, dass sie mit ihrem Halbwissen diese digitale Währung verteufelte, in der ich die Zukunft sah. Alles, was mich an unserem System störte, könnte durch die Krypto-Revolution eines Tages einfach so davongefegt werden, dachte ich. Hoffte ich. Entsprechend empfindlich reagierte ich auf Kritik.

»Wenn du dich so gut auskennst, Dadvan«, sagte sie, »dann halt uns doch nächste Woche ein Referat.«

Und das tat ich. Ich bereitete mich nicht einmal groß vor. Ich war ja tief in der Materie drin. Mit demonstrativer Gelassenheit stellte ich mich also vor die Tafel und erklärte meinen Mitschülern, was es mit Kryptowährungen, mit Bitcoins und unserem Finanzsystem auf sich hat. Meine Lehrerin folgte dem Vortrag mit sichtbarem Desinteresse. Das stachelte mich zu einer Schlussbemerkung an, die ich mir vielleicht hätte verkneifen sollen.

»… und darum«, beendete ich mein Referat, »Ist Bitcoin die Zukunft. Seid klug. Kauft euch Bitcoins. Oder endet als arme Lehrer.«

Das war zu viel. Das konnte sich meine Lehrerin nicht bieten lassen.

»So«, sagte sie. »Jetzt reicht es.«

Sie schlug auf den Tisch und verließ den Raum. Der Rest der Klasse applaudierte. »Super, Dadvan, du hast sie vertrieben«, sagte mir ein Klassenkamerad. Aber mir war klar, dass das ein böses Nachspiel haben würde. Und so war es auch. Nach zehn Minuten kam sie zurück und sagte, ich solle ihr folgen. In das Büro des Rektors. Mir kamen ganz böse Erinnerungen hoch. Schwitzend lief ich ihr den langen Schulflur hinterher.

»Bitte«, sagte ich. »Das war doch nur ein Spaß …«

Keine Reaktion. »Nicht immer alles so ernst nehmen.«

Eisiges Schweigen. Dann musste ich beim Rektor vortreten. Und sie verkündeten mir genau das, was ich befürchtet hatte. Irgendwie kannte ich das ja schon.

»Ich bitte Sie«, sagte ich. »Das können Sie nicht machen!«

Doch sie konnte. Meine Lehrerin hatte gemeinsam mit dem Rektor entschieden, dass ich von der Schule flog. Einfach so. Mir war nicht klar, dass das so einfach geht. »Können wir es nicht bei einer Verwarnung belassen«, bettelte ich. »Vielleicht eine Art Auszeit für drei Monate?«

»Nein!«, beharrte sie. Und ich kannte sie gut genug, um zu wissen, dass sie meinte, was sie sagte. »Pack deine Sachen und komm nicht wieder.«

Das waren ihre letzten Worte. Verdammter Mist. Jetzt hatte ich ein richtiges Problem! Da half kein Flehen und Betteln mehr. Ich setzte mir meinen Rucksack auf und machte mich auf den Weg nach Hause. Ich hatte ein Déjà-vu. Das kam mir alles so seltsam bekannt vor. Aber dieses Mal würde meine Mutter es nicht verstehen. Dieses Mal würde sie kein Verständnis zeigen. Jeder Mensch macht Fehler, hatte sie mir einmal gesagt. Denn aus Fehlern lernt man. Das war bei mir offensichtlich nicht der Fall. Und das würde sie mir übelnehmen. Also entschied ich mich, ihr nichts davon zu erzählen. Zum Glück war ich mittlerweile in einem Alter, in dem die Schule nicht mehr bei ihr anrufen würde.

## Kapitel 5

# Perspektiven

6.30 Uhr. Mein Handywecker klingelte und ich war sofort hellwach. Ich rollte mich aus meinem Bett und machte mich fertig. Nachdem ich angezogen war, stellte ich die Kaffeemaschine an und weckte meine Brüder. Als ich mich an den Küchentisch setzte, kam meine Mutter herein. »Guten Morgen, Dadvan.«

»Guten Morgen, Mama.« Ich stellte ihr eine Tasse Kaffee hin.

»Du bist ja schon richtig fit.« Ich zuckte mit den Schultern. »Normal.«

»Was steht heute an?«

»Nichts Besonderes«, sagte ich. »Nächste Woche schreiben wir eine wichtige Arbeit. Aber bis dahin ist eigentlich alles recht entspannt.« Dann griff ich mir meinen Rucksack, verabschiedete mich von allen und verließ das Haus. »Viel Spaß«, rief mir meine Mutter noch nach.

Klar. Spaß.

Ich lief ein wenig die Straßen entlang und fuhr mit dem Bus in die Innenstadt. Seit zwei Wochen stand ich nun vor dem gleichen Problem. Ich musste irgendwie die Zeit totschlagen, während meine Familie dachte, ich sei in der Schule. Es war völlig idiotisch. Aber ich brachte es nicht übers Herz, ihnen zu erklären, dass ich geflogen war. Dass ich schon wieder geflogen war. Also tat ich einfach so, als sei nichts passiert, verließ jeden Morgen um 7 Uhr das Haus und kam nachmittags wieder zurück und erzählte, wie nervig meine Lehrer doch waren. Ich wusste, dass das kein Plan für die Ewigkeit war. Aber ich wusste nicht, was ich sonst tun sollte. Als der Bus anhielt, stieg ich aus und schlenderte ein wenig durch die Fußgängerzone. Noch war alles ruhig. Die Stadt wachte gerade auf. Vor einigen Cafés und Bäckereien standen die ersten Kunden, die Straßenreinigung war unterwegs und die Parkbänke waren bislang nur von einigen Tauben auf Nahrungssuche bevölkert. Ich fühlte mich den Tauben verbunden. Sie nahmen, was sie kriegen konnten. Wenn ich Geld gehabt hätte, wären meine Tage sicher etwas aufregender gewesen. Aber ich konnte mir nicht einmal ein Brötchen vom Bäcker leisten. Also streunte ich herum, beobachtete die Menschen, die ihrem Alltag nachgingen, und hoffte einfach nur, dass die Zeit endlich verflog. Die Zeit verfliegt sehr langsam, wenn man sie nicht nutzen kann.

Und während ich so auf der Parkbank saß, machte ich eine Entdeckung, die zu einem echten Gamechanger wurde. Eher zufällig. Ich sah eine ältere Dame aus einem Gebäude kommen, die einen großen Stapel Bücher vor sich hertrug. Ich ging ein paar Schritte auf sie zu und bot ihr meine Hilfe beim Tragen an. Sie nahm sie dankbar an.

Ich nahm ihr die Bücher ab und begleitete sie ein kleines Stück.

»Haben Sie die alle gekauft?«, fragte ich.

»Aber nein«, sagte die alte Dame. »Geliehen.«

»Das geht? Man kann sich einfach Bücher ausleihen?«

»Natürlich – und es kostet nicht einmal etwas.«

Und so entdeckte ich die Stadtbibliothek. Merkwürdig. Ich hatte sie noch nie vorher wahrgenommen, obwohl ich schon etliche Male an ihr vorbeigekommen war. Ich wusste nicht, dass es so etwas gibt. Einen Ort, an dem man sich umsonst Bücher ausleihen kann. Wow. Ich beschloss, der Stadtbibliothek mal einen Besuch abzustatten. Ich hatte keine Ahnung, dass dieser Besuch mein Leben für immer verändern sollte.

\* \* \*

Und so begann ein ganz neuer Abschnitt in meinem Leben. Ein Abschnitt, mit dem ich wahrscheinlich selbst so nicht gerechnet hätte. Da ich es noch immer nicht übers Herz brachte, meinen Eltern die Wahrheit zu sagen, ihnen zu erzählen, dass ich von der Schule geflogen war und entsprechend eine tägliche Anlaufstelle brauchte, quartierte ich mich gewissermaßen hier ein. In der Stadtbibliothek. Sie wurde zu meinem zweiten Zuhause. Die Stadtbibliothek war in einem großen Neubau untergebracht. Es gab zwei Stockwerke. Unten standen riesige Regale mit Büchern und oben, da waren Tische aufgestellt, an denen man lesen und arbeiten konnte. Zunächst ignorierte ich die Bücher, die hier standen. Ich setzte mich an einen der Tische, klappte meinen Laptop auf und fing an zu traden. Ich tauchte ab, in meine Parallelwelt. Niemanden hier schien das zu stören. Und wenn doch, ich hätte es gar nicht bemerkt. Wenn ich einmal in meinem Tunnel war, dann nahm ich meine Umwelt gar nicht mehr wirklich wahr. Ich tauchte völlig unter, verlor mich in meinen Zahlen, Daten und Grafiken.

Und so saß ich in der Bibliothek, zwischen Rentnern und Studenten, hatte dort meinen aufgeklappten Laptop und einen dünnen Kaffee vor mir stehen und in meinem Internetbrowser gleichzeitig zwei Dutzend Tabs offen.

Nachdem ich so ziemlich jede Trading-Strategie ausprobiert hatte, die es gab, war ich mittlerweile darauf gekommen, wie man wirklich am sinnvollsten tradet. Viele Leute spezialisieren sich auf ein Trading-System und denken, das würde reichen. Das tut es aber nicht. Wirklich erfolgreich wurde ich erst, als ich damit begonnen habe, alle diese Strategien gleichzeitig anzuwenden. Das war zwar extrem aufwendig – aber auch unheimlich erfolgreich.

Auf einer Seite schaute ich mir die aktuellen Krypto-Entwicklungen an. Ich suchte nach chartanalytischen Mustern. Konnte ich irgendwo bull flags, bear flags, falling wedges oder rising wedges erkennen? Bei jedem dieser Chartpattern gibt es eine prozentuale Wahrscheinlichkeit, dass der Kurs steigen oder fallen wird. Bei einem identifizierten *rising wedge* in einem Bullenmarkt, also einem Markt mit steigenden Kursen, liegt die Wahrscheinlichkeit bei etwa 78 Prozent, dass der Kurs dieses Coins ebenfalls steigen wird. In einem Bärenmarkt, also in einem anhaltend fallenden Markt hingegen, liegt die Wahrscheinlichkeit bei 89 Prozent, dass auch der Coin fallen wird. Nachdem ich eine solche Chartformation identifiziert hatte, wartete ich auf einen »bestätigten breakout«. Ich musste sehen, ob der Kurs jetzt wirklich nach oben oder unten ausbrach und wenn, in welche Richtung. Sobald ich erkannte, dass es tatsächlich einen starken Ausschlag gab, setzte ich einen Trade. Mal mit Hebel, mal ohne. Außerdem setzte ich Stop-Loss-Orders. Das bedeutete: Ich gab einen Wert ein, bei dem meine Coins automatisch wieder verkauft werden. Damit konnte ich ausschließen, dass ich Verluste machte, denn sobald sich der Kurs eines Coins wieder negativ entwickelte, stieß ich ihn automatisch ab.

Gleichzeitig war ich auf allen großen Handelsplattformen unterwegs um zu sehen, ob es Preis-, Kurs- oder Zinsunterschiede gab. Wenn ja, dann nutzte ich sie sofort, um meine Coins gewinnträchtig zu verkaufen. Arbitrage nennt man das. Damals gab es bei den unterschiedlichen Handelsplattformen zahlreiche Möglichkeiten, auf diese Weise Gewinn zu machen, mittlerweile ist das kaum noch möglich.

Ich hatte zudem auch noch mehrere News-Seiten offen. Einige, die sich mit dem allgemeinen Weltgeschehen befassten, andere wiederum, die sich auf die Entwicklungen im Kryptomarkt spezialisiert hatten. Ich sog jede Information, die ich bekommen konnte, auf wie ein Schwamm. Ich hatte die Seiten auf automatische Aktualisierung eingestellt, das bedeutete, dass mir sofort angezeigt wurde, wenn ein neuer Artikel erschien. So konnte ich innerhalb von Sekunden auf eine gute oder schlechte Nachricht reagieren, die möglicherweise den Kurs eines Coins beeinflussen würde. Bei guten Nachrichten kaufte ich nach, bei schlechten Nachrichten nahm ich direkt den Gewinn mit oder zog meine Stop-Loss-Order hoch, damit ich den möglicherweise fallenden Kurs abfedern und mein Risiko minimieren konnte. Und zu guter Letzt hatte ich permanent die Social-Media-Kanäle von Elon Musk und anderen bekannten Influencern offen, um auch hier sofort reagieren zu können. Denn ich hatte erkannt, welchen weitreichenden Einfluss prominente Persönlichkeiten auf die Preise und Marktentwicklungen hatten. Wenn Elon Musk etwas zum Dogecoin twitterte, konnte man sich sicher sein, dass der Wert kurz darauf zumindest kurzfristig in die Höhe schießen würde. Es war Wahnsinn. Meine Art des Tradings bestand also darin, all die bekannten Strategien zu vereinen und sich auf gewisse Art und Weise einen Überblick über das große Ganze zu verschaffen – statt nur einen kleinen Teil davon.

Mein neues Ding war Daytrading. Ich kaufte Kryptos kurz- statt langfristig und verkaufte sie sofort wieder, sobald sie im Wert stiegen. So hatte ich am Abend, wenn ich die Bibliothek verließ, immer ein wenig mehr Geld als am Morgen, als ich sie betreten hatte. Je intensiver ich meine Zeit mit dem Trading verbrachte, desto abstrakter wurde das alles für mich. Es war, als schaute ich durch die Tabellen und Zahlen und Grafiken hindurch. Als würde ich die Matrix erkennen, die dem Ganzen zugrunde liegt. Und ich hatte riesige Erfolge. Ich erkannte die Strukturen. Wenn eine bestimmte Kurve entstand, ein Kurs fiel, dann wieder stieg und mehrfach mit kleineren Eruptionen fiel, dann wusste ich, was passieren würde. Er würde an dem und dem Punkt wieder steigen. Es war immer dasselbe. Der Markt folgte einem unsichtbaren Muster. Einer inneren Logik. Und es fühlte sich für mich an, als hätte ich diese Logik verstanden. Und irgendwann kam ich dann auf die Idee, dass man das Ganze doch auch systematisieren können müsste. Dass man auf die entsprechenden Bewegungen, die dem Eingeweihten einen Trend verrieten, automatisch reagieren können muss. Und so begann ich ein Programm zu entwickeln, das automatisiert für mich tradete.

Ich baute dieses Programm nur für mich. Und es funktionierte. Ich sah, wie sich mein Geld von Tag zu Tag vermehrte.

Nach ein paar Wochen hatte ich mir so also neue Kapazitäten geschaffen. Vieles ging jetzt automatisch, daher musste ich meine Zeit anders rumbringen. Ich fing an, durch die Regale zu flanieren und plötzlich sah ich ein Buch, das mir ziemlich bekannt vorkam. Ich zog es heraus und betrachtete den Titel. Die *Odyssee*. Genau das Buch, aus dem ich damals als Strafe ein paar Seiten hatte abschreiben müssen. Ich nahm es mit an meinen Platz und begann zu lesen. Dieses Mal richtig. Das Buch zog mich komplett in seinen Bann. Die Geschichte eines Helden, der einfach nur seine Heimat erreichen wollte und von den Widrigkeiten der Götter dazu verdammt wurde, eine jahrelange Irrfahrt auf sich zu nehmen – ich bekam Gänsehaut beim Lesen. Das war nicht bloß irgendein Mythos. Das war eine Geschichte, die jeder Mensch kannte. Die jeder Mensch nachvollziehen konnte. Es war die ewige Suche nach einem Platz im Leben, das voller Irrwege und Hindernisse war. Ich las das dicke Buch gleich mehrere Male.

Aber auch die anderen Bücher, die hier standen, verschlang ich regelrecht. Es war ganz egal, ob Literatur, Belletristik oder Sachbücher. Ich griff mir einfach irgendwas und las es durch. Ganz egal, ob es mich interessierte oder nicht. So wie mein Vater es mir damals beigebracht hatte. Jedes Wissen, das man sich aneignet, bringt einen ein kleines Stück weiter.

\* \* \*

Ich schaute auf und massierte mir die Schläfen. Mein Kopf tat weh. Ich sah zu der Bibliothekarin hinüber. Frau Maurer. Frau Maurer war eine ältere Dame, die gerade in einem Buch blätterte. Unsere

Blicke trafen sich. Sie lächelte mir zu. Was sie wohl über mich dachte? Sie musste sich doch wundern. Sie musste sich doch fragen, warum dieser junge Kerl jeden Morgen in die Bibliothek kam. Ich war nicht der einzige Stammgast. Es gab hier ein paar bekannte Gesichter. Ein älterer Herr, der ebenfalls jeden Morgen mit mir pünktlich um 7 Uhr vor der Tür darauf wartete, dass man uns aufschloss. Ein Student, der hier täglich an seiner Promotion arbeitete. Aber es gab einen Unterschied. Die anderen blieben zwei, drei Stunden und verabschiedeten sich dann wieder. Ich blieb den ganzen Tag. Ich kam als Erster und ging als Letzter. Die Bibliothek war für mich wie ein zweites Zuhause geworden. Ich war einfach den ganzen Tag da. Von morgens bis abends. Und Frau Maurer fragte nie nach. Ein halbes Jahr war seit meinem ersten Besuch vergangen. Sie wird sich bestimmt Gedanken gemacht haben. Aber sie ließ sich nie etwas anmerken. Vielleicht dachte sie, ich sei obdachlos. Ich ging zu dem kleinen Kaffeeautomaten am Eingang und beobachtete, wie die dünne schwarze Plörre in den Pappbecher plätscherte. Dann ging ich wieder zu meinem Platz zurück und klappte meinen Laptop auf. Es war 14 Uhr. Um meinen doch sehr ungewöhnlichen Alltag zumindest ein bisschen zu strukturieren, hatte ich mir ein paar kleine Routinen angewöhnt. Die 14-Uhr-Routine sah vor, dass ich Bewerbungen schrieb. So sehr ich mich auch an mein Leben in der Bibliothek gewöhnt hatte, ich wusste ja, dass es kein Zustand für die Ewigkeit war. Ich musste weiterkommen. Ich musste etwas aus meinem Leben machen. Und ich hatte auch ein festes Ziel vor Augen. Eine Ausbildung. Ich wollte unbedingt einen Ausbildungsplatz bekommen. Aber das war gar nicht so einfach. Ich schrieb Bewerbungen. Tag für Tag. Ich bewarb mich wirklich überall. Aber das Ergebnis war immer dasselbe. Ich bekam eine Absage nach der anderen. Ein paar Wochen später wechselte ich meine Strategie. Ich bewarb mich nicht mehr direkt für Ausbildungsplätze. Ich setzte jetzt auf »Schnuppertage«. So werden Kurzpraktika in der Schweiz genannt. Zwei, drei Tage, in denen man mal in den jeweiligen Betrieb reinschauen kann. Aber auch hier bekam ich eine Absage nach der anderen. Nur wenn ich mich für Baustellen bewarb, wurde ich genommen. Das war eigentlich gar nicht mein Ding. Nicht, dass ich körperliche Arbeit scheute. Im Gegenteil. Ich habe immer mit angepackt. Aber es war einfach nicht das, was ich in meinem Leben machen wollte. Dennoch bin ich jedes Mal auf die Baustelle gegangen und habe wie ein Verrückter geackert. Ich gab mein Bestes. Ich schleppte Dinge von links nach rechts, verlegte Steine, mischte Beton an. Ich tat, was man von mir verlangte. Und ich hätte jede Ausbildung dankbar angenommen. Aber man bot mir keine Ausbildung an. Es war immer dasselbe. »Du hast gut gearbeitet, Dadvan.« Und dann kam das Aber. Jedes Mal. »*Aber* du hast nur einen F-Status. Damit können wir nichts anfangen.« Das Schlimmste war, dass ich es sogar verstehen konnte. Irgendwie. Rein rational verstand ich jede Firma, die einen Flüchtling wie mich nicht einstellen wollte. Das Ausfallrisiko war einfach zu hoch. Der F-Status bedeutete alles und gar nichts. Ich könnte eine Woche später meinen Schweizer Pass bekommen und alles wäre gut. Es könnte aber auch sein, dass man mich einfach wieder abschob. Dann wäre ich plötzlich weg. Und die Firma müsste zusehen, wie sie damit zurechtkommt.

14 Uhr. Meine Ausbildungsroutine. Bislang war sie nur eine einzige, große Bilanz des Scheiterns. Dennoch zog ich konsequent durch. Ich rief zunächst einmal meine Mails ab, bevor ich anfangen wollte, nach neuen Stellenausschreibungen zu suchen. Und dann geschah etwas völlig Unerwartetes. Neben den zahlreichen Absagen, die standardmäßig eingetroffen waren, gab es auch eine Einladung. Vom Eidgenössischen Hochschulinstitut. Das konnte doch nicht sein, dachte ich, öffnete die Mail und las sie mir wieder und wieder durch. Tatsächlich. Ich bekam eine Einladung zu den Schnuppertagen. Von einem angesehenen Institut. Das war eines dieser Schnuppertage-Praktika, bei denen ich mich beworben hatte, ohne mir auch nur die geringste Chance auszurechnen. Ich hätte nie für möglich gehalten, dass ich von

so einem renommierten Institut überhaupt eine Antwort bekommen würde. Aber sie hatten mir nicht bloß geantwortet. Sie hatten mich auch eingeladen. Das war für mich fast so etwas wie ein Sechser im Lotto. Ich klappte meinen Laptop zu und wäre vor Freude fast aufgesprungen. Es war das erste Mal seit einer sehr, sehr langen Zeit, dass ich das Gefühl hatte, in meinem Leben endlich so etwas wie eine Perspektive zu sehen. Frau Maurer schaute zu mir herüber und ich lächelte ihr zu. Am liebsten hätte ich ihr das alles erzählt. Die ganze Geschichte. Damit sie verstand, warum mir das so wahnsinnig viel bedeutete. Aber das konnte ich nicht machen. Sie war eine fremde Frau. Stattdessen schrieb ich meinem alten Freund Leart. Wir verabredeten uns für den Abend. Wir hatten uns schon länger nicht gesehen und seitdem er selbst eine Ausbildung angefangen hatte, war unsere damals so intensive Freundschaft noch weiter in die Brüche gegangen. Aber heute Abend wollte ich mit ihm feiern. Und mir alles, was in den letzten Monaten passiert war, von der Seele reden.

* * *

Einen Monat später war es schon so weit. Ich war wahnsinnig aufgeregt. Ich hatte wirklich ein Schnuppertage-Praktikum bei einem staatlichen Unternehmen bekommen. Ich wollte unter allen Umständen den bestmöglichen Eindruck hinterlassen. Also suchte ich mir meine besten Klamotten zusammen, stand morgens früh auf und nahm zwei Züge früher als nötig, um nach Zollikofen zu kommen. Es war eine ordentliche Strecke. Aber ganz ehrlich, mein Schnupperpraktikum hätte am äußersten Ende der Schweiz sein können – ich hätte es trotzdem angenommen. Ich war einfach so wahnsinnig froh, dass man mir überhaupt eine Chance gab. Mehr wollte ich ja gar nicht. Ich hatte riesigen Respekt, als ich das große, altehrwürdige Gebäude betrat. Klar, es waren nur ein paar Schnuppertage, könnte man jetzt sagen. Aber mir bedeuteten diese drei

Tage die ganze Welt. Sie gaben mir endlich wieder das Gefühl, dass ich kein völliger Versager war. Dass ich noch etwas hinbekam. Ich fragte mich durch und traf schließlich auf den Mann, der mich in der kommenden Woche betreuen würde. Ein älterer Herr in einem Anzug, der ihm etwas zu groß war. Er erinnerte mich ein wenig an den grauen Mann, den ich gesehen habe, als wir damals in die Schweiz eingereist sind. Er strahlte ebenfalls die Aura der Bürokratie aus. Ich meine das nicht im negativen Sinne. Egal, wie sehr mich das System immer wieder wütend machte, hatte ich doch auch riesengroßen Respekt davor. Und jeder, der Teil davon war, dieses System zu verwalten, hatte etwas geschafft, wovon ich nur träumen konnte. Er hatte sich nicht nur eine gewisse Sicherheit aufgebaut. Er war auch ein Zahnrad im Getriebe. Ich war nicht einmal das. Ich war einfach nur ein Ersatzteil, das darauf hoffte, eines Tages in die große Maschine eingebaut zu werden.

»Du bist Dadvan?«, fragte mich der Mann und gab mir jovial die Hand. Ich streckte meinen Rücken durch. »Guten Tag, Herr Riegert«, sagte ich. »Vielen Dank, dass Sie mir die Chance geben hier zu sein.«

Der Herr legte seinen Kopf schräg und musterte mich. »Nun …«, sagte er und lächelte etwas altväterlich, »… sowas habe ich auch noch nicht gehört. Die meisten Praktikanten sind froh, wenn sie wieder nach Hause dürfen.«

»Ich nicht«, stellte ich sofort klar. Ich wollte, dass man hier keinen Moment lang daran zweifelte, dass ich es verdammt ernst meinte und mich beweisen wollte.

Herr Riegert gab mir eine kurze Einführung und wies mir ein paar kleinere Aufgaben zu. »Es reicht, wenn du das bis Mittag fertig hast.«

Ich erledigte alles innerhalb von einer Stunde.

Dann bat ich um neue Aufgaben.

Herr Riegert schien halbwegs beeindruckt zu sein. Er nickte anerkennend und gab mir ein paar neue Aufgaben, an die ich mich dann auch gleich setzte. Ich glaubte nicht, dass ich eine echte Chance haben könnte, einen Ausbildungsplatz zu bekommen. Nicht als Flüchtling. Aber ich wollte, dass ihnen die Absage zumindest schwerfallen würde.

Ich gab mir also alle Mühe. Gegen Mittag legte mir Herr Riegert die Hand auf die Schulter. »Genug gearbeitet«, sagte er. »Jetzt ist Mittagszeit. Komm, wir gehen in die Kantine.«

Ich sog die Luft ein. Spürte, wie meine Hände zu schwitzen begannen. Die Kantine. Das ging nicht. Da konnte ich nicht mit. Verdammt, darüber hatte ich gar nicht nachgedacht. Was für eine unangenehme Situation. »Vielen Dank, Herr Riegert«, sagte ich und wurde rot. »Aber ich habe gar keinen großen Hunger. Ich denke, ich arbeite lieber weiter.«

Es war mir peinlich zu sagen, dass ich mir die Kantine nicht leisten konnte. Ich hatte keinen einzigen Rappen mehr in der Tasche. Ich hatte wirklich nichts mehr. Mein letztes Geld für diesen Monat ging für die Zugtickets drauf.

»Deine Arbeitsmoral in allen Ehren, mein Junge, aber du musst dich jetzt stärken«, beharrte er und duldete keine Widerworte. Ich stand auf und ging mit ihm mit. Bei jedem Schritt ging ich in meinem Kopf alle möglichen Ausreden durch. Ich wäre am liebsten vor Scham im Boden versunken. Dann erreichten wir die Kantine. Sie war ziemlich groß, sie sah aus wie eine kleine Küche. Es gab mehrere Köche, die vor einem langen Fenster saßen und das gewünschte Essen auf die Teller füllten. Die Auswahl war riesig. Und es duftete herrlich. Jetzt erst merkte ich, was ich für einen Hunger hatte.

Die Situation wurde immer unangenehmer für mich.

»Herr Riegert«, log ich schließlich, »… ich fürchte, ich habe mein Portemonnaie vergessen.« Mehr fiel mir nicht mehr ein.

»Das brauchst du doch nicht. Das Essen hier ist für alle Angestellten kostenlos.«

»Wirklich? Kostenlos?«

Ich schaute meinen Chef mit großen Augen an. Kostenloses Essen! Das war die beste Nachricht überhaupt. Ich fühlte mich komplett erleichtert, als würde mir mehr als nur ein Stein vom Herzen fallen, nahm mir ein Tablett, fuhr damit das gesamte Küchenfenster entlang und ließ mir riesige Portionen auffüllen. Wenn ich schon einmal kostenlos essen durfte, dann wollte ich das auch ausnutzen. Es wird wahrscheinlich ohnehin das letzte Mal gewesen sein. So setzte ich mich zu meinem neuen Chef und verspeiste die vollgepackten Teller mit Kartoffelpüree, Fisch und Schnitzeln. Es war der einzige Moment, in dem ich meine Etikette vergaß. Für viele Leute mag Kantinenessen etwas eher Unterdurchschnittliches sein. Für mich war es seit den Thunfischdosen, die ich im Asylantenheim kennengelernt hatte, das Beste, was ich jemals zu essen bekam.

»Na«, staunte Herr Riegert, »du hast ja einen gesunden Hunger.«

Es war mir ein wenig unangenehm.

Aber ich nahm mir vor, mein maßloses Essverhalten mit noch härterer Arbeit am Nachmittag wieder auszugleichen. Und das zeigte offenbar Wirkung.

Denn schon ein paar Tage nach meinen drei Schnuppertagen klingelte mein Telefon. Herr Riegert war am Apparat. Er sagte, dass mir das Institut tatsächlich eine Ausbildung anbieten würde.

Ich konnte es nicht glauben.

Ich hatte es wirklich geschafft. Eine Ausbildung in der Schweiz. Und das auch noch in einem hochangesehenen Institut! Ich war der glücklichste Junge der Welt. Auch wenn meine Bibliothekszeit, an die ich mich gewöhnt hatte, nun leider enden musste.

\* \* \*

Ich war sofort hellwach und brauchte ein paar Sekunden, um mich zu orientieren. Ach ja. Der Wecker. Ich tastete nach meinem Handy und öffnete die Augen. Es war 6.30 Uhr. Noch viel zu früh. Ich schaltete den penetranten Klingelton aus und streckte mich. Okay, dachte ich. Ich schob die Decke weg und stand von meiner Matratze auf.

»Dadvan?«, hörte ich meinen älteren Bruder, der neben mir schlief. »Wie spät ist es?«

»Alles gut«, sagte ich. »Du kannst noch schlafen. Es ist früh.«

Khalat drehte sich um und zog sich die Bettdecke wieder über den Kopf. Vorsichtig ging ich auf Zehenspitzen ins Bad. Ich wollte niemanden wecken. Ich schloss die Badezimmertür hinter mir ab, ging ans Waschbecken und drehte den Wasserhahn auf. Dann wusch ich mir mein Gesicht. Das Wasser war kalt. Ich betrachtete mich in dem kleinen Spiegel. Betrachtete mein Gesicht. Du hast es geschafft, sagte ich zu mir selbst. Du hast es wirklich geschafft, einen Ausbildungsplatz zu bekommen.

Dann zog ich mir meinen Anzug an, den Mama extra noch einmal gebügelt hatte. Er war mir eigentlich schon zu klein. Wir hatten ihn vor ein paar Jahren aus einem Altkleider-Container gefischt. Aber ich hatte keinen anderen. Ich betrachtete mich im Spiegel. Ich hatte es geschafft, wiederholte ich in meinem Kopf das große Erstaunen über mich selbst. Ich hatte jetzt eine Ausbildungsstelle als Bürokaufmann.

Ich verlor mich für einen kurzen Moment in meinem Spiegelbild und dachte an die Vergangenheit. Dachte an die Flucht aus dem Irak, an das Flüchtlingsheim in Ipsach. An die kleine Wohnung in Biel. Dachte an die Altkleider-Container, aus denen wir unsere Klamotten zogen. Wer hätte wohl jemals gedacht, dass aus mir einmal mehr werden würde als irgendeine Spülkraft in einem schäbigen Restaurant oder ein Friseur in einem kleinen Barbershop? Und jetzt stand ich hier und war bereit, meine Ausbildung zu beginnen. Nicht irgendeine Ausbildung. Eine Ausbildung bei einer ehrwürdigen Institution.

Dann verließ ich unsere Wohnung, zog die Tür leise hinter mir zu und machte mich auf den Weg. Auf den Weg zu meiner neuen Arbeit.

Es war noch ganz früh und ich hatte mehr als genügend Zeit. Ich setzte mich auf die kleine Bank an der Bushaltestelle. Es war kaum jemand unterwegs, bis auf ein paar Straßenreinigungskräfte.

Ich war aufgeregt. Wie würde es wohl werden? Würde man mich ernst nehmen? Könnte ich meine Aufgaben alle erfüllen? Eigentlich hatte ich keine Zweifel daran, dass ich einen guten Job machen würde. Ich war bereit, hundert Prozent zu geben.

Als der Bus vor mir zum Stehen kam, wurde ich kurz aus meinen Gedanken gerissen. Ich stieg ein und setzte mich auf den letzten Platz ganz hinten. Es gab nur wenige Fahrgäste. Die meisten waren wohl Berufspendler. Sie schauten müde auf ihre Handys oder lehnten sich mit geschlossenen Augen an ihren Sitzen an. Wie oft hatte ich diese Arbeiter beobachtet? Wie oft hatte ich mich gefragt, was sie wohl für Geschichten haben? Wo sie gerade hinfahren? Was sie arbeiten? Insgeheim habe ich sie immer dafür beneidet, dass sie einen festen Platz in dieser Gesellschaft haben. Dass sie eines der Zahnräder sind, die die ganze große Maschine am laufen halten. Und auch, wenn ich insgeheim schon immer mehr als nur das sein wollte, fühlte es sich für mich gut an, zu wissen, dass ich jetzt ein Teil dieses Systems war. Dass ich dazugehörte.

Ich schaute aus dem Fenster und sah, wie die Sonne langsam über der Stadt aufging. Es würde ein warmer Tag werden. Nach etwa zwanzig Minuten erreichte ich den Bahnhof. Von dort fuhr ich mit dem Zug weiter nach Zollikofen.

Als ich den Campus erreichte, war ich noch immer viel zu früh dran. Ich nutzte die Gelegenheit, etwas die Gegend zu erkunden. Auf dem großen Campus trieben sich einige Studenten herum, die darauf warteten, dass das Institut öffnete. Sie hatten wahrscheinlich irgendwelche Verwaltungsangelegenheiten zu klären. Hinter dem Gebäude lag ein kleiner See. Ich setzte mich und wartete darauf, dass es 9 Uhr wurde. Normalerweise, dachte ich, wäre ich um diese Zeit schon in der Bibliothek. Ob Frau Maurer aufgefallen war, dass ich heute nicht gekommen war? Ob sie sich wohl Sorgen machte?

Aber ich verdrängte den Gedanken schnell. Es brach nun ein neues Kapitel in meinem Leben an. Und das war auch gut so.

Ich betrat das Institut. »Guten Morgen«, begrüßte ich die Damen am Empfang, die mich gleich anlächelten. Dann sprintete ich die Treppen hoch und meldete mich bei einer meiner neuen Chefinnen zum Dienst. Leider war ich nicht mehr Herrn Riegert zugeteilt, aber ich nahm mir vor, ihn bald zu besuchen und mich noch einmal persönlich bei ihm zu bedanken. Das war ich ihm schuldig. Ich bin mir sicher, dass er selbst gar nicht wusste, was mir seine Fürsprache bedeutete.

»Schön«, sagte meine Chefin. »Überpünktlich.« Ich schaute auf die Uhr. Ich war wirklich viel zu früh dran. »Das mögen wir hier«, sagte sie und erklärte mir, was in den nächsten Wochen auf mich zukäme.

»Als Auszubildender durchlaufen Sie mehrere Stationen, Dadvan. Sie sollen in jeden Bereich einmal reinschnuppern und auf diese Weise die wichtigsten Grundkenntnisse erlangen.«

»Klingt gut.«

»Ihre erste Station in den kommenden sechs Wochen ist das Veranstaltungsmarketing. Es geht darum, große Events zu planen und vorzubereiten. Etwa die Abschlussfeier unserer Absolventen, die Zeugnisvergabe, das Sommerfest ...«

»Ich verstehe«, sagte ich.

»Gut«, lächelte sie.

Als ich am Abend nach Hause kam, ging ich in mein Zimmer und setzte mich auf mein Bett. »Hast du es?«, fragte ich Khalat. Mein Bruder nickte und gab mir einen kleinen Briefumschlag.

»Und?«, fragte er. »Wie war dein erster Tag?«

Ich schaute ihn an. »Gut«, sagte ich. »Wirklich gut.« Dann zog ich mein Handy aus der Hosentasche, entfernte den Akku und holte die SIM-Karte raus.

»Was wird das?«, fragte Khalat.

Ich antwortete ihm nicht. Ich öffnete den kleinen Umschlag, den er mir besorgt hatte, und zog eine neue SIM-Karte heraus, die ich in mein Handy einsetzte. Die alte warf ich in den Müll. »Wieso brauchst du eine neue Nummer, Dadvan.«

Ich stockte einen kurzen Augenblick. Überlegte, wie ich es meinem Bruder am besten erklären sollte. »Weil heute ein neuer Lebensabschnitt für mich beginnt«, sagte ich. Er schaute mich fragend an. Ich rang nach Worten. Aber es fiel mir selbst schwer, zu formulieren, was ich für mich beschlossen hatte. Ich wollte einen Cut machen. Einen klaren Schnitt. Heute sollte mein neues Leben beginnen. Ich hatte jetzt eine Ausbildung. Eine Perspektive. Eine echte Chance. Und die wollte ich mir nicht kaputt machen lassen. Darum musste ich einen Schlussstrich unter meine Vergangenheit ziehen. Ich musste mit allen Leuten brechen, die mich immer nur heruntergezogen hatten. Besonders mit Leart. Ich hatte ihn geliebt wie einen Bruder. Aber ich wusste, dass er mein Verderben war. Und ich seins. Wir waren besser dran, wenn wir nichts mehr miteinander zu tun hätten. So hart diese Entscheidung auch war, ich wusste, sie war richtig. Es war der einzige Weg, mein Leben auf geordnete Füße zu stellen. Man hatte mir eine einmalige Chance gegeben. Und die wollte ich nutzen. Komme, was wolle.

In den nächsten Tagen wurde ich dann richtig eingearbeitet. Nach kurzer Zeit hatte ich komplett verstanden, was von mir erwartet wurde. Ich gab mir wirklich Mühe, kam morgens als Erster und war der Letzte, der abends ging. Ich war definitiv anders als die anderen Azubis hier. Sie waren alle in meinem Alter – 17, 18, 19. Aber sie arbeiteten auch wie 17-, 18- oder 19-Jährige. Ich nicht. Ich arbeitete wie ein 30-Jähriger. Ich hatte nach nur wenigen Tagen schon dieselben Aufgaben wie die regulären Angestellten. Ich wurde behandelt wie ein richtiger Mitarbeiter. Und ich hatte den Ruf, wirklich kompetent zu sein. Ich hatte keine Hemmungen, auf meine Kollegen und Vorgesetzten zuzugehen. Das hatte ich wahrscheinlich von meinem Vater geerbt.

Meine Leistungen waren gut. Ich hatte überall Bestnoten. Und endlich verdiente ich nun mein erstes Geld. Mein erstes, richtiges Geld. Ich gab keinen einzigen Rappen aus und legte alles zurück. Auch wenn ich wusste, dass das früher oder später für Ärger sorgen würde. Der Ärger kam früher.

* * *

»Dadvan«, sagte Khalat vorsichtig und schaute mich schüchtern an. »Baba will mit dir reden.« Er machte eine kurze Pause. »Ich glaube, es gibt Ärger.«

Ärger? Wieso? Hatte ich etwas angestellt? Ich ging in meinem Kopf die vergangenen Tage und Wochen durch. Nein, da war nichts. Im Gegenteil. Ich war zum ersten Mal in meinem Leben auf einem richtig guten Weg. Ich lebte komplett für meinen Job. Ich verdiente Geld und – okay. Ich wusste, worum es gehen würde. Ich klappte den Laptop zu und ging in die Küche, wo Baba am Esstisch saß. Vor ihm ein Glas Cay. »Setz dich zu mir«, sagte er. Er musterte mich mit seinem Blick. Ich zog den Stuhl zurück und setzte mich ihm gegenüber.

»Und in deiner Ausbildung läuft alles gut, ja?«, fragte er.

»Ja, Baba.«

»Du hast keinen Ärger? Du machst alles so, wie dein Chef es von dir verlangt?«

Mein Vater hatte keine Ahnung davon, wie die Arbeit in einem Büro ablief. Woher denn auch? Er hat sein Leben lang nur harte körperliche Arbeit kennengelernt. Aber es war nicht der Zeitpunkt, ihm zu erklären, wie es in einer Schweizer Behörde zuging. »Das Geld, das du verdienst«, sagte er. »Was ist eigentlich damit?«

»Ich lege es zurück, Baba.«

Er kniff seine Augen zusammen. »Das habe ich gemerkt. Hast du nicht vor, deiner Familie einen Teil deines Geldes abzugeben?«

Er musste das gar nicht weiter ausführen. Ich wusste ganz genau, was er meinte. Für Europäer mag das merkwürdig klingen, aber im arabischen Kulturkreis gibt es ein eisernes Prinzip. Das Prinzip der Familienkasse. Jeder, der Geld verdiente, gab einen Teil davon an das Familienoberhaupt ab. Meistens ist das der Vater. Und der verwaltet das Geld dann und macht Anschaffungen, von denen die ganze Familie profitiert. Viele fragen sich, warum so viele junge Albaner oder Marokkaner mit einem protzigen Mercedes herumfahren. Und wie sie sich das leisten können? Familienkasse. Jeder gibt einen Teil seines Geldes ab. Alles kommt in einen Topf und davon werden dann Anschaffungen gemacht, von denen alle profitieren. So kann auch ein Neunzehnjähriger Albaner mit seinem schicken Sportwagen durch die Innenstadt fahren. Dass er ihn sich mit seinen sechs oder sieben Geschwistern, seinem Vater und seinen Onkeln und Tanten teilt, wird gerne übersehen. Eine Gemeinschaftsinvestition eben.

Das Prinzip der Familienkasse ist ein kluges Prinzip. Es eröffnet einer Gemeinschaft Möglichkeiten, die man als Individuum nicht hat. Dass man dem Familienoberhaupt einen Teil des eigenen Verdiensts abgibt, ist eine Selbstverständlichkeit. Eigentlich.

»Baba«, sagte ich vorsichtig. »Versteh mich nicht falsch, ich weiß, was du von mir erwartest.«

Baba trank einen Schluck Tee. »Aber ich habe mich entschieden, nichts mehr in die Familienkasse zu geben.«

Baba biss sich auf die Lippe. Ich konnte sehen, wie sein Gesicht langsam rot anlief. Ich kannte das schon. »Hör zu«, sagte ich beschwichtigend. »Ich will mich nicht drücken, ich will nur …«

»Du willst was?«, fuhr er mir scharf dazwischen. »Lass mich raten, du willst dein eigenes Ding machen, ja?«

»Nein, nicht für mich. Für uns alle. Hör mir zu, ich kann mit dieser Krypto-Sache wirklich viel Geld verdienen. Für uns als Familie. Ich kann dafür sorgen, dass wir reich werden, dass wir …«

»Ich kann es nicht mehr hören«, brüllte er und schlug mit der Faust auf den Tisch. Es war selten, dass mein Vater so aus der Haut fuhr. Eigentlich blieb er auch in den angespanntesten Situationen ruhig. Aber hier schien ich eine Grenze überschritten zu haben. »Du mit deinen ewigen Träumereien! Reichtum hier, Reichtum da! Seit Jahren erzählst du mir davon, wie reich du bist. Aber wo ist denn dein Reichtum? Wo ist dein ganzes Geld? Zeig es mir, Dadvan.«

»Ich habe es in meiner Wallet. Es ist digitales Geld«, hielt ich ruhig dagegen.

»Ich scheiße auf dein digitales Geld!«, brüllte mein Vater mich an. »Das ist Fantasiegeld! Und ich kann mir von deinem Fantasiegeld nichts kaufen. Ich kann von deinem Fantasiegeld kein Brot auf den Tisch bringen! Wir sind eine neunköpfige Familie, Junge. Übernimm doch endlich mal Verantwortung.«

Ich musste schlucken. Das traf mich hart. Ich setzte zu einem erneuten Versuch an.

»Das sind keine Träumereien, Baba ....«

»Junge«, schnitt mein Vater mir das Wort ab. »Denk doch mal an deine Familie. Was haben wir nicht alles auf uns genommen. Deine Mutter hat dich auf Händen über zehn Landesgrenzen getragen. Wir haben verzichtet und verzichtet und verzichtet. Nur damit wir ein besseres Leben führen können. Wir haben alles für unsere Kinder aufgegeben. Und du sagst mir jetzt, dass du nicht bereit bist, etwas zurückzugeben?«

Mein Vater war richtig sauer.

»Ich werde euch noch so viel mehr zurückgeben. Mehr, als du dir vorstellen kannst«, sagte ich mit brüchiger Stimme. »Aber nicht jetzt.«

»Das ist dein letztes Wort?«

Ich bekam keinen Ton mehr raus. Ich nickte nur noch.

»Dann bist du ab heute nicht mehr mein Sohn! Verflucht seist du!«, sagte Baba mit einer Kälte in seiner Stimme, die ich noch nie zuvor gehört hatte. Er verließ den Raum und ließ mich allein. Jetzt brach alles aus mir heraus. Ich konnte meine Tränen nicht mehr zurückhalten. Ich wusste, dass ich das Richtige tat. Aber sich so gegen seinen eigenen Vater zu stellen, kostete mehr Kraft, als ich erwartet hatte. Es fraß mich beinahe auf. Ich verschränkte meine Arme auf dem Tisch und legte meinen Kopf darauf. Ich war einfach nur noch fertig. Nach einer Weile spürte ich eine Hand in meinem Nacken. Ich schaute auf.

Es war Mama.

Ich schaute sie mit Tränen in den Augen an.

»Mama ...«

»Meinst du wirklich, dass es das wert ist, Dadvan?«, fragte sie mich. »Meinst du wirklich, dass dein Traum es rechtfertigt, unsere Familie so auseinanderzureißen?«

»Ich weiß, dass ich euch alles um ein Vielfaches zurückzahlen werde ... Ich weiß, dass ich euch einen Palast kaufen werde, Mama, bitte. Du musst es mir glauben.«

Ich schaute meiner Mutter in die Augen. In diese Augen, die schon so verdammt vieles auf dieser Welt gesehen hatten. Meine Mutter hatte immer hinter mir gestanden. In den schlimmsten Zeiten meines Lebens. Sie hat mir immer vertraut. Aber tat sie es jetzt auch noch?

»Glaubst du mir, Mama?«, fragte ich sie ganz direkt.

Doch in ihrem Blick erkannte ich, dass sie zweifelte.

»Das würde ich gerne, mein Schatz ...«

Und es war dieser Zweifel, der mir von allen Dingen auf der ganzen Welt am allermeisten weh tat.

\* \* \*

Das Ganze nahm mich ziemlich mit. Aber statt zu resignieren, wollte ich es meinem Vater erst recht beweisen. Ich wollte ihm zeigen, dass ich Geld verdienen konnte. Nicht nur Fantasiegeld. Echtes Geld. Ich wollte Cash machen. Irgendwann setzte ich mich mit meinen großen Brüdern zusammen und sagte ihnen, was ich vorhatte. In meinem

Kopf entwickelte ich so eine Art Formel zum Reichwerden. Dabei übernahm ich das Grundprinzip der Familienkasse, die es bei uns ja bereits gab. Doch ich verfeinerte es. Und interpretierte es noch einmal viel radikaler. Ich nahm mir ein Blatt Papier und schrieb alles auf. Ich verdiente mit meiner Lehre im Monat etwa 700 Franken. Meine beiden Brüder verdienten jeweils etwa 3000 Franken. Das mag erst einmal nach einer Menge Geld klingen. Ist es vielleicht in anderen Ländern. In der Schweiz sind die Lebenshaltungskosten aber so hoch, dass 3000 Franken eher einen unterdurchschnittlichen Verdienst darstellen. Nicht wirklich viel Geld. Aber wenn man alles zusammenwarf, sah das Ganze schon ein wenig anders aus. 6700 Franken im Monat – daraus konnte man etwas machen. Ich notierte nun die Kosten, die wir drei hatten. Der große Vorteil war: Miete zahlten wir keine. Aber es gab ein paar Posten, die ins Gewicht fielen, besonders die Beiträge für die Krankenkasse. Allerdings gibt es hier in der Schweiz eine Besonderheit. Die Zahlungen, die man an die Versicherungen leistet, lassen sich flexibel gestalten. Je mehr man einzahlt, desto mehr deckt der Versicherungsschutz ab. Je weniger man zahlt, desto notdürftiger ist man abgesichert. Wir beschlossen, komplett auf Risiko zu gehen. Wir schraubten unseren Versicherungsschutz auf ein absolutes Minimum herunter.

Dann strichen wir alles, was wir an zusätzlichen Kosten hatten. Kein Fitness-Studio mehr. Kein Netflix-Abo mehr. Nichts. Alles radikal weg. Khalat hatte sich ein kleines Zimmer gemietet, weil er eigentlich raus wollte und ein bisschen Freiraum brauchte. Aber da er ein totaler Familienmensch war, hing er meistens sowieso immer nur bei uns zu Hause herum. Also beschlossen wir, die Wohnung auch zu kündigen. Wieder eine Ersparnis. Wir nahmen uns vor, wirklich überall zu sparen, wo wir nur sparen konnten. Wir erlaubten uns keinerlei Luxus. Keinen Coffee to go. Keinen Döner auf die Hand. Keinen Kinobesuch. Nichts. Das war der Deal. Und alle waren damit einverstanden. Ich konnte zwar am wenigsten beisteuern, aber ich konnte alles managen. Meine Brüder wussten, dass ich von uns allen die besten Manager-Qualitäten hatte. Ich war einfach sehr genau und penibel und schaffte es, mir einen guten Überblick zu verschaffen. Dieses sehr rationale und nüchterne Verhalten hatte ich definitiv in der Schweiz gelernt.

In den ersten drei Monaten lief es gut. Dann kam es zu einem Problem.

»Kann ich einmal kurz mit dir reden?«, fragte mich Khalat. Er nahm mich beiseite, als ich gerade von der Arbeit nach Hause kam.

»Was ist los?«, fragte ich.

»Ich habe Probleme«, sagte er etwas leiser und streckte mir einen Brief entgegen. Dabei schaute er sich um, ob noch jemand in der Nähe war. Ich sah gleich, dass es etwas Ernstes war. Der Brief war von seiner Bank. Er war in dieser typischen Beamtensprache verfasst. Und diese Beamtensprache bedeutete mit ziemlicher Sicherheit immer eins: Ärger.

Ich überflog das Schreiben. »... entsprechend informieren wir Sie, dass wir eine Kontopfändung vorgenommen haben.«

Ich schaute meinen Bruder an. »Eine Kontopfändung?«

Khalat sah gar nicht gut aus. Er war blass. Die Nachricht setzte ihm zu. »Was ist passiert?«, fragte ich.

»Ich ...« Er begann zu sprechen, rang mit den Worten und brach dann doch wieder ab. So hatte ich Khalat noch nie erlebt. Was hatte er bloß?

»Komm«, sagte ich und ließ meinen Rucksack fallen. »Lass uns eine Runde spazieren gehen, okay?«

Dankbar nahm er an und wir liefen eine kleine Runde um den Block unserer Wohnung. »Also«, sagte ich. »Was ist passiert?«

»Ich weiß nicht, wo ich anfangen soll«, sagte er mit müder Stimme. »Ich stand in den vergangenen Monaten ein wenig neben mir.« Aha? Ich hatte schon mitbekommen, dass es Khalat oft nicht so gut ging. Dass er sich mehr als sonst zurückzog. Für sich sein wollte. Aber ich hatte der Sache kein großes Gewicht beigemessen. Khalat war schon immer ein sehr introvertierter Mensch gewesen.

Jemand, der seine Probleme am liebsten mit sich selbst klärte und andere nicht groß einweihte. Aber offenbar ging es ihm schlechter als sonst. Und ich hatte nichts davon bemerkt. Ich machte mir Vorwürfe.

»Ich hatte so eine Art Depression. Ich habe einfach keine Kraft mehr gehabt, Dadvan. Nur für das Nötigste. Manchmal nicht mal mehr dafür.«

»Aber wieso?«, fragte ich und biss mir gleich wieder auf die Zunge. Was für eine dumme Frage. Wieso hat jemand Depressionen? Als gebe es darauf eine Antwort. Und nach allem, was mein großer Bruder in seinem Leben schon gesehen und durchgemacht hatte, musste ich erst recht nicht so etwas Dummes fragen.

Khalat blieb stehen und schaute mich an. »Ich frage mich einfach manchmal, wofür ich noch leben sollte …«

»Khalat!«

»Nein, im Ernst. Schau dir unser Leben doch mal an. Wir wohnen in einer Wohnung, die viel zu klein für uns ist. Wir schlafen auf Matratzen im Wohnzimmer. Wir kommen da nicht mehr raus. Es wird immer so weitergehen. Für Leute wie uns gibt es keinen Platz in dieser Gesellschaft.«

»Du redest Unsinn«, sagte ich. »Wir können uns da rausarbeiten, wenn wir das wollen.«

Khalat schüttelte den Kopf. »Schau dir unseren Vater an. Er ist vor zwanzig Jahren in dieses Land gekommen. Und seit zwanzig Jahren erzählt er uns, dass wir hier unser Glück finden werden. Er belügt sich doch selbst. Der beste Job, den er hatte, war, in einem Dönerladen das Fleisch schneiden zu können«, redete sich mein Bruder langsam in Rage. Dann schwieg er wieder. »Ich weiß einfach nicht, wie lange ich das noch durchhalte«, sagte er.

»Khalat, mach keinen Scheiß«, sagte ich und packte ihn am Arm. »Ich weiß doch, was du meinst. Denkst du, ich habe mir nicht Ewigkeiten Gedanken über das alles gemacht? Aber wir haben hier

Chancen. Vielleicht nicht so viele wie andere Leute, aber wir haben welche.«

Er zuckte mit den Schultern. »Schau mich an, ich habe eine Ausbildung in einem Staatsunternehmen bekommen. Das hättest du vor einem Jahr niemals geglaubt.«

»Mag sein«, sagte Khalat. »Wie auch immer. Ich war einfach niedergeschlagen.«

»Und wie kam es zu der Kontopfändung?«

»Ich war einfach überfordert mit allem«, sagte er kleinlaut. »Ich habe mich um nichts mehr gekümmert. Keine Rechnungen mehr bezahlt. Keine Briefe mehr geöffnet. Ich kann es dir nicht erklären. Ich habe es einfach nicht mehr hinbekommen ...«

»Es ist okay«, sagte ich beruhigend. Ich merkte, wie sehr sich mein Bruder vor mir schämte. »Wie viel ist angefallen?«

Khalat zuckte mit den Schultern. »Komm schon, du musst ehrlich sein. Auch wenn es dir schwerfällt, darüber zu reden.«

»30 000 Franken«, sagte Khalat und räusperte sich. »Und jetzt wird alles, was ich verdiene, von meinem Konto weggepfändet. Nur 700 Franken kann ich behalten.« Er schaute mich an. »Es tut mir sehr leid.«

»Es muss dir nicht leidtun«, sagte ich. »Wir kriegen das hin. Ich kümmere mich darum. Versprochen.« Ich legte meinen Arm um seine Schultern und zog ihn an mich heran. »Wir sind eine Familie. Und wir haben bisher schon ganz andere Sachen geschafft. Da wird uns eine beschissene Kontopfändung garantiert nicht aus der Ruhe bringen.«

\* \* \*

Eine Woche später hatten wir einen gemeinsamen Termin bei einer Insolvenzberaterin. Ihr Büro war in einem schon etwas heruntergekommenen Haus, in einer abgelegenen Seitenstraße. Sie bot die klassische Schuldnerberatung an. Als wir die Altbauwohnung betraten, warteten bereits zwei Klienten vor uns. Ein Pärchen, ich schätzte sie auf Mitte zwanzig. Sie waren Afghanen. Daneben saß ein älterer Schweizer. Er war bestimmt schon Anfang sechzig, trug einen Gehstock bei sich, hatte eine alte, schon löchrige Cordhose an und wirkte ausgemergelt. Sein Gesicht war eingefallen. Verdammt. Und wir dachten, uns gehe es schlecht. Aber Armut kennt keinen Bodensatz. Man kann immer noch tiefer und tiefer fallen.

Wir setzten uns auf die Plastikstühle und warteten, bis wir dran waren. Die Insolvenzberaterin war eine in die Jahre gekommene Frau mit einer blonden Dauerwelle. Sie trug ein farblich auffälliges Kostüm. Ansonsten schien sie nicht sonderlich enthusiastisch zu sein. Ich konnte es ihr nicht verübeln. Wer jeden Tag nur mit Leid und Armut konfrontiert war, dem fiel es auf Dauer bestimmt nicht leicht, ein glücklicher Mensch zu bleiben.

»Guten Tag«, begrüßte ich sie und wir schilderten ihr unser Problem.

Die Frau lehnte sich in ihrem Bürostuhl zurück und machte sich einige Notizen.

»Ihre Gesamtschulden liegen bei 30 000 Franken«, schlussfolgerte sie, nachdem wir ihr alles offengelegt hatten.

»Ja«, nickte Khalat.

»Und Sie haben bereits eine Kontopfändung?«

»Ja.«

»Dann«, sagte die Frau, »kann ich nichts weiter für Sie tun.«

»Aber«, warf ich ein. »Gibt es keine Möglichkeit, diese Pfändung aufheben zu lassen? Ich meine, schauen Sie mal, das ist doch ein Teufelskreis, in dem mein Bruder sich befindet. Theoretisch würde er von den 700 Franken, die ihm bleiben, nicht einmal mehr seine Wohnung bezahlen können.«

»Ja«, sagte die Frau. »Da ist er nicht der Einzige.«

»Aber überlegen Sie doch mal. Im Extremfall wird man obdachlos. Verliert seinen Job. Und kann seine Schulden dann erst recht nicht mehr zurückzahlen.«

Die Frau schaute uns beide emotionslos an. Sie machte eine kurze Pause. »Leider«, fügte sie dann noch hinzu. »Aber das ist das System, in dem wir leben.«

Khalat wurde noch bleicher, als er ohnehin schon war. »Aber dann kann ich mich ja direkt aufhängen«, sagte er leise mehr zu sich, als zu uns.

»Ja«, sagte die Frau und ich konnte nicht fassen, dass sie das wirklich gesagt hatte.

»Ja?«, fragte ich. »Meinen Sie das ernst?«

»Ich kann die Gesetze leider nicht ändern«, entschuldigte sie sich. Offenbar war ihr klar, wie daneben ihr Kommentar gewesen war. »Komm«, sagte ich zu Khalat. »Wir finden eine andere Lösung.«

Eine innere Wut stieg in mir auf. Wut, die ich kannte und schon beinahe vergessen hatte.

Wir fuhren nach Hause, weihten Walat in die Situation ein und machten einen neuen Schlachtplan.

»Passt auf«, sagte ich. »Wir machen genauso weiter, wie wir begonnen haben. Wir zahlen alles weiter in einen Topf ein. Und sobald wir 30 000 Franken zusammen haben, kommen sie auf Khalats Konto. Damit sind seine Schulden weg und er kann uns monatlich wieder sein volles Gehalt zur Verfügung stellen.«

Die anderen willigten ein. Mit dem, was wir uns bereits angespart hatten, ging alles relativ zügig. Innerhalb von drei Monaten hatten wir es geschafft, die kompletten Schulden meines Bruders zu tilgen. Wir waren zwar wieder bei null, konnten aber dafür nun jeden Monat deutlich mehr Geld auf unser imaginäres Sparbuch legen.

Unser imaginäres Sparbuch war übrigens eine Plastiktüte.

Wortwörtlich. Eine Plastiktüte. Wir hoben jeden Monat unseren gesamten Lohn von der Bank ab und packten das Bargeld in eine kleine Plastiktüte, die ich unter meiner Matratze verstaute. Und je mehr Geld in dieser Tüte war, desto mehr motivierte es uns. Wir zogen es wirklich durch. Auch wenn es nicht immer einfach war. Wir lebten wie die Hunde. Wir führten ein Leben, das man kaum noch Leben nennen konnte. Jeder Tag war gleich. Wir standen auf. Wir gingen zur Arbeit. Wir kamen nach Hause. Wir machten uns Hühnchen mit Reis. Wir gingen wieder schlafen. Mehr war da nicht. Mehr gab es nicht. Hühnchen mit Reis. Tag für Tag. Das billigste Essen, das wir uns zubereiten konnten. Wir gingen nicht aus. Wir trafen uns nicht mit Freunden. Wir blieben einfach unter uns.

Einmal im Monat schnitt ich meinen Brüdern die Haare. Mein Vater hatte recht gehabt, die Ausbildung bei Tarek hatte sich gelohnt. Wenn ich nichts zu tun hatte, klappte ich meinen Rechner auf und fing an zu traden. Meine Bitcoins stiegen weiter und weiter. Ich war mittlerweile Millionär. Aber ich wollte sie mir nicht auszahlen lassen. Ich wusste, dass die Zeit dafür noch nicht gekommen war. Ich wusste, dass sie noch weiter steigen würden. Und auch das Geld in unserer Plastiktüte wurde mehr und mehr.

Eines Abends beschloss ich, das Gespräch mit meinem Vater zu suchen. Er ignorierte mich schon seit mehreren Wochen. So konnte es nicht weitergehen. Also setzte ich mich zu ihm mit der Hoffnung, das zu klären.

»Können wir reden?«, fragte ich.

Er legte den Kopf in den Nacken. »Hast du deine Meinung geändert?«

»Nein«, sagte ich. »Aber ich will dir etwas zeigen.«

Ich gab ihm die Plastiktüte, in der mittlerweile 50 000 Franken zusammengekommen waren. »Was ist das?«

»Geld. Echtes Geld.« Ich dachte an seinen Ausspruch, ich verdiene nur Fantasiegeld. »Und das ist nur der Anfang, Baba. Ich habe dir gesagt, dass du mir vertrauen musst. Ich bitte dich. Glaub mir doch. Ich mache uns reich. Viel reicher, als du dir vorstellen kannst.«

Mein Vater nahm die Bündel aus der Tüte und begutachtete sie. Er konnte nicht glauben, was er da sah. »So viel Geld ...« Ich nahm die Tüte wieder an mich. »Bitte, gib mir einfach etwas Zeit. Und du wirst sehen, das ist nur der Anfang.«

Mein Vater nickte. Damit hatten wir uns zwar noch nicht offiziell wieder vertragen. Aber es war ein Zeichen seines stillen Einvernehmens. Mehr konnte ich nicht erwarten. Langsam normalisierte sich unser Verhältnis wieder.

\* \* \*

Doch je mehr Geld in unserer Plastiktüte landete, desto schwieriger wurde es, meine Brüder ruhig zu halten. Sie wurden ungeduldig. »Wir haben jetzt so viel Geld gespart«, sagte Walat irgendwann. »Wollen wir es nicht langsam mal nutzen?«

»Noch nicht«, sagte ich. Aber die Diskussionen häuften sich. Denn von Monat zu Monat fiel es uns schwerer, unseren Minimal-Lebensstil durchzuhalten. »Was machen wir eigentlich mit dem ganzen Geld?«, fragte Khalat irgendwann. Es war schon beinahe absurd, dass er diese Frage jetzt stellte. Nach mehreren Monaten. »Ich lege es an«, sagte ich. Das hatte ich natürlich schon von vornherein geplant. Ich wollte es in Kryptowährungen investieren. Ich wollte warten, bis wir 100 000 Franken zusammenhatten, und dann alles auf eine Karte setzen. Meine Brüder schauten sich an und zuckten mit den Schultern. Einwände hatten sie nicht. Sie vertrauten mir, dass ich schon das Richtige machen würde. Aber irgendwann wurde es wirklich immer schwieriger, durchzuhalten. Auch für mich. Nach einem Jahr hatten wir 67 000 Franken zusammen. Wir einigten uns darauf, dass jetzt der Zeitpunkt gekommen sei, dass ich das Geld anlegte und wir unsere Brüderkasse vorerst ruhen ließen. Für mich war das in Ordnung, denn wir einigten uns zu einem Zeitpunkt darauf, an dem der Kryptomarkt komplett am Boden war. Und ich wusste, das war der beste Zeitpunkt, zu investieren. Ich war froh, dass meine Brüder mir freie Hand ließen. Auch wenn sie wussten, wie ich dachte. Ich spielte nicht auf maximale Sicherheit. Ich spielte auf maximalen Gewinn. Wenn ich auf Nummer sicher hätte gehen wollen, hätte ich wohl in ETFs investiert. Ich hätte das Geld für zehn bis zwölf Jahre angelegt und wir hätten – ohne irgendein größeres Risiko – gute 7 Prozent Rendite herausholen können. Aber so dachte ich nicht. So funktionierte ich nicht. Ich wollte schnelles Geld. Ich wusste, dass es Coins gab, die das Potenzial hatten, einen Menschen innerhalb von nur einem Jahr zum Millionär zu machen. Ich kannte aber das Risiko dabei. Dass man alles verlieren kann, was man eingesetzt hat. Aber ich war bereit, dieses Risiko zu tragen. Ich hatte mich mit nichts anderem beschäftigt als mit dieser Welt. Und ich bildete mir ein, mittlerweile zu wissen, was ich tat. Für solche Investments braucht man Nerven. Man muss aushalten können, dass es extreme Schwankungen gibt. Aus unseren 70 000 Franken wurden kurzzeitig 40 000. Aber wir blieben dran. Und es lohnte sich. Mein extra für uns, neu angelegtes gemischtes Krypto-Portfolio war nach nur einem Jahr knapp eine Million Franken wert.

\* \* \*

Ende 2020 wachte ich eines Morgens auf und hatte das Gefühl, nun sei es an der Zeit, mein Leben endgültig zu verändern. Ich rollte mich von unserem alten verschlissenen Sofa herunter, setzte mich an den Küchentisch und klappte meinen Laptop auf. Dann schaute ich mir die aktuellen Chartentwicklungen an. Meine Hände zitterten. Ja, dachte ich. Das war es! Gebannt starrte ich auf meinen Bildschirm. Ich hatte recht behalten. Der Trend setzte sich fort. Schon seit Tagen stieg der Bitcoin auf immer neue Rekordwerte. Jetzt hatte der Wert eines Bitcoin rund 30 000 Dollar erreicht. Es war der richtige Zeitpunkt, zu verkaufen. Ich spürte das ganz instinktiv. Es war einfach so weit. Ich schaute auf meine Bestände und rechnete mir im Kopf alles aus. Als ich die allerersten Bitcoins gekauft habe, waren sie 15 Dollar das Stück wert. Heute sind das … Mir wurde schwindelig. Vielleicht auch, weil all diese hohen Summen, die ich besaß, bisher nur virtuell waren. Jetzt würde ich sie zu echtem Geld machen. Ich wusste, dass dieser Tag kommen würde. Vor diesem Tag hatte ich immer einen riesigen Respekt gehabt. Ich lehnte mich auf dem kleinen Holzstuhl zurück und schaute auf die Uhr. Ich musste mich gleich fertig machen. In einer halben Stunde kam mein Zug zum Institut. Ich zögerte noch einen kurzen Moment. Dann wagte ich es. Ich verkaufte einen Teil meiner Bitcoins – und ließ mir von Coinbase einen mehrstelligen Millionenbetrag auf mein Konto auszahlen. Da ich schon geplant hatte, diesen Schritt zu gehen, hatte ich mir bereits vor ein paar Wochen ein Konto bei der UBS eingerichtet. Ich hatte davor nur ein einfaches Postfinance-Konto. In Deutschland entspricht das etwa einem Konto bei der Postbank, das ich für meine Lohneingänge nutzte. Aber ich dachte, ein Konto bei einem großen internationalen Institut mache sich für eine solch hohe Summe besser. Ich atmete noch einmal tief durch, dann klappte ich meinen Laptop zu, zog mich um und fuhr zur Arbeit.

Zwei Tage später war es dann so weit. Auf dem Weg nach Hause schaute ich auf meine Banking-App. Ich hielt inne. Da war es. Mein Geld. Mir wurde schwindelig. Ich hatte das Gefühl, als ziehe man mir den Boden unter den Füßen weg. Da stand wirklich ein riesiger, siebenstelliger Betrag auf meinem Konto. Es ist passiert. Es ist wirklich passiert! Meine Hände wurden feucht. Jetzt war es nicht mehr nur eine virtuelle Zahl. Jetzt war es Realität. Ich wohnte noch immer mit meiner Familie in einer winzigen Wohnung, schlief mit meinen beiden Brüdern auf einer Matratze im Wohnzimmer, aber jetzt war ich ganz offiziell Millionär! Es war völlig surreal. Am liebsten hätte ich vor Freude jemanden umarmt. Aber das ging natürlich nicht. Ich riss mich zusammen und lief zum nächsten Bankautomaten, steckte meine Kreditkarte hinein und wollte einen kleinen Betrag abheben, nur damit es mir endlich wirklicher vorkam. Ich tippte meinen PIN-Code ein und – Moment! Was war das denn? Auf dem Bildschirm erschien plötzlich eine Nachricht:

»Wir mussten Ihre Karte einziehen, bitte wenden Sie sich an Ihr Bankinstitut«. Was zur Hölle sollte das? Ich stand vor dem Bankautomaten und starrte fassungslos auf das Gerät, das gerade einfach so meine Karte gefressen hatte. Ich klopfte zweimal gegen den Automaten. Nichts. »Vielen Dank und auf Wiedersehen«, leuchtete es auf dem Display. Das konnte doch nicht wahr sein. Wieder klopfte ich auf das Gerät. Ich wollte meine Karte zurück. Hey! Das geht doch nicht.

»Entschuldigen Sie?«, sprach mich eine ältere Dame von hinten an. »Brauchen Sie noch länger? Ich würde auch gerne Geld abheben …«

Ich nahm entschuldigend die Hände hoch, zwang mich zu einem Lächeln und trat beiseite. Wieso haben sie meine Karte eingezogen? Ich fischte mein Handy aus der Tasche und öffnete meine Banking-App. Noch immer stand die unglaubliche Millionensumme auf meinem Konto. Aber dann entdeckte ich auch eine Nachricht. In meinem Postfach.

»Guten Tag. Rufen Sie schnellstmöglich unter der folgenden Nummer an«, stand dort. Okay. Normalerweise erreichte mich über dieses Banking-App-Postfach nur irgendwelche Werbung. War das hier echt? Ich wählte die Nummer und erreichte bloß einen Anrufbeantworter. Ich wurde nervös. Hier stimmte etwas nicht. Nein, beruhige dich, Dadvan. Es ist bestimmt nichts Ernstes. Wenn es wirkliche Probleme gäbe, würde man dir keine gottverdammte Nachricht in einer gottverdammten Banking-App schicken. Ich atmete einmal tief durch und wählte erneut die Nummer. Dieses Mal erreichte ich die UBS-Zentrale. »Guten Tag, Dadvan Yousuf hier. Sie haben mich um einen Rückruf gebeten.«

»Worum geht es denn?«, fragte eine freundliche Frauenstimme.

»Ich weiß es nicht. Sie haben mir eine Mitteilung hinterlassen. In meiner App.«

»Warten Sie kurz, ich schaue mir das einmal an. Yousuf war der Name?«

»Genau. Yousuf. Y-o-u ...«

»Ja, ich habe Sie. Also, Herr Yousuf, es geht um ...«

Sie schien sich einen Überblick zu verschaffen.

»... es geht um ... oh!«

»Oh?«

Schweigen. Das bedeutete nichts Gutes. Ich wurde wieder nervös.

»Ich muss Sie an meinen Chef weiterleiten.«

Okay. An ihren Chef. Das bedeutete ganz sicher nichts Gutes.

Es dauerte ein paar Sekunden und ich hatte einen Herrn Soundso am Apparat. Er stellte sich mir vor. Sein ewig langer Titel schien dafür zu sprechen, dass er irgendein richtig hohes Tier war. Privatkundenleiter oder so etwas.

»Grüßle Herr Yousuf«, begann er in breitem Bieler Dialekt. »Danke für Ihren Rückruf. Es geht um eine Transaktion von Ihnen«, fuhr er fort. »Und zwar ...« Er schaute wohl in seine Unterlagen. »... haben wir hier eine Überweisung in Höhe von mehreren Millionen Franken auf Ihrem Konto.«

»Ja«, sagte ich. »Ich trade mit Kryptowährungen. Das sind meine Gewinne, die ich mir selbst ausgezahlt habe.«

»Dann traden Sie ziemlich gut, was?«

»Ich ... denke schon?«

»Ich gratuliere Ihnen.«

Es war ein wirklich absurdes Gespräch. »Was ist denn nun mit meinem Konto?«

»Wir haben es zunächst einmal stillgelegt. Wir müssen diese Transaktion nachvollziehen.«

Auch das noch. Aber gut, ich hatte beinahe damit gerechnet. Es war mir schon klar, dass es nicht so einfach funktionieren würde, mir als Lehrling plötzlich selbst einen solchen Betrag auszuzahlen.

Einen Tag später traf ich den freundlichen Herren in der Bieler Filiale. Er hatte ein großes aufgeräumtes Büro und einen gutsitzenden Anzug. Als ich den Raum betrat, stand er auf und streckte mir seine Hand entgegen, um mir noch einmal zu meinem »Geschick« zu gratulieren. Dann setzten wir uns, ich legte ihm meine Unterlagen vor und erklärte ihm genau, woher die Gelder kamen. Ich hoffte, dass sich damit alles erledigt hätte. Natürlich hatte sich damit nichts erledigt.

»Wie geht es jetzt weiter?«, fragte ich.

»Nun«, sagte er. »Wir müssen leider eine Meldung machen, dass ein Verdacht auf Geldwäsche besteht. Die zuständigen Behörden werden das kontrollieren. Und wenn Ihre Unterlagen sauber sind, wird Ihr Konto wieder freigegeben.«

»Und wie lange dauert das?«

Der Mann zuckte mit den Schultern. »Wenn Sie Glück haben, ein paar Wochen. Oder Monate.« Ein paar Wochen? Monate? Das war doch nicht sein Ernst! Meine alte Wut stieg wieder in mir auf, die Wut auf dieses starre System, das mir nur Ärger machte. Ich hatte ja nichts verbrochen. Das waren alles meine eigenen, ordentlichen Gewinne, die ich mir auszahlte. Und jetzt fror man mir dafür mein Konto ein? Das bedeutete ja auch, dass ich nicht mehr an mein reguläres Gehalt kam. Ich konnte meine Kosten nicht mehr decken. Es war zum Heulen. Ich war auf der einen Seite so reich, wie ich es mir niemals hätte vorstellen können, und auf der anderen Seite völlig mittellos. Was für eine bittere Ironie.

»Nun, eingefroren ist Ihr Konto noch nicht«, korrigierte mich der UBS-Mann. »Es ist stillgelegt. Das ist gewissermaßen ein Schritt davor.« Plötzlich hatte ich einen Gedanken. Wenn das System mir schon die ganze Zeit Steine in den Weg legen musste, würde ich das umgekehrt jetzt auch einmal versuchen. »Wenn es nicht eingefroren ist, heißt das, dass ich mein Geld noch bewegen kann?«

»Nein, das geht nicht.«

»Kann ich es mir denn auszahlen lassen?«

Der Mann überlegte. Er wusste es selbst nicht so genau. Er telefonierte, um sich zu erkundigen. »Nun«, sagte er. »Sie können Ihr Konto saldieren. Das bedeutet, Sie können Ihr Geld auf ein anderes Ihrer Konten überweisen. Etwas anderes können Sie nicht machen.«

»Dann machen wir das«, sagte ich und gab dem Typen die Bankverbindung meines Postfinance-Kontos. Ich unterschrieb ein paar Zettel und war von diesem Zeitpunkt an fertig mit der UBS.

Jetzt musste ich klug vorgehen, dachte ich mir und ließ mir sofort einen Termin bei meinem Berater bei der Postfinance-Filiale geben. Herr Schmidli. Herr Schmidli war ein junger Mann, kaum älter als ich und er liebte seinen Job. Man merkte ihm gleich an, dass er unbedingt Karriere machen wollte. Ich saß ihm gegenüber und erklärte ihm, dass ich mein Postfinance-Konto bislang nicht wirklich genutzt habe, aber von meinem Hauptkonto bei der UBS einen Millionenbetrag überwiesen hätte. »Herr Schmidli«, sagte ich. »Ich wäre bereit, dieses Konto aufzulösen und das gesamte Geld bei der Postfinance anzulegen. Was sagen Sie dazu?« Er biss sofort an. »Ich wäre auch bereit, einiges davon in Ihre Finanzprodukte anzulegen«, fügte ich hinzu, um sein Interesse zu wecken. Ich wollte, dass die Bank das komplette Geld auf jeden Fall annahm. Dass sie nicht irgendwelche Aktionen machte wie die UBS. Und die Chancen standen ganz gut. Schließlich überwies ich das Geld nicht von einem Exchange auf mein Konto. Dieses Mal war es einfach nur eine Überweisung von einem anderen Schweizer Konto. Die Geldwäscheprüfung hatte ich ja sowieso schon am Hals, aber das wollte ich meinem Postfinance-Berater gar nicht erst erzählen. Er sollte einfach nur das Geld annehmen und mein Konto nicht einfrieren. Das sagte ich ihm sogar ganz explizit. »Ich will Sie einfach nur vorwarnen«, sagte ich. »Nicht dass Sie sich wundern, dass plötzlich eine hohe Transaktion kommt, und Sie mir mein Konto sperren?«

»Natürlich nicht, Herr Yousuf«, sagte mir der Bankberater, der seine Freude kaum verbergen konnte. »Und Sie wollen wirklich das gesamte Geld investieren?«

»Einen großen Teil, ja ...« Der junge Mann war ziemlich überambitioniert und witterte wahrscheinlich schon seine Beförderung, falls er mich als Großkunden an Land ziehen könne. Er gab sich alle Mühe und ich ließ mir geduldig zwei geschlagene Stunden lang irgendwelche Prospekte von ihm zeigen. Er tat mir beinahe leid, denn insgeheim hatte ich natürlich andere Pläne. Ich hatte bereits ein weiteres Konto eröffnet. Bei einer spezialisierten Krypto-Bank, die ganz genau wusste, wie man mit Geldern umgeht, die von einem Exchange überwiesen wurden. Als ich mein Geld zwei Tage später auf dem Postfinance-Konto hatte, überwies ich die gesamte Summe sofort auf dieses neue Konto und meldete mich nie wieder bei Herrn Schmidli. Er tat mir ein wenig leid. Aber ich bin mir sicher, dass er trotzdem seinen Weg machen wird. Und für mich hatte sich der ganze Stress gelohnt. Ich war jetzt Millionär. Nein. Ich war jetzt Multimillionär. Und zwar ganz offiziell. Nicht nur im Internet. Als ich am Abend nach Hause kam und mich auf das Sofa fallen ließ, schlief ich mit einem Lächeln im Gesicht ein.

\* \* \*

Ich war nun reich. Von heute auf morgen. Und das nicht nur in meiner digitalen Welt. Sondern im echten Leben. Der absolute Wahnsinn. Ich hatte plötzlich mehr Geld, als ich ausgeben konnte. Aber ich hatte überhaupt keine Ahnung, was ich damit anstellen sollte. Mich zur Ruhe setzen? Auf keinen Fall! Ich war gerade mal 20. Ich lag auf dem Sofa und starrte an die Decke. Für mich war klar, ich musste weitermachen. Ich wollte meine Ausbildung nicht aufgeben. Warum auch? Ich hatte eine Chance bekommen und die Chance wollte ich nutzen. Ich wollte auch keine Sonderbehandlung. Ich war ja nichts Besseres, nur weil ich jetzt Geld hatte. Ich habe die Menschen immer gehasst, die so gedacht haben. Wie sie wollte ich auf keinen Fall werden. Aber ich wollte meiner Familie etwas Gutes tun. Ich wollte sie aus der kleinen Wohnung herausholen. Dieses Versprechen hatte ich meiner Mutter gegeben. Und ich wollte es auch halten. Also machte mich auf die Suche nach passenden Immobilien. Danach fing ich an, mir Klamotten zu kaufen. Keine Ahnung wieso. Wahrscheinlich, weil ich immer noch im Kopf hatte, wie die gesamte Klasse mich ausgelacht hatte, weil ich nur Kleidung tragen konnte, die andere schon entsorgt hatten. Weil ich das Müll-Kind gewesen war. Jetzt, wo ich Geld hatte, wollte ich zumindest diese Narbe, die mir noch immer auf der Seele lag, glätten. Ich kaufte mir eine Gucci-Tasche. Und weil ich schon einmal in dem Laden war, kaufte ich mir auch gleich einen Gucci-Gürtel. Und ein Gucci-T-Shirt. Damit jeder sah, von welcher Marke das Shirt war, kaufte ich das mit dem größten Logo. Klar. Doch merkwürdigerweise rief das gar nicht die Reaktion hervor, die ich mir erhofft hatte. Als ich am nächsten Tag zur Arbeit kam, wurde ich von den Kollegen eher skeptisch beäugt. »Wie siehst du denn aus?«, fragte mich Janina, eine Azubi-Kollegin, mit der ich mich wirklich gut verstand.

»Was meinst du?«, fragte ich.

Sie deutete auf meine Klamotten. »Warst du in der Türkei auf dem Großmarkt?«

»Nein, das ist echt«, sagte ich. »Kein Fake.«

Ich war beinahe ein bisschen beleidigt.

Am Nachmittag nach der Arbeit fuhr ich nach Zürich, um mir noch mehr Kleidung zu kaufen. Louis Vuitton. Prada. Versace. Das hatte ich nicht geplant. Ich wollte eigentlich nur ein paar Basics kaufen. Aber es war fast wie eine Sucht. Je auffälliger die Klamotten waren, desto mehr wollte ich sie.

Heute glaube ich, dass mehr dahintersteckte. Heute glaube ich, dass ich die jahrelange Armut kompensieren wollte, indem ich aller Welt zeigte: Schaut her, ich kann mir nun die teuersten Outfits leisten. Ich trug das ganze Designer-Zeug wie eine Uniform. Eine Uniform, die symbolisieren sollte, dass ich jetzt auch dazugehörte. Aber sie bewirkte das genaue Gegenteil. Die Leute wurden immer skeptischer mir gegenüber. Auf der Arbeit fingen sie an, über mich zu sprechen. Sie redeten hinter meinem

Rücken. Sie hielten mich für abgehoben. Das machte mich wütend. Ich fand es extrem unfair. Mein Leben lang hatte ich nicht dazugehört, weil ich zu wenig hatte. Jetzt hatte ich mehr als genug und wurde noch immer nicht richtig akzeptiert. Ich entwickelte eine Trotzhaltung. Nach dem Motto: Gut, wenn ihr denkt, ich bin abgehoben, dann zeige ich euch mal, was das heißt. Ich kaufte mir noch mehr Designer-Klamotten. Ich kaufte mir eine Patek Phillipe Nautilus. Und ich eröffnete einen Instagram-Kanal. Dort stellte ich meinen neuen Lifestyle zur Schau. Die ganze Welt sollte sehen, was ich mir nun leisten konnte. Von wegen Mülljunge. Von wegen armer Flüchtling. Der Flüchtling war jetzt Millionär.

Das kam nicht gut an. Obwohl ich mir alle Mühe gab, bei der Arbeit weiterhin hundert Prozent zu geben, merkte ich, wie meine Kollegen mich mieden. Wie ich zum Gesprächsthema wurde. Wie sie plötzlich Abstand zu mir hielten.

Ich musste an die beiden Bücher denken, die ich in meinem Leben immer und immer wieder gelesen hatte. Auf der einen Seite fühlte ich mich wie das Schneiderlein, das dabei ertappt wurde, gar kein echter Edelmann zu sein und nun von den Menschen gehasst wurde. Zum anderen fühlte ich mich wie Odysseus, der auf einer ewig langen Reise auf der Suche nach seiner Heimat war und doch niemals anzukommen schien. Verdammter Mist!

Am schlimmsten aber wurde es im Dezember, zwei Wochen vor den Weihnachtsferien. Ich spürte schon seit Tagen, dass es mir nicht gut ging. Eines Morgens wachte ich auf und hatte solche Schmerzen, dass ich kaum aufstehen konnte.

Meine Stirn glühte. Mein Bett war komplett nass, so sehr schwitzte ich. Ich hatte Fieber. Ich rief im Büro an und schleppte mich mit letzter Kraft zu einem Arzt. Das Ergebnis hätte ich mir denken können: Ich hatte Covid-19. Kein Wunder. Meine Brüder hatten das Coronavirus irgendwo angeschleppt und seitdem lag die halbe Familie flach. Aber niemanden hatte es so schwer erwischt wie mich. Strikte Quarantäne, sagte der Arzt. Sobald ich aus der Tür war, wählte ich die Nummer von einer meiner Vorgesetzten und sagte ihr, was los war.

Als ich endlich Weihnachtsferien hatte und wieder genesen war, erfüllte ich mir einen weiteren Wunsch. Ich wollte Urlaub machen. Einmal in meinem Leben einen richtigen Urlaub. Da ich nicht ins Ausland reisen durfte, mietete ich mir ein Hotel in St. Moritz und fuhr dorthin. Es war ein schönes Hotel. Es gab einen riesigen Wellness-Bereich, in dem ich mich ein wenig entspannte. Aber nach ein paar Tagen wurde mir langweilig. Also rief ich Jonas und Emilia an. Die beiden waren meine Mitauszubildenden und ich hatte sie mittlerweile wirklich ins Herz geschlossen. Ich fragte sie, ob sie nicht Lust hätten, zu kommen, ich würde alles bezahlen. Sie zögerten erst, sagten dann aber zu. Wir hatten gemeinsam eine großartige Zeit. Und ich merkte, wie wichtig es für mich war, das was ich hatte, zu teilen. Das Geld allein machte mich nicht wirklich glücklich. Aber es so einzusetzen, dass auch andere Spaß hatten – das war ein wahrer Segen.

»Wie hast du das gemacht?«, fragte mich Emilia. »Wie konntest du mit Bitcoins so viel Geld verdienen?«

Ich versuchte, es ihr zu erklären. Nicht nur, was es mit Bitcoin auf sich hatte. Auch die Philosophie dahinter. Die Möglichkeiten. Das Potenzial. Und dann die technische Seite. Wie man auf Kursschwankungen reagiert. Wie man vorhersehen kann, ob ein Coin Potenzial hat oder nicht.

»Kannst du uns helfen, wenn wir uns ein Depot zusammenstellen?«, fragte Jonas. »Klar«, sagte ich.

»Wir beteiligen dich auch.«

»Ihr müsst mich nicht beteiligen. Ich mache das auch so. Ich habe Freude daran.«

Noch am Abend setzte ich mich hin und entwickelte für die beiden eine Strategie. Auch das machte mir Freude. Als ich fertig war, setzte ich mich auf mein Bett, lehnte mich zurück und dachte nach.

Ich dachte an unsere Zeit im Irak. An Zaxo. An das kleine Dorf, in dem meine Familie lebte. An diese unglaubliche Armut, die ich dort erlebt hatte. Das waren meine Wurzeln. Wären meine Eltern nicht mit mir geflohen, dann wäre ich noch immer dort. Was wäre aus mir geworden? Ein Ziegenhirte wahrscheinlich. Auch in der Schweiz hatten wir zu Beginn nicht viel. Aber das war eine andere Form der Armut. Das begriff ich jetzt. Der Unterschied war: In der Schweiz hatte ich eine Perspektive. Eine echte Perspektive. Ich konnte mehr aus mir machen, als ich eigentlich war. Ich dachte wieder an die Geschichte vom Schneider und an die Worte, die mir Herr Rütli aus dem Asylheim damals mit auf den Weg gegeben hatte. Der Schneider machte mehr aus sich, als er eigentlich war. Und er kam damit durch. Er sprengte die Grenzen des vermeintlich Möglichen. Das hatte ich auch getan. Warum sollten es dann andere Leute nicht auch können?

Und in dem Moment keimte in mir der Gedanke, eine Stiftung zu eröffnen. Eine Stiftung, mit der ich Menschen helfen konnte, Finanzwissen zu erlangen. Denn ich war mir ganz sicher: Wenn die Leute erst einmal verstehen würden, wie man richtig investiert, dann könnte jeder finanziell unabhängig werden. Ganz egal, wo er herkam, ganz egal, wie viel er hatte. Was ich erreicht habe, konnte jeder schaffen. Und wenn die Menschen das erst einmal begriffen, dachte ich, dann wird sich vielleicht auch grundlegend etwas verändern. Dann wird dieses kaputte System, das die Reichen immer reicher und die Armen immer ärmer macht, vielleicht endlich gesprengt. Das wollte ich. Ich wollte das System sprengen. Und ich wollte etwas zurückgeben. An diesem Abend war die Idee geboren, meine Dohrnii-Stiftung zu gründen.

\* \* \*

Als ich aus dem Urlaub zurückkam und das Büro betrat, herrschte eine eiskalte Stimmung. Niemand begrüßte mich. Einige Kollegen nickten mir zu. Aber das war auch schon das höchste der Gefühle. Ich verstand die Welt nicht mehr. Was hatte ich diesen Menschen denn getan? Sie behandelten mich wie einen Aussätzigen. Ich setzte mich an meinen Schreibtisch und schaltete den Computer an. Aus den Augenwinkeln sah ich, wie die Kollegen ihre Köpfe zusammensteckten und anfingen, zu flüstern. Immer wieder schauten sie verstohlen zu mir. Nein, das bildete ich mir nicht ein. Das war real. Ich biss mir auf die Lippen. Ich war wütend. Dieses Gefühl kannte ich nur zu gut. Es war dasselbe Gefühl, das ich als Kind gehabt hatte. Als meine Mitschüler mich ignorierten. Mich nicht auf ihre Geburtstagspartys einluden. Als sie mit dem Finger auf mich zeigten, weil ich die schlechtesten Klamotten hatte. Aber dieses Mal war es noch schlimmer. Damals gehörte ich wirklich nicht dazu. Damals war ich der fremde Junge, der aus einem fremden Land kam. Der weder die Sprache noch die Sitten der Schweiz kannte. Das war jetzt anders. Ich hatte immer an das Leistungsprinzip geglaubt. Wer sich wirklich anstrengt, wer sein Bestes gibt, der wird belohnt. Man konnte über mich sagen, was man wollte. Aber ich war ein verdammt guter Azubi. Ich erledigte meine Aufgaben zuverlässiger, schneller und präziser als alle anderen. Und dennoch behandelte man mich wie einen Idioten.

»Dadvan«, hörte ich die Stimme einer Kollegin. Sie sah mich verstohlen an. »Frau Schweizer möchte mit dir sprechen ...« Kurze Pause. »Du sollst in ihr Büro kommen.« Frau Schweizer war ein hohes Tier im Institut. Ich atmete einmal tief durch, um mich etwas zu beruhigen. Dann stand ich auf und ging den langen Flur entlang zu ihrem Büro. Es fühlte sich an wie ein Spießrutenlauf. Alle Blicke lagen auf mir. Das Blut schoss mir in den Kopf. Aber ich ließ mir nichts anmerken.

Als ich das Büro meiner Vorgesetzten betrat, saß neben ihr auch ein Mitglied der Führungsetage des des Instituts.

»Herr Yousuf, bitte setzen Sie sich«, sagte sie förmlich und zeigte auf den kleinen Stuhl vor ihrem Schreibtisch. Ich nahm Platz und schaute mich in dem Büro um. Es war ziemlich karg eingerichtet.

Hinter dem Schreibtisch standen in einem riesigen Regal dicht aneinandergereiht Aktenordner, die sauber beschriftet waren. Über dem Regal hing eine Uhr. Die Atmosphäre war steril. Ich schaute auf den Zeiger. Er bewegte sich nicht.

»Herr Yousuf«, begann Frau Schweizer und legte ihren Kopf ein wenig schräg. »Ich denke, wir sollten ein klärendes Gespräch führen. Ich habe den Eindruck, dass die Dinge in eine falsche Richtung laufen.«

»Den Eindruck habe ich auch«, sagte ich.

Frau Schweizer öffnete eine Akte, die vor ihr lag, und zog ein paar Blätter heraus. »Einige Kollegen beschweren sich, dass Sie Ihre Arbeit nicht zuverlässig erledigen und …«

»Frau Schweizer«, fuhr ich dazwischen. »Bei allem Respekt. Ich habe meine Arbeit vom ersten Tag an immer überdurchschnittlich gut erledigt. Das wissen Sie doch!«

Frau Schweizer sah abwechselnd mich und dann wieder ihre Papiere an. Man merkte, dass sie mit sich rang. »Das mag sein«, sagte sie ausweichend. »Dennoch gibt es Beschwerden über Sie. Sie seien unzuverlässig …«

Wieder packte mich die Wut. »In welchem Punkt war ich unzuverlässig? Was habe ich denn nicht ordentlich gemacht?«

Frau Schweizer wich aus. »Nun«, sagte sie. »Das spielt ja im Detail jetzt keine große Rolle«, wiegelte sie ab. »Fest steht nun einmal, dass das Vertrauensverhältnis zwischen Ihnen und uns gestört ist.« Sie ließ eine Pause. »Und dass wir das auf irgendeine Weise wieder in den Griff kriegen müssen.«

Ich rechnete es ihr hoch an, dass sie bereit war, einen Weg zu finden, der die angespannte Situation entschärfte. Aber ich hatte genug. Erst fing man an, über mich zu reden. Dann glaubte man mir nicht, dass ich Corona hatte. Und jetzt fingen irgendwelche Kollegen an, über mich zu erzählen, ich sei unzuverlässig – das war so gemein. So falsch. So infam. Warum das alles? Es fing damit an, als ich reich wurde. Als ich begann, mein Geld zu zeigen. Gut, ich gebe ja zu, dass ich alles andere als bescheiden war. Ich zeigte, was ich hatte. Ich protzte vielleicht in den Augen der anderen, auch wenn ich das gar nicht beabsichtigte. Aber machte mich das zu einem schlechteren Azubi? Zu einem schlechteren Menschen? Ich begriff das einfach nicht. Wie konnte das denn sein? Ich konnte nicht mehr. Und ich wollte auch nicht mehr. Wie sollte ich hier noch weiterarbeiten? Nicht nur mein Stolz war tief getroffen, ich empfand die gesamte Situation als unerträglich.

»Wissen Sie, Frau Schweizer«, sagte ich und blieb so ruhig wie ich konnte. »Ich glaube, Sie haben recht. Das Vertrauensverhältnis ist gestört. Mehr noch. Es ist zerstört.«

Damit hatte sie nicht gerechnet. »Ich glaube nicht, dass wir das noch hinbekommen«, sagte ich.

»Wie meinen Sie das?«

»So, wie ich es sage. Frau Schweizer, ganz ehrlich, ich danke Ihnen von ganzem Herzen für die Chance, die Sie mir hier gegeben haben. Die zwei Jahre waren eine tolle Erfahrung für mich und ich habe wirklich viel gelernt.«

Auch wenn ich noch immer sauer war, meinte ich, was ich sagte. Ich wusste es wirklich zu schätzen, dass man mir hier eine Chance gegeben hatte, als niemand sonst auf der Welt bereit war, mir eine Chance zu geben. Diese Ausbildung zu bekommen, war für mich ein Meilenstein gewesen. Der Lichtstreif an einem sehr dunklen Himmel.

»Was wollen Sie uns damit sagen, Herr Yousuf?«

»Dass ich kündige.«

»Sind Sie verrückt«, fuhr die Person aus der Führungsetage dazwischen. »Kündigen? Das können Sie nicht machen.«

»Doch«, sagte ich. »Das kann ich machen.«

»Herr Yousuf«, sagte Frau Schweizer, die mir nun beinahe ein wenig leidtat. »Seien Sie vernünftig. Denken Sie doch an Ihre Ausbildung.«

»Das tue ich.«

»In sechs Monaten sind die Abschlussprüfungen. Sie werden nicht zugelassen, wenn Sie keinen Ausbildungsbetrieb haben.«

»Ich weiß.«

»Sie glauben doch nicht ernsthaft, dass Sie innerhalb von so kurzer Zeit eine neue Firma finden, die Ihnen eine Ausbildungsstelle anbietet?«

Ich lächelte. »Wissen Sie, Frau Schweizer, um ehrlich zu sein, habe ich mir in der vergangenen Woche eine Firma gekauft. Vielleicht stellen die mich ja ein ...«

Dann stand ich auf, gab den beiden die Hand, räumte meinen Schreibtisch auf und verließ das Institut. Als ich mich auf den Weg zur Bahnhaltestelle machte, drehte ich mich nicht mehr um. Ich wollte dieses Kapitel in meinem Leben genauso beenden, wie ich es begonnen hatte. Mit einem klaren Cut. Und dennoch war es mir wichtig, auch meine Ausbildung ordentlich zu beenden.

# Kapitel 6

# Aufstieg

Nun begann mein neues Leben. Durch ein paar gute Kontakte wurde ich tatsächlich in einer Immobilienfirma wieder als Azubi eingestellt. Auf diese Weise konnte ich meine Ausbildung weiterführen. Aber ich dachte schon längst größer. Viel größer. Ich nutzte jede freie Minute, um meine Stiftung voranzutreiben. Meine Stiftung! Ich hatte die Idee mittlerweile weiterentwickelt. Der Plan war es, eine eigene App an den Start zu bringen. Aber nicht irgendeine App. Es sollte eine App sein, mit der sich jeder Mensch auf dieser Welt kostenlos Wissen über die Finanzwelt aneignen konnte. Ich hatte das Gefühl, dass ich das der Welt irgendwie schuldig war. Ich hatte durch Bitcoin so viel Geld verdient, ich hatte es durch Bitcoin aus der Armut herausgeschafft. Ich wollte, dass andere Menschen das auch hinbekommen. Auch weil ich daran glaubte, dass man auf diese Weise die Welt, so wie sie war, für immer verändern könnte. Dass die Schwachen irgendwann über den Starken stehen würden. Wissen ist die stärkste Waffe, die es gibt. Das hatte mir schon mein Vater beigebracht. Mit Hilfe der App sollte sich jeder, der Interesse hatte, spielerisch Finanzwissen aneignen können. Es sollte die größte und umfassendste

Weiterbildungs-App werden, die je gebaut wurde. Und warum spielerisch? Weil meine ersten Berührungspunkte mit digitalem Geld auch über ein Computerspiel zustande gekommen waren. Ich wollte den Menschen etwas vermitteln – nicht trocken, nicht lehrbuchhaft, sondern modern. Die App wollte ich wie ein Spiel aufbauen, bei dem man immer neue Level erreichen kann. Wer viel Zeit mit ihr verbringt, also viel Rechenleistung verbraucht, könnte sich auf diese Weise sogar seinen eigenen Coin erarbeiten: Meinen Coin, den ich extra zum Start der App launchen wollte. Meine eigene digitale Währung. Da ich das alles kostenlos zur Verfügung stellen wollte, war der Weg über eine Stiftung das perfekte Vorgehen. Immerhin wollte ich gemeinnützig arbeiten.

Da ich für die Stiftungsgründung einige Termine sowohl in Zug als auch in Zürich wahrnehmen musste, buchte ich für zwei Tage ein Hotel. Ich kannte mich nicht sonderlich gut in Zürich aus, also googelte ich einfach nach Fünf-Sterne-Häusern in der Stadt. Warum auch nicht? Schließlich konnte ich mir das jetzt leisten. Ich hatte mein ganzes Leben lang kein eigenes Zimmer gehabt und mit meinen Brüdern auf Matratzen im Wohnzimmer geschlafen. Warum sollte ich mir jetzt nicht zumindest ein wenig Luxus gönnen? Ich scrollte die Liste mit den Hotels durch. Ich hatte keine Ahnung, was ein gutes Hotel ausmachte. Für mich sahen sie alle großartig aus. Ich entschied mich schließlich für ein Haus, dass sich das Dolder Grand nannte. Der Grund war ganz simpel: Sie akzeptierten Bitcoins als Zahlungsmittel. Das war mir sympathisch. Als ich am nächsten Morgen aus dem Zug stieg, winkte ich mir ein Taxi heran und ließ mich ins Dolder bringen. Ich schaute aus dem Fenster und betrachtete die Gegend, durch die wir fuhren. Ich war bisher nicht oft in Zürich gewesen, aber ich mochte die Stadt. Das war nicht immer so. Als ich das erste Mal hier war, war ich eher eingeschüchtert von den vielen teuren Läden, von dem Reichtum, den man den Menschen regelrecht ansah. Alles war herausgeputzt. Die

Stadt zeigte, wie reich sie war. Und sie gab jedem zu verstehen, dass man mithalten musste, um sich hier wohlfühlen zu können. Doch heute war ich unter anderen Vorzeichen hier. Heute konnte ich mithalten.

»Da haben Sie sich eine gute Adresse ausgesucht«, sagte der Taxifahrer und riss mich aus meinen Gedanken.

»Entschuldigung?«

»Na, das Dolder«, sagte er und schaute mich im Rückspiegel an. Er zog anerkennend die Mundwinkel herunter und nickte.

»Ach ja?«, fragte ich nach. »Habe ich das?«

»Die beste.« Langsam fuhr er aus der Stadt hinaus und schlängelte sich auf einer wenig befahrenen Straße einen großen Berg hoch. Wir fuhren durch einen kleinen Wald und nach etwa zehn Minuten waren wir da.

Das Dolder Grand. Damit hatte ich nicht gerechnet. Das hier, das war kein richtiges Hotel. Es war eher ein Schloss, das auf einem Hügel stand. Aber kein normales, kein mittelalterliches Schloss. Es sah aus wie aus einer Fantasiewelt. Wie ein Märchenschloss. Es war weiß getüncht und hatte viele kleine verspielte Türme, die in den Himmel ragten. Als ich ausstieg, kam direkt ein Concierge auf mich zu und nahm mir meine Tasche ab.

Wenn das hier ein Schloss war, dann verstand das Personal einen Gast wie einen König zu behandeln. Ich war völlig überrascht. Ich checkte ein und bezog mein Zimmer. Es war groß und geräumig und ich schaute direkt auf den Zürisee. Es kam mir vor, als liege mir die Stadt zu Füßen.

Das war nun wirklich ein ganz anderer Blick auf Zürich. Wie sehr sich doch die Perspektive verändert, wenn man Geld hat.

Ich legte mich auf mein Bett, verschränkte die Arme hinter meinem Kopf und dachte darüber nach, dass ich wirklich einen weiten Weg gegangen war. Nach ein paar Minuten raffte ich mich wieder auf. Ich hatte keine Zeit, mich auszuruhen. Ich musste vorankommen. Ich wollte schließlich eine Stiftung gründen.

Ich ging ins Bad, machte mich zurecht und ließ mir von dem Concierge ein Taxi bestellen, das mich in die Stadt zu meinem Notartermin brachte.

Das mit der Stiftung nahm ich ernst. Das musste ich auch. Gut, es war mir klar, dass es nicht einfach werden würde, mal eben so mit zwanzig Jahren eine Stiftung zu gründen. Dass es dann aber doch so beschwerlich werden würde, hätte ich nicht gedacht. Es war einfach ein unglaublicher bürokratischer Akt. Es gab zahlreiche Hürden zu überwinden. Ich musste unzählige Nachweise erbringen. Aber ich kam damit zurecht. Es gehörte wohl dazu. Auf dem Weg bis hierher war nichts einfach gewesen. Ich nahm jede Hürde als eine Herausforderung, die mich nur noch besser machte. Ich gründete die Stiftung in Zug, einer kleinen Gemeinde im gleichnamigen Kanton südlich von Zürich. Für Zug habe ich mich ganz bewusst entschieden. Zug ist so etwas wie das Schweizer Krypto-Valley. Hier sind zahlreiche Fintechs und Krypto-Unternehmen angesiedelt. In Zug hat sich etwa die Ethereum oder die Cardano-Foundation niedergelassen. Hier lag alles ganz nah beieinander und es verkehrten dort viele kluge Köpfe aus meiner Branche. Das fand ich attraktiv. Entscheidend war für mich aber auch gewesen: Hier hatte man in der Verwaltung Erfahrungen mit Krypto. Das war nicht selbstverständlich. Gerade die Schweiz ist noch immer extrem konservativ. Das hatte ich ja bei meinem Cashout schon festgestellt. Ich wusste, dass ich der Verwaltung in Zug nicht alles von Null an erklären musste. Und doch war das alles extrem kräftezehrend.

Und so kam ich abends völlig erschöpft zurück ins Hotel, ließ mich auf mein Bett fallen und schlief sofort ein. Als ich am nächsten Morgen wieder aufwachte, brauchte ich einen Moment, um mich zu orientieren. Es war ungewohnt, nicht auf einer ausgelegenen Matratze aufzuwachen, sondern in einem riesigen Bett. Ich machte mich fertig und ging in den großen Frühstücksraum. Anschließend erkundete ich das Hotel.

Irgendetwas an diesem Ort zog mich in seinen Bann. Ich glaube, es war die Kombination aus Tradition und Moderne. Das Gebäude war ein altes, sehr stilvolles Schloss aus der Gründerzeit. Aber es hatte auch einen Neubau-Komplex, der sich beinahe nahtlos integrierte. Und auch im großen Saal, dem Herzen des Hotels, war alles miteinander vermengt. Am nächsten Tag entschied ich mich, noch eine Nacht länger zu bleiben. Es gefiel mir hier wirklich gut. Ich fuhr in die Stadt, erledigte meine Termine und kam am Abend zurück in meine Suite. Ja, dachte ich. So lässt es sich durchaus leben.

Ich verlängerte erst mal noch um eine Nacht. Dann erneut um zwei Tage. Und bevor ich es richtig realisiert hatte, wohnte ich bereits einen Monat im Dolder.

\* \* \*

Je länger ich im Dolder blieb, desto mehr faszinierte mich dieses Haus. Ich brachte seine Geschichte in Erfahrung. Ich konnte mich an diesem Hotel einfach nicht sattsehen. Immer wieder entdeckte ich etwas Neues. Es gab Tage, da streifte ich einfach nur durch das riesige Gebäude. In jedem Winkel gab es kleine, unerwartete Überraschungen. Meistens in Form echter Kunstwerke. Einige waren prominent ausgestellt, andere wiederum gut versteckt. Ich entdeckte Werke von Takashi Murakami, Salvador Dalí und Jean Tinguely. Man hat hier das Gefühl, in historischen Hallen zu stehen. Auch das Publikum ist etwas ganz Besonderes. Schon am Nachmittag trifft sich hier die Zürcher Oberschicht zum gediegenen Tee. Aber es gab auch viele junge Menschen, die alles auflockerten. Wie ich irgendwann erfuhr, waren nicht wenige von ihnen auch aus der Krypto-Szene.

Es war eigentlich das erste Mal, dass ich Menschen aus der Krypto-Szene im echten Leben kennenlernte. Die meisten Leute, die ich aus irgendwelchen Foren kannte, versteckten sich ja nur hinter einem Nickname. Ich hatte mir einige Online-Freundschaften aufgebaut.

Aber sie blieben auch reine Online-Freundschaften. Sie reichten nie ins echte Leben hinein. Jetzt lernte ich immer mehr Krypto-Leute wirklich kennen. Ich erkannte, dass es zwei Generationen gab. Die einen sind die Leute der Oldschool, die Krypto schon sehr früh entdeckt hatten. Die meisten von ihnen sind wirklich Gläubige. Sie sehen in der Technologie die Möglichkeit, die Welt zu verändern. Sie glauben an eine Revolution. Und die anderen sind auf einen Hype aufgesprungen. Hauptsächlich Spekulanten. Menschen, denen es darum geht, sich zu bereichern. Die in Krypto die Möglichkeit sehen, in sehr schneller Zeit zu sehr viel Geld zu kommen. Sie sind dem Hype erlegen. Und ich konnte es diesen Menschen nicht einmal verübeln. Wer träumt denn nicht vom schnellen Geld? Wer will denn morgen nicht mehr haben, als er heute hat? Aber die meisten dieser Menschen haben sich niemals tiefergreifend mit Krypto auseinandergesetzt. Sie haben kein Fundament. Bei ihnen steckt keine Philosophie dahinter. Reich zu werden ist für sie ein reiner Selbstzweck. Viele von ihnen sind Showmaker. Sie stellen sich gerne in die Öffentlichkeit und protzen mit dem Geld, das sie verdient haben. Auch das kann ich ihnen nicht übelnehmen. Ich tat schließlich nichts anderes. Wenn man es schafft, in kurzer Zeit so extreme Summen anzuhäufen, bleibt es wahrscheinlich nicht aus, dass man ein wenig abdreht. Aber es gibt einen Unterschied. Er besteht in dem Fundament, das unser Handeln bestimmt. Die alte Generation entdeckte Krypto für sich, weil sie nicht mehr bereit war, einen Missstand hinzunehmen. Die neue Generation hatte Krypto für sich als Instrument entdeckt, reich zu werden. Und von diesen Leuten wird es noch mehr geben. Im 19. Jahrhundert gab es einen Goldrausch, im 20. Jahrhundert einen Öl-Rausch. Wer früh einstieg, wurde reich. Heute gibt es einen Krypto-Rausch. Und wir stehen noch immer ganz am Anfang. Der Kuchen ist noch lange nicht verteilt.

Nach ein paar Wochen hatte ich mich in meiner neuen Heimat eingelebt. Das Dolder war zu meinem Zuhause geworden. Langweilig wurde mir nicht. Wenn ich mich an meiner Suite sattgesehen hatte, zog ich in eine andere um. Auswahl gab es auf dem 40 000- Quad-ratmeter-Anwesen genug. Und auch meine anfängliche Zurückhal-tung warf ich über Bord. Ich fing an Partys zu geben. Auf einer dieser Partys kam es zu einer ganz besonderen Begegnung. Der Abend war noch recht jung, ich hatte einige Geschäftspartner zu einem Abend-essen eingeladen. Dafür hatte ich mir dir größte Suite des Hauses ge-mietet: 14 500 Franken, die Nacht. Ich hatte ein meterlanges Büffet aufbauen lassen. Nur das Feinste vom Feinsten. Ein paar Musiker, die ich engagiert hatte, gaben eine kleine Konzerteinlage. Nach dem Es-sen stand ich mit einigen Freunden auf dem Balkon, um Zigarre zu rauchen.

\* \* \*

Ich merkte, wie mich das Leben im Dolder veränderte. Ich lebte plötzlich in einer ganz anderen Welt. Ich war von anderen Men-schen umgeben, ich führte andere Gespräche, ich beschäftigte mich nun mit Rotwein und Zigarren und mit Modemarken, von denen ich noch nie zuvor etwas gehört hatte. Alles, was ich wollte, bekam ich auch. Ich lebte das gute Leben. Und ich wollte mehr davon. Also beschloss ich, zu reisen. Außer bei unserem Kurztrip in den Irak war ich noch nie außerhalb der Schweiz gewesen. Na ja, einmal ab-gesehen von meiner Odyssee durch halb Europa, als ich ein Kind war. Aber auch zum Reisen standen die Vorzeichen nun anders. Jetzt hatte ich Geld. Jetzt konnte hingehen, wo auch immer ich hingehen wollte. Zumindest dachte ich das.

Ich plante schon meinen ersten Trip nach Dubai. Ich hatte viele Bilder von dem Land gesehen und meine neuen Bekannt-schaften schwärmten davon. Aber ganz so einfach war es nun doch nicht. Denn egal, wie viel Geld ich mittlerweile hatte, eines fehlte mir noch.

»Du kannst nicht reisen«, brachte mich meine Mutter auf den Boden der Tatsachen zurück, als ich ihr bei einem Besuch von meinen Plänen erzählte. Sie stand seelenruhig an der Spüle und ließ meine Träume ganz beiläufig platzen. »Du hast keinen Pass.«

Mein Pass. Natürlich. Sie hatte recht. Zwar hatte ich seit 2019 bereits den sogenannten »Aufenthaltstitel B«, der mir erlaubte gemeinsam mit meinem irakischen Pass durch ganz Europa zu reisen. Anfang 2021 war der aber abgelaufen. Ich hatte ihn zur Erneuerung bei der irakischen Botschaft abgegeben. Aber das war eine Prozedur, die so einige Monate dauerte. Ich fühlte mich wieder wie das Flüchtlingskind, dass ich einmal war. Eingesperrt.

Ich sackte in meinem Stuhl zusammen. »Wie konntest du das vergessen?«, fragte sie.

Eine gute Frage. Ich hatte gesehen, welche Möglichkeiten mir mein neuer Reichtum in den vergangenen Monaten eröffnet hatte. Und ich habe einfach geglaubt, plötzlich sei alles möglich. Doch hier stieß ich an meine Grenzen. Scheinbar öffnet Geld einem doch nicht alle Türen. Oder vielleicht doch?

»Sag mal, Mama«, warf ich in den Raum. »Khalat hat doch einen gültigen Pass, oder?«

»Ja, das hat er.« Mama schaute mich mit einer hochgezogenen Augenbraue an. »Du heckst doch schon wieder etwas aus …«

Ich zog mein Handy aus der Tasche und rief meinen großen Bruder an. Mama hatte recht. Ich hatte einen Plan.

* * *

Ein paar Tage später kam ein hochgewachsener Mann mit graumelierten Haaren in perfekt sitzender Uniform auf mich zu und streckte mir seine Hand entgegen. »Guten Tag, Herr Yousuf«, sagte er mit einem Lächeln auf den Lippen. »Ich bin heute Ihr Kapitän. Es freut mich, dass wir Sie gleich an Bord begrüßen dürfen.« Ich nickte freundlich und verkniff mir einen Kommentar. Ob ich wirklich mit an Bord dürfte, war noch alles andere als klar. Ich fühlte mich unwohl. Eine junge Frau brachte mir ein Glas Champagner auf einem Tablett. Ich trank es mit einem großen Schluck aus. Mir war klar: Was ich hier machte, war völlig bescheuert. Ich begab mich gerade komplett unnötig auf vermintes Terrain. Wenn das hier schiefliefe, würde mir das vielleicht alles wieder kaputt machen, was ich mir in den vergangenen Jahren so hart aufgebaut hatte. Aber ich musste es einfach versuchen!

»Herr Yousuf, wenn Sie möchten, können Sie jetzt durch die Sicherheitskontrollen gehen.«

Ich stellte das leere Glas auf einem kleinen Glastisch ab und begab mich zu der kleinen, wirklich winzigen Sicherheitsschleuse. Das hier war überhaupt kein Vergleich zu meiner ersten Flughafen-Erfahrung. Hier war es überhaupt nicht möglich, den Überblick zu verlieren. Dafür war alles viel zu klein und viel zu persönlich. Ich war am Privatflug-Terminal in Zürich. Ich hatte mir einen Privatjet gemietet, um nach Dubai zu fliegen. Das ist gar nicht so kompliziert, wie es vielleicht klingt. Es gibt Fluggesellschaften, die das anbieten. Ein Flug kostet um die 40 000 Euro, aber man erspart sich die ewig lange Massenabfertigung, bekommt einen exzellenten Service, eine freundliche Betreuung und sitzt ganz allein in einem schönen geräumigen Flieger. Aber das war nicht der Grund, warum ich das hier machte. Ich hoffte, man würde nicht so genau hinschauen, wenn ich durch die Zollkontrollen müsste. Schließlich hatte ich der Fluggesellschaft gerade für einen mehrstündigen Flug einen Betrag gezahlt, den andere Menschen als Jahresgehalt betrachten. Da würde man eher ein Auge zudrücken. Das war zumindest meine Hoffnung. Eine ziemlich naive Hoffnung. Denn die Abfertigung und die Kontrollen übernahmen ja nicht die Leute von der Fluggesellschaft, sondern ganz normale Zollbeamte. Ich wurde immer unsicherer.

»Bitte einmal das Gepäck auf das Band stellen.«

Wenigstens waren sie freundlich. Ich ließ mir weiter nichts anmerken, stellte meine Tasche auf das Laufband und sah, wie sie gescannt wurde. Dann ging ich durch den Metalldetektor, ließ mich abtasten und wurde schließlich zu dem Zollbeamten gebeten, der in seiner Uniform vor einem kleinen Computer saß. Ein junger Mann. Vielleicht ein paar Jahre älter als ich.

»Ihren Ausweis, bitte ...«, sagte er freundlich.

Ich tat so, als suchte ich danach. »Mein Ausweis ...« Ich warf mein gesamtes, nicht sonderlich ausgeprägtes Schauspieltalent in die Waagschale. »Ich finde ihn gerade nicht.« Dann zog ich meinen alten Bibliotheksausweis aus der Tasche und hielt ihn dem Typen hin. »Reicht das vielleicht?«

Mein Herz pochte wie verrückt.

»Tut mir leid«, sagte er. Dann schaute er mich ernst an. »Ich bin vom Grenzschutz. Wir machen hier keine Ausnahmen.«

Ich fühlte mich plötzlich wieder wie ein kleines Kind. Ich versuchte natürlich, mir nichts anmerken zu lassen. Gab mich nach außen hin cool. Aber das war ich nicht. Ich war wieder der kleine dreijährige Junge, der auf den Schultern seiner Mutter saß und sein Gesicht am liebsten in ihren Haaren versteckt hätte.

»Ah«, sagte ich. »Hier ist er ja ...« Ich zog den Ausweis von Khalat heraus und legte ihn dem Mann vor. Er betrachtete den Ausweis. Dann betrachtete er mich. Fuck, dachte ich. Das konnte unmöglich funktionieren. Khalat hatte auf dem Foto nicht einmal im entferntesten Ähnlichkeit mit mir. Im Gegenteil. Er war einfach ein komplett fremder Mensch. Der Grenzer gab mir den Ausweis zurück und nickte mir zu. »Gute Reise«, sagte er. Ich konnte es nicht glauben. Ich konnte es einfach nicht glauben.

Es funktionierte.

Dem Typen war einfach scheißegal, ob ich das auf dem Ausweis war oder nicht. Es spielte keine Rolle. Er wollte einfach nur irgendeinen Ausweis sehen. Wahrscheinlich hätte ich den Ausweis meiner Mutter vorlegen können und er hätte mich durchgewunken. Es war ihm scheißegal. Sollte es Ärger geben, konnte er sich rausreden, dass er den Ausweis ja gesehen hatte. War ja nicht seine Schuld, dass ich ihm ein falsches Dokument zeigte. Wir waren an einem Privatflughafen. Wahrscheinlich dachte er, ich könnte ihm mehr Ärger machen als seine Vorgesetzten. Geld regelt nun einmal.

Und das veränderte wirklich alles.

Denn nun war mir klar, dass Geld einem jede, wirklich jede Tür öffnete. Man konnte verdammt noch mal machen, was man wollte. Ich liebte es. Und ich reizte diese Grenze aus. In Dubai mietete ich mir einen Ferrari. Obwohl ich keinen Führerschein hatte. Ich cruiste ein wenig in der Wüste herum. Ich residierte in den teuersten Hotels. Ich blieb, so lange es mir gefiel. Dann reiste ich nach Paris. Ich ging auf Modenschauen. Ich ging auf exklusive Privatpartys. Und als ich das Gefühl hatte, alles gesehen zu haben, reiste ich weiter. In die Türkei. Nach Griechenland. Nach Russland. Ich hatte keinen Plan. Ich folgte einfach meinem Herzen. Manchmal überließ ich es auch dem Zufall, wo ich als Nächstes hinfahren wollte. Mein Leben war wie die Karikatur eines Hollywood-Films, in dem irgendein reicher Schnösel einen Globus dreht, ihn mit dem Finger anhält und in das Land reist, das er auf diese Weise zufällig angetippt hat.

Ich war vier Monate lang jede Woche in einem anderen Land.

Und egal, wo ich war, ich ließ es krachen. Ich besuchte die wildesten Partys. Ging in Clubs. Ließ mir Magnum-Flaschen Champagner auf den Tisch stellen. Lernte neue Leute kennen. Knüpfte Kontakte. Manchmal wachte ich morgens auf und wusste gar nicht, wo ich eigentlich war. Ich teilte alles auf meinem Instagram-Account um die Welt an meinem neuen wilden Leben teilhaben zu lassen. Innerhalb kürzester Zeit hatte ich knapp 100 000 Follower. Mein Leben nahm ein solches Tempo an, dass mein Kopf gar nicht mehr hinterherkam.

Alles wurde immer verrückter. Irgendwann landete ich in Moskau. Noch zwei Tage zuvor war ich in der Dominikanischen Republik gewesen. Dort hatte ich jemanden kennengelernt, der jemanden kannte, der mich wiederum nach Moskau mitgeschleppt hatte. Warum nicht? Eine flüchtige Bekanntschaft. Ein junger

Typ, der wahrscheinlich noch reicher war als ich und mir in Sachen Partys in nichts nachstand. Wir verstanden uns gut und so ließ ich mich überreden, mit ihm nach Moskau zu kommen. Wir flogen in seinem Privatjet. Klar. Ich konnte mich ja treiben lassen. Arbeiten konnte ich von überall. Ich brauchte nichts weiter als meinen Laptop.

»Was ist das hier?«, fragte ich, als wir die unauffällige Bar am Fuß eines gigantischen Wolkenkratzers betraten.

»Warte ab«, sagte Dima, der mich hierhergebracht hatte, und ging auf einen Mann in einem komplett schwarzen Anzug zu. Die beiden besprachen etwas auf Russisch. Der Kerl nickte: Wir sollten ihm folgen. Er brachte uns zu einem gläsernen Aufzug und drückte die »62«. In einer ungeheuren Geschwindigkeit fuhr das Ding bis in die höchste Etage. Als sich die Türen wieder öffneten, waren wir in einer ganz anderen Welt gelandet. In einer Bar. Die Theke war riesig, hinter ihr standen vor einer meterlangen Spiegelwand die teuersten Alkoholika, die ich je gesehen hatte. Irgendwo im Raum legte ein bekannter Local an einem DJ-Pult auf. Aber am außergewöhnlichsten war der Blick. Die gesamte Bar war zu allen Seiten offen und bot einen 360-Grad-Blick auf die gesamte Stadt. Einfach atemberaubend! Vor den riesigen Fensterfronten standen einige Stehtische, um die sich elegant gekleidetes Publikum versammelt hatte. Ich dachte, ich sei in der Kulisse eines Science-Fiction-Films gelandet.

»Los, komm«, sagte Dima. »Ich stelle dich ein paar Leuten vor.«

Er hob die Hand über seinen Kopf und winkte zwei Typen zu, die ebenfalls beide komplett in schwarz gekleidet waren. Einer hatte lange, zu einem Zopf gebundene Haare, der andere war kahlrasiert und hatte einen Backenbart.

Dima stellte uns einander vor. Die beiden machten irgendetwas mit Immobilien, wenn ich es richtig verstanden hatte. Es fiel mir nicht wirklich leicht, zuzuhören, denn zufällig hatte ich gesehen: Einer der beiden trug einen Waffenhalfter unter seinem Jackett. Mit einer Schusswaffe. Ich musste schlucken. Wo war ich hier nur hineingeraten, fragte ich mich. Ich ließ mir so wenig wie möglichst anmerken und führte noch ein wenig Smalltalk mit den Jungs. Als sie dann endlich aufbrachen, zog ich Dima zur Seite.

»Hast du das gesehen?«

»Was gesehen?«

»Der Typ mit der Glatze«, sagte ich. »Der trug eine verdammte Waffe …« Ich schaute mich um, ob jemand gehört hatte, was ich sagte. »Sind das irgendwelche Mafia-Leute oder was?«

Dima lachte laut auf. »Bruder«, sagte er. »Was Mafia? Wir sind hier in Russland!« Dann zog er demonstrativ seine Hose ein wenig hoch und ich sah, dass auch er ein Halfter um den Knöchel trug.

»Das ist hier einfach so.«

Alles klar, dachte ich. So lernt man die Welt kennen.

* * *

Und ich lernte die Welt kennen. Ich reiste weiter. Moskau. Paris. Rom. Venedig. Istanbul. Mykonos. Dann nach Südafrika. Und das alles verewigte ich auf meinem Instagram-Account. Für mich war das wie eine Art Tagebuch. Doch das passte nicht jedem. Eines Morgens bekam ich eine Nachricht. Sie kam von einem Geschäftspartner von mir. Ein älterer Herr, den ich sehr schätzte. Er schrieb mir in sehr freundlichem, aber dennoch eindringlichem Ton, er sei ein wenig »besorgt«, was meine öffentlichen Online-Aktivitäten anginge. Das Blut stieg mir in den Kopf. Was wollte er mir denn damit sagen? Ich war kurz davor, ihm eine gewaschene Antwort zu schicken. Ich konnte machen, was ich wollte. Schließlich war ich sein Chef. Schließlich gehörte mir die Firma. Was sollte das denn? Doch ich beschloss, mich erst einmal zu beruhigen und in mich zu gehen. Ich öffnete meinen Instagram-Account und schaute mir in meinem Archiv die Posts der vergangenen Tage, Wochen und Monate noch einmal an. Gut. Vielleicht war ich ein wenig protzig unterwegs. Ich betrachtete das Video, wie ich mir im Nikki Beach von drei sehr hübschen, aber nur leicht bekleideten Blondinen eine Magnum-Flasche Champagner servieren ließ. In der Flasche steckten Wunderkerzen. Nächste Story. Ich auf dem Burj Khalifa in Dubai, dem höchsten Gebäude der Welt. Dieses Mal fünf Magnum-Flaschen Champagner. Nächste Story. Ich, als ich von Bugatti zu einer Probefahrt mit dem schnellsten Wagen der Welt eingeladen worden war. Nächste Story. Ich auf dem Schießstand mit einer Kalaschnikow in der Hand. Ich legte das Handy weg und rieb mir mein Gesicht. Verdammt. Er hatte ja recht. So sollte sich ein seriöser CEO einer seriösen Firma, der Personalverantwortung für 300 Mitarbeiter trägt, nicht verhalten. Denn das war ich mittlerweile. Nach ein paar Investitionen war ich in Firmen eingestiegen, für die ich nun Verantwortung trug. So verhält sich ein einundzwanzigjähriger, der sein Leben lang nichts gehabt hat und jetzt auf einmal alles nachholt, was es nachzuholen gibt. Das Problem war nur: Ich war ja beides. Ich war sowohl der CEO als auch der Junge, der einfach nur sein Leben leben, ein bisschen Spaß haben und das der ganzen Welt präsentieren wollte. Einfach nur ein einundzwanzigjähriger Typ, der seinen Lifestyle auf Instagram teilte. Wie Millionen andere es auch taten. Doch mir wurde klar: Dieser Junge konnte ich nicht mehr sein. Nicht, wenn ich weiter Business machen wollte. Ich musste eine Entscheidung treffen. Und ich deaktivierte meinen Account.

* * *

Doch auch wenn ich nun ein Gang heruntergeschaltet hatte, so hatte ich mir doch einen gewissen Ruf aufgebaut. Man sprach über diesen einundzwanzigjährigen Flüchtling, der es geschafft hatte, mit Bitcoins zum Millionär zu werden. Über diesen Kurden, der in einem Luxushotel auf einem Berg in Zürich lebte und dort wilde Partys schmiss. Irgendwann bekam ich die ersten Medienanfragen. Nach ein paar kleineren Berichten erschien auch ein großes Porträt über mich in der *Neuen Zürcher Zeitung*. Die *NZZ*. Das war nicht irgendeine Zeitung. Das war das wichtigste und angesehenste Medium der Schweiz. Und sie handelten meine Geschichte nicht einfach nur kurz ab. Sie erzählten sie ausführlich. Über mehrere Seiten. Es war eines der längsten Porträts, das sie je gedruckt hatten. Das war so etwas wie ein Adelsschlag. Von heute auf morgen war ich nun wirklich richtig prominent. Wenn ich nach unten in den Frühstückssaal ging, schauten die Leute sich nach mir um. Ich wurde auf den Artikel angesprochen. Manche Leute kamen sogar extra immer wieder ins Dolder, in der Hoffnung, mich dort zu treffen und mit mir Geschäfte machen zu können. Völlig verrückt.

Wieder schwankte ich in ein anderes Extrem um. Hatte ich noch vor einigen Monaten einem exzessiven Lebensstil gefrönt, konzentrierte ich mich jetzt nur noch auf meine Arbeit. Ich wollte dem Bild, das man sich von mir machte, gerecht werden. Ich schloss mich in meiner Suite im Dolder ein und arbeitete rund um die Uhr. Ich machte nichts anderes mehr. Morgens um 7 Uhr klingelte mein Wecker. Dann klappte ich meinen Laptop auf und kümmerte mich um alles, was anstand. Vor Mitternacht ging ich nicht ins Bett. Aber ich fühlte mich in dieser Zeit einsam. Und je mehr ich darüber nachdachte, desto klarer wurde mir, dass ich schon sehr lange sehr einsam war. Die ganzen Partys, die ganzen Reisen, der materielle Überfluss – das waren alles nur Mittel, um diese Einsamkeit zu überdecken. Aber so richtig funktioniert hatte es nicht. Ich beschloss, dass ich meine beiden großen Brüder einladen würde. Es war verrückt. Sie waren bisher noch nie im Dolder gewesen. Obwohl ich hier mittlerweile schon seit über einem halben Jahr lebte. Ich rief sie an und die beiden sagten zu, dass sie gleich morgen kämen. Ich freute mich darauf. Ich hatte sie lange nicht mehr gesehen.

\* \* \*

Am nächsten Morgen schrieben sie mir eine Nachricht, sie seien da. Ich sprang aus dem Bett, zog mich an und lief in die Lobby hinunter. Und da standen sie. Gott, wie sie mir gefehlt hatten. Ich merkte es erst jetzt. Die beiden schauten zu mir und lächelten. Aber sie wirkten nicht so, als fühlten sie sich wohl. Sie wirkten in der großen Lobby eher verloren. Ich winkte den Concierge heran, damit er den beiden endlich ihr Gepäck abnähme. Aber Khalat winkte nur ab. »Kann ich schon selbst«, sagte er.

»Willkommen in meinem neuen Reich«, sagte ich und breitete die Arme aus. »Das hier«, ich kreiste einmal mit dem Finger umher, »ist so etwas wie mein Wohnzimmer. Ich bin mir sicher, es wird euch hier gefallen.« Sie würden es lieben, dachte ich. Wie könnte man dieses Hotel denn auch nicht lieben? »Jungs«, sagte ich, stellte mich zwischen die beiden und legte ihnen meine Arme gönnerhaft um die Schultern. »Ich habe jedem von euch eine Suite gemietet.« Die beiden tauschten einen skeptischen Blick. Dann lächelten sie etwas verkrampft. Ich tat das ab. Sie waren erst seit ein paar Minuten hier. Sie mussten sich noch an diese neue Welt gewöhnen. Das war doch klar. Ich führte sie zu den Aufzügen und brachte sie in ihre Zimmer. Ich tat so, als sei ich der Hausherr.

»Okay«, sagte ich. »Gewöhnt euch ein wenig ein. Ich würde sagen, wir treffen uns unten um 18 Uhr im Restaurant. Ich zog mich in mein Zimmer zurück und erledigte ein paar Business-Calls. Aber zwischendurch fragte ich mich, was eigentlich los war? Warum die beiden so zurückhaltend waren? Konnte es wirklich sein, dass es ihnen hier nicht gefiel? Ich wischte die Bedenken beiseite. Am Abend trafen wir uns dann im Restaurant. Die beiden studierten die Karte. »Das Radieschen-Capiche auf grünem Krautbohnen-Extrakt kann ich euch sehr empfehlen«, sagte ich. Ich musste die Karte nicht mehr öffnen. Ich kannte sie auswendig. »Aha«, sagte Khalat. »Dann nehmen wir das ...«

Er legte die Karte weg, winkte den Kellner heran und übernahm die Bestellung für uns. Als Vorspeise wählte ich das dreierlei Tartar mit Limetten-Creme. Dazu bestellte ich uns den teuersten Wein, den das Hotel hatte.

»Wie sind die Zimmer?«, fragte ich. »Gut?«

»Ja, sie sind sehr schön.«

»Gut.«

Schweigen. Ich wusste nicht, was los war. Warum waren die beiden so abweisend? »Und wie geht es Mama und Papa?«

»Gut.«

»Gut?«

»Ja, gut.«

»Okay.«

Wieder Schweigen. Irgendetwas stimmte nicht. Was hatten sie nur? »Wisst ihr ...« Doch bevor ich meinen Satz zu Ende bringen konnte, brachte der Kellner schon unsere Vorspeisen. »Die Herren, wir haben hier dreimal das Tartar, ich wünsche einen guten Appetit.«

Er massierte mir die Schulter. »Wenn ich noch etwas Besonderes tun kann ...«

»Alles gut«, sagte ich. Ich liebte die VIP-Behandlung, die ich hier bekam. Ich probierte das Tartar. Es war fantastisch. »Gestern haben wir die Genehmigung für die Stiftung durchbekommen«, sagte ich. »Es ist jetzt nur noch eine reine Formsache. Wahrscheinlich können wir schon nächsten Monat den Notartermin machen.«

»Das sind gute Nachrichten«, sagte Khalat. Zum ersten Mal seit er hier war, zeigte er zumindest ein klein wenig Begeisterung. Doch dann verfiel er wieder in Lethargie stocherte in seinem Tartar herum.

»Was ist eigentlich los mit euch?«, fragte ich die beiden. Ich konnte diese miese Stimmung kaum noch ertragen. »Schmeckt es euch nicht?«

Die beiden schauten sich an. »Um ganz ehrlich zu sein«, begann Khalat. »Hühnchen mit Reis wäre mir lieber.«

Walat nickte und stimmte ein. »Von mir aus sogar lauwarm.«

Ich musste lachen. Aber sie lachten nicht mit. Unfassbar. Das meinten sie doch nicht ernst. Ich schaute die beiden an. Verdammt.

Sie meinten es ernst. Walat legte seine Gabel weg. »Mann, Dadvan. Das hier, das sind wir nicht. Das ist nicht unsere Welt.«

»Wie meint ihr das?«

»Wir fühlen uns hier nicht wohl. Dieser Reichtum. Dieses Protzige. Es ist alles so verkrampft. Das fühlen wir nicht.«

Ich konnte es einfach nicht glauben. Wie konnten sie das hier nicht mögen. »Jungs«, sagte ich. »Jetzt mal ehrlich. Wir sind reich, okay? Wir sind verdammt noch mal reich. Wir sind Millionäre!«

»Und wenn wir Milliardäre wären«, warf Walat ein. »Ich trage trotzdem lieber Jogginghose und Sneaker, esse normales Essen und schlafe in einem normalen Zimmer ...«

Ich war sprachlos. »Wir sind das hier einfach nicht ...«

»Und eigentlich ...«, sagte Walat, »eigentlich müsstest du das auch wissen.«

Das versetzte mir einen tiefen Schlag. Ich wurde blass. Wusste nicht, wie ich reagieren sollte. »Ja«, sagte ich. »Ja, ihr habt vielleicht recht«, stammelte ich. »Es tut mir leid ...« Ich wollte doch nur das Beste für die beiden. Aber das war nach hinten losgegangen. Der Abend war gelaufen.

* * *

Ich ging in mein Zimmer, legte mich auf mein Bett und starrte an die Decke. Der Abend hatte mich nachdenklich gemacht. Eigentlich wusste ich gar nicht, wer meine Brüder eigentlich wirklich waren. Das mag merkwürdig klingen, weil ich mit ihnen so wahnsinnig viel Zeit auf engstem Raum verbracht habe. Weil unsere gemeinsame Flucht uns ganz eng zusammengeschweißt hat. Aber dennoch waren mir Walat und Khalat irgendwie immer fremd geblieben. Und ich ihnen. Wir haben nie ernsthafte tiefgreifendere Diskussionen miteinander gehabt. Wir haben nie darüber gesprochen, was uns beschäftigt. Warum war das so? Vielleicht hatten wir uns alle drei viel zu dicke Schutzpanzer zugelegt. Wir wussten ja, dass wir uns aufeinander verlassen konnten. Dass wir füreinander einstehen würden, wenn es hart auf hart käme. Ich stellte mich auf die Brüstung meines Balkons und blickte hinunter zum Zürisee. Was war denn nur mit mir los? Ich zündete mir eine Zigarre an. Und plötzlich bohrte sich ein Gedanke in meinen Kopf. Ein Gedanke, den ich nicht mehr los wurde. Konnte das wirklich sein? Ich ließ mich auf einen Stuhl fallen und legte meinen Kopf in den Nacken. Fuck! Wie hatte ich das nicht sehen können? Wie hatte ich es nicht kapieren können? Das, was ich gerade erlebte, war nicht einfach nur meine Geschichte. Das war die Geschichte meines Großvaters. Es war die Geschichte eines Mannes, der reich geworden war und mit seinem Reichtum nicht zurechtkam. Es war die Geschichte eines Mannes, der sich auf dem Höhepunkt seines Erfolgs auf einen Berg zurückgezogen hatte. Und der alles verloren hatte, als er wieder herunterkam. Ich war der Mann auf dem Berg. Ich schaute mich um. Schaute auf all den Luxus, der mich umgab. Nein, dafür hatte ich das doch nicht alles gemacht. Dafür hatte ich nicht meine halbe Kindheit und Jugend vergeudet. Nur um am Ende in einer Scheinwelt zu leben. Ich hatte das doch für meine Familie getan. Weil ich wollte, dass es uns allen eines Tages besser geht. Natürlich ging es uns jetzt besser. Meine Eltern und meine Geschwister waren erst im vergangenen Monat in das große neue Haus gezogen, das ich ihnen gekauft hatte. Aber wann hatte ich sie das letzte Mal besucht? Wann hatte ich meine Mutter das letzte Mal angerufen, um sie zu fragen, wie es ihr geht? Und wann hatte ich mich eigentlich so sehr von meinen beiden großen Brüdern entfremdet, dass ich Idiot wirklich gedacht habe, sie würden sich hier wohlfühlen? Ich erkannte, dass der Junge, zu dem ich in der letzten Zeit geworden war, nicht mehr ich selbst war. Ich hatte mich in meinem Reichtum verloren. Ich war Teil eines Systems geworden, das ich mein Leben lang verachtet hatte. Fuck. Ich war mitten in einer echten Identitätskrise. Vielleicht war wirklich alles einfach viel zu schnell gegangen. Vielleicht hatte ich mich selbst auf dem Weg nach oben ein Stück weit verloren. Ich drückte die Zigarre aus und massierte mir die Schläfen. Ich hatte keine Ahnung, wie es weitergehen sollte. Ich wusste nur eins. Ich würde nicht enden wollen wie mein Großvater. Ich wollte nicht auf einem beschissenen Berg sitzen und zusehen, wie alles, was ich mir aufgebaut hatte, an Wert verlor. Ich wusste nur, ich will niemals so werden wie er. Ich will mein Geld nicht horten. Ich will es geben. Was will ich denn damit, wenn ich sterbe? Ich beschloss, noch am selben Abend auszuchecken. Genau wie mein Großvater bin ich auf dem Höhepunkt meines Erfolgs auf einen Berg gegangen. Aber ich würde hier nicht bleiben. Bis ich etwas Neues gefunden hätte, würde ich im Haus meiner Eltern wohnen. Zimmer gab es ja mittlerweile zum Glück genug.

* * *

Ich zog aus dem Dolder aus und bei meinen Eltern wieder ein. Aber das war nur ein Teil der Wahrheit. Da ich ständig in verschiedenen Städten unterwegs war, mietete ich mir ein paar möblierte Wohnungen an. Das war noch ziemlich dekadent, aber es brachte mich von meinem Leben-im-Hotelsuite-Film wieder ein wenig runter. Ich stürzte mich jetzt voll in meine Arbeit. Ich brauchte Abstand und fuhr zu meiner Familie in die neue Villa, um sie dort zu besuchen. Es tat mir gut. Es war wirklich wie nach Hause kommen. Ich begriff, dass die Heimat, nach der ich so lange gesucht hatte, eigentlich gar kein spezieller Ort war. Heimat war die Familie. Egal, wie schlecht es uns viele Jahre über gegangen war – wir hatten uns. Und das war alles, was zählte. Ich setzte mich auf einen Gartenstuhl und betrachtete meine kleinen Geschwister, die im Pool badeten. Und plötzlich kam mir wieder ein Gedanke in meinen Kopf. Etwas, das ich noch nie zuvor gedacht hatte. Der Gedanke, es geschafft zu haben. Erreicht zu haben, was ich erreichen wollte. Ich hatte meiner Familie das ermöglicht, was ich ihnen versprochen hatte. Ich war angekommen. *Mission Complete.*

Ich lehnte mich in meinem Liegestuhl zurück und musste lächeln. Vielleicht habe ich einen großen Teil meiner Jugend verloren. Aber das war es wert. Ich betrachtete, wie meine jüngeren Geschwister von der Wiese in den Pool sprangen. Ich sah in ihre Gesichter. Sah, wie sie lachten. Sie würden niemals mehr durchmachen müssen, was ich durchgemacht hatte. Und meinen Eltern hatte ich all das zurückgeben können, was sie für uns geopfert haben. Mama brachte mir eine Cola Zero und setzte sich zu mir. Ich lächelte sie an. »Hast du dir verdient«, sagte sie. Dann nahm sie meine Hand und drückte sie ganz fest. »Ich habe nie an dir gezweifelt, mein Sohn.« Ich wusste, dass sie meinte, was sie sagte. Und ich wusste, dass ich es nicht geschafft hätte, wenn Mama nicht an mich geglaubt hätte. Am Horizont ging die Sonne gerade unter und spiegelte sich im Poolwasser. Der Geruch von gegrilltem Fleisch lag in der Luft. Ich schaute auf die Uhr. »Ich muss los«, sagte ich. Ich hatte noch einen Termin.

»Du willst jetzt schon gehen?«, fragte mein Vater, der am Grill stand und ein paar Hühnerschenkel wendete.

»Ich komme die Tage wieder vorbei«, sagte ich. Dann band ich mir meinen Pullover um die Hüfte, gab Mama einen Kuss, winkte meinen Geschwistern zu und machte mich auf den Weg. Ich ließ das große prachtvolle Anwesen hinter mir. Ich entschloss mich, noch ein wenig in Richtung der großen Hauptstraße zu laufen und mir erst dort ein Taxi zu bestellen. Ich wollte das gute Wetter und die frische Luft noch etwas länger genießen. Nach ein paar Metern kam mir eine kleine Familie entgegen. Eine junge Frau und zwei Kinder, die sie an den Händen hielt. Sie waren noch ziemlich klein. Vier, vielleicht fünf Jahre alt. Ein Junge und ein Mädchen. Sie kamen eindeutig nicht aus der Gegend, das merkte ich sofort. Sie hatten schlechte Kleidung an und die Mutter hatte sich eine Tüte von einem Discounter um die Hand geknotet. Merkwürdig, dachte ich. Was wollten sie hier in dieser Ecke von Ipsach? Hier wohnten nur die wirklich Reichen. Und diese Leute gehörten garantiert nicht dazu.

Moment mal.

Ich blieb stehen.

Hielt inne. Drehte mich noch einmal um.

Hatte ich das gerade eben wirklich gedacht? Hatte ausgerechnet ich gerade ernsthaft diesen Gedanken gehabt? Was war denn los mit mir? Ich rieb mir die Augen und sah der Familie nach, wie sie die Straße entlanglief. Betrachtete die Kinder, die sich unsicher an ihre Mutter klammerten. Das waren wir. Dachte ich. Das war meine Familie. Das war ich. Das war vor sechzehn Jahren. Und plötzlich hatte ich das ganz merkwürdige Gefühl, aus einem merkwürdigen Traum aufzuwachen. Von einem Moment auf den nächsten fiel mir alles wieder ein. Innerhalb von Sekunden blitzten unzählige Erinnerungen auf. Erinnerungen an die Flucht. Erinnerungen an die ersten Tage in der Schweiz. Erinnerungen daran, wie wir damals unsere Klamotten aus den Altkleider-Containern gezogen haben. Wie die anderen Kinder mich dafür auslachten. Wie wir unsere Wohnung mit dem Müll meiner Freunde einrichteten. Dieses Gefühl, nicht dazuzugehören. Und diese Gewissheit, dass es Menschen gab, die mehr hatten, als wir und uns dann von oben herab belächelten. Das war das Schlimmste. Ich fühlte mich plötzlich ganz, ganz merkwürdig. Was war denn passiert, fragte ich mich. War ich jetzt ein Mann geworden, der auf andere Menschen herabblickte? Ich hatte das Gefühl, von dieser Erkenntnis gerade völlig überwältigt zu werden. Als würde mir der Boden unter den Füßen weggerissen. Ich setzte mich auf die Straße und atmete einmal tief durch. Fuck! Ich war in den vergangenen Jahren so versessen darauf gewesen, es aus der Armut zu schaffen und meine Familie abzusichern, dass ich völlig vergessen hatte, wer ich eigentlich war. Wo ich herkam. Was meine Werte waren. Ich erinnerte mich daran, wie ich dieses ganze Krypto-Ding überhaupt entdeckt hatte. Ich war darauf gestoßen, weil ich das

System ändern wollte. Weil ich die Ungerechtigkeit nicht mehr ertragen hatte. Und jetzt? Jetzt war ich das System.

Mission Complete? Nein, dachte ich, das, was ich erreicht hatte, konnte nur der Anfang sein. Ich hatte meine Familie abgesichert. Ich hatte uns aus dem Sumpf gezogen. Aber das war nur der Auftakt. Meine eigentliche Mission begann gerade erst. Ich dachte an das, was wir damals alle wollten. Die große Revolution. Und die stand noch aus. Aber sie würde kommen, dachte ich. Und ich würde meinen Teil dazu beitragen.

# Epilog

Nico stellte mir einen kleinen Grappa auf den Tisch. Ich schaute ihn fragend an. »Na komm schon« sagte er. »Trink. Ich bin mir sicher, den kannst du gebrauchen.« Ich nahm das Gläschen, exte es weg und verzog mein Gesicht.

»Das war deine Geschichte?«

»Das war meine Geschichte«, sagte ich.

»Und diese Krise ...? Hast du sie im Griff?«

Ich lächelte müde. »Welche Krise meinst du, mein Freund? Es sind mittlerweile zu viele.«

Ich dachte an die letzten Tage. An die letzten Wochen. Nein, die Geschichte war noch lange nicht zu Ende. In dem Moment, wo ich endlich den Sinn in meinem Leben erkannt hatte, fing alles wieder an schwieriger zu werden. Schwieriger als je zuvor.

»Schau mal, Dadvan. Es ist egal, was die Menschen über dich denken, solange du selbst weißt, wer du bist.«

»Vielleicht ist genau das mein Problem.«

»Ich habe dir gerade drei geschlagene Stunden zugehört, mein Freund. Mir scheint, du weißt sehr genau, wer du bist.«

Es war ungewohnt, so offen zu reden. Das hatte ich schon lange nicht mehr getan. Ich überlegte kurz. Nein, eigentlich hatte ich es noch nie getan. Ich hatte noch nie einem Menschen alles erzählt, was mir auf der Seele lag. Dafür hatte ich mir in meiner Kindheit und meiner Jugend einen viel zu schweren Schutzpanzer angelegt. Aber es tat verdammt gut, ihn für einen Moment auszuziehen. Auch wenn es mich verwundbar machte.

»Ich weiß, wer ich bin. Und ich weiß, wo ich herkomme, Nico. Aber ich weiß vielleicht nicht mehr, wo ich hinwill.«

»Der Weg eröffnet sich dir manchmal erst, wenn du ihn gehst«, sagte er und beugte sich etwas vor. »Aber ich bin mir sicher, dass du deinen Weg sehr gut kennst. Du hast dich vielleicht ein bisschen verlaufen. Aber du wirst ihn wiederfinden.«

»Dein Wort in Gottes Ohr ...«

Der junge Italiener bekreuzigte sich. »Was ist mit diesen Vorwürfen«, fragte er. »Es ist nichts dran, oder?«

Ich schüttelte den Kopf. Nein, an den Vorwürfen war nichts dran. Aber ich trug trotzdem Schuld daran, dass sie aufgekommen waren. Ich war von meinem eigenen Erfolg so berauscht, dass ich unachtsam geworden war. Ich fühlte mich geehrt und geschmeichelt, als ich Medienanfragen bekam. Als Journalisten zu mir kamen und meine Geschichte hören wollten. Ich erzählte sie ihnen bereitwillig. Aber ich habe bei den Details geschludert. Weil ich sie nicht wichtig fand. Die Interviews, die wir geführt haben, wurden mir zur Autorisierung vorgelegt. Es waren Fehler drin. Ich habe meine ersten Bitcoins nicht bei Mt. Gox gekauft. Aber ich habe das nicht korrigiert. Weil ich dachte, es sei egal. Wer achtete schon auf so was? Wen interessierte es, auf welcher Exchange ich gehandelt habe. Die meisten Menschen, die die Artikel lesen würden, kannten weder das eine noch das andere. Ich wollte kein Klugscheißer sein. Aber ich wäre nie auf die Idee gekommen, dass man mir das als Lüge auslegen würde, die man zum Anlass nahm, mein gesamtes Leben infrage zu stellen. Aber genau das passierte. Plötzlich kamen Berichte auf, in denen man zunächst meine Geschichte und dann mich selbst anzweifelte. Einige Punkte stimmten. Die hatte ich einfach falsch erzählt. Ich hatte in einem Interview etwa für mich behalten, dass ich meine Ausbildung nicht beendet hatte. Warum? Weil es mir peinlich war. Und weil ich 21 Jahre alt war und keine Ahnung hatte, dass das Konsequenzen für meine Glaubwürdigkeit haben würde. Ich hatte einfach nicht nachgedacht. Das würde mir nie wieder passieren. Aber es war schon zu spät. Ich hatte eine Lawine losgetreten, die mich zu überrollen schien. Immer wieder kamen neue Vorwürfe gegen mich hoch. Irgendwann auch ganz ohne Beweise. Irgendwann waren es einfach nur noch Behauptungen. Terrorfinanzierung etwa. Oder dass die Staatsanwaltschaft gegen mich ermitteln würde. Das waren Lügen. Aber das Schlimmste war, dass aufgrund der ganzen Situation auch meine Stiftung in Bedrängnis geriet. Man machte mir den Vorwurf, dass ich einige meiner Coins als Stiftungsinhaber vorab verkauft hätte – was ich nicht durfte. Aber auch das stimmte nicht. Ich hatte private Coins, die mir zustanden, verkauft. Das war legal. Dennoch entschloss sich die Schweizer Finanzaufsichtsbehörde, erst einmal meine Stiftung genau zu durchleuchten, bevor wir weitermachen durften. Es kam alles auf einmal. Es fühlte sich an, als wäre ich zu einer Vollbremsung gezwungen worden. Ein ziemlich komisches Gefühl für jemanden, der sein Leben lang den Fuß auf dem Gaspedal hatte.

»Wenn du ein reines Herz hast, brauchst du dich nicht zu verstecken«, sagte Nico. Ich klopfte ihm auf die Schulter. »Danke«, sagte ich.

»Wofür bedankst du dich?«

»Dafür, dass du einfach nur zugehört hast. Es hat gutgetan, sich einfach einmal alles von der Seele zu reden ...«

»Manchmal braucht es nicht viel«, sagte Nico. »Manchmal reicht es, wenn man einfach nur eine andere Perspektive aufgezeigt bekommt. Willst du noch etwas trinken?«

»Nein«, sagte ich. »Ich denke, es wird Zeit zu gehen. Wir sehen uns morgen.«

»Das hoffe ich, mein Freund.«

Ich verließ das kleine Restaurant. Ich wusste noch nicht genau, wo ich jetzt hingehen würde. Aber ich wusste, dass ich noch eine Menge Arbeit vor mir hatte. Und ich war bereit, sie anzupacken.

# Krypto-Glossar

## KAPITEL 1:
## EINFÜHRUNG

LEKTION 1:
Was ist eine Blockchain?

Eine Blockchain ist eine **Datenbank**, die zwischen Computern geteilt wird, die miteinander in einem Netzwerk verbunden sind. Diese Computer werden auch Knotenpunkte (nodes) genannt. Jeder kann dem Netzwerk beitreten.

Die geteilte Datenbank kann unterschiedliche Typen von Daten haben. Am gebräuchlichsten sind jedoch **Transaktionsaufzeichnungen** oder **Ledgers** (dazu später mehr).

Daten strukturieren
*Die Blockchain ist ein anderer Weg, Daten zu strukturieren und zu organisieren.*
- Daten werden in einer Reihe von **Blöcken** gruppiert.
- Jeder Block enthält eine Reihe von Informationen.
- Jeder Block hat **begrenzten Speicherplatz.**

Wenn ein Block ausgefüllt und verifiziert ist, wird er mit dem vorherigen Block verknüpft und bildet eine **chronologische Datenkette.**

## Key Features
Die Blöcke werden durch **Kryptografie** sicher miteinander verknüpft.
- Blöcke, die in der Blockchain verknüpft sind, sind **dauerhaft unveränderlich.**
- Wenn Sie ein einzelnes **Datenelement** in einem Block ändern, wird auch der Rest der Blockchain geändert.

Alle Computer im Blockchain-Netzwerk besitzen **dieselbe Kopie** der ständig wachsenden Datenbank.
1. Wenn ein Knotenpunkt gehackt wird, wird seine Blockchain geändert.
2. Andere Knotenpunkte werden wissen, dass die ursprüngliche Blockchain falsch geändert wurde.
3. Das Netzwerk wird die falsche Blockchain zurückweisen

Knoten, die Blöcke validieren und sie der Blockchain hinzufügen, werden **Miner** genannt

## LEKTION 2:
## Was ist Krypto?

Die Blockchain-Technologie kann in verschiedenen Branchen eingesetzt werden.

Krypto ist *eine* Anwendung der Blockchain-Technologie.

## Krypto...
... ist eine **virtuelle Währung** oder ein **Vermögenswert**, der Kryptografie verwendet, um Finanztransaktionen durchzuführen.
... hat keine **physische Form**. Es existiert nur in einem Netzwerk.
... kann abgebaut (**mined**) oder bei Krypto-Börsen online gekauft werden.

*Kryptos ermöglichen es uns, finanzielle Aktionen ohne Dritte durchzu-*
*führen.*

- Wenn Sie beispielsweise Geld an einen Freund überweisen, sind Sie darauf angewiesen, dass **die Bank die Transaktion** abwickelt
- Die Bank ist die **dritte Partei** und sie kann die Transaktion jederzeit nach eigenem Ermessen ablehnen.
- Kryptos hingegen existieren **außerhalb der Kontrolle** von Regierungen oder einer zentralen Behörde.
- Die Lieferung des Coins, Tokens oder Vermögenswerts wird nicht von einer Zentralbank bestimmt (im Gegensatz zu einer normalen Währung).

**In der Praxis:**

- Es gibt Tausende von **Kryptowährungen**, die jeweils unterschiedliche Eigenschaften aufweisen.
- **BITCOIN (BTC)** ist die wertvollste Kryptowährung.

Einige Bitcoins sind Klone von Bitcoin, während andere von Grund auf neu erstellt werden. Diese Cryptos sind auch bekannt als **ALTCOINS**. Wenn eine Kryptowährung keine eigene Blockchain hat, aber auf einer anderen Blockchain existiert, nennt man diese **TOKEN**.

# KAPITEL 2
## Distributed Ledgers

LEKTION 1:
Was sind Distributed Ledgers?

Eine der häufigsten Arten von Daten, die in einer Blockchain verwendet werden, ist ein Ledger. Zu Deutsch: Ein **KASSENBUCH.**

Unter **Distributed Ledger** verstehen Buchhalter zunächst einmal ein **Kassenbuch**, das sich an mehreren Stellen befindet, aber durch regelmäßigen Abgleich überall auf demselben Stand ist. In der digitalisierten Welt übernehmen Computer die Kassenprüfung und Finanzbuchhaltung, ein automatisierter Datenaustausch sorgt dafür, dass die Bücher stimmen.

Diese Aufgabe ist bei Kryptowährungen auf Distributed Ledger ausgelegt.

ZENTRALISIERTE LEDGERS
- Diese Kassenbücher werden von einer **einzigen Instanz** kontrolliert.
- Zentralisierte Ledger sind kostspielig und nicht unbedingt vertrauenswürdig, denn…
- …nur eine einzige Instanz hat die volle Kontrolle über die gespeicherten Informationen.
- Es handelt sich um eine zentralisierte Systemarchitektur.

Dezentralisierte LEDGERS
- Dezentralisierte Ledger nutzen die Distributed-Ledger-Technologie (DLT).
- Sie wurden als Alternative eingeführt, um die Probleme zentralisierter Ledger zu lösen.

Wie funktioniert das?

1. Dezentrale Ledger **replizieren die Daten** und teilen sie mit mehreren Teilnehmern in einem Netzwerk
2. Die Teilnehmer einigen sich auf eine Methode, wie Daten zum Hauptbuch hinzugefügt werden können. Dies wird als **Konsensmechanismus** bezeichnet.
3. Jeder Teilnehmer besitzt eine Live-Version des **Ledgers**, also des Kassenbuches.

Das Distributed Ledger kann über ein **Peer-to-Peer-Netzwerk** (p2p) synchronisiert werden.

**P2P Definition:**

Ein Begriff, der verwendet wird, um eine Situation zu beschreiben, in der zwei Personen ohne Vermittlung durch einen Dritten direkt miteinander interagieren.

LEKTION 2:
Wie wendet man Distributed Ledgers an?

Distributed Ledgers können **branchenübergreifend** eingesetzt werden.

⇨ **Im Finanzsektor...**

... um Transaktionsaufzeichnungen zu verteilen

⇨ **In der Lieferketten-Steuerung**

…um den Warenfluss zu verfolgen

⇨ **Im Gesundheitswesen**

…um Patientendaten zu verwalten

In jeder Industrie, die sensible Daten verfolgen und zugleich schützen will.

---

**WICHTIG:**

Distributed Ledgers und Blockchains sind *nicht* dasselbe. Oft werden die Begriffe fälschlicherweise vermischt.

- Distributed Ledgers sind nur **Datenbanken**, die über die Teilnehmer **verteilt sind.**
- Distributed Ledgers erfordern **keine** Datenstruktur in chronologischen Blöcken (Blockchain).
- Die Blockchain ist nur eine von vielen Möglichkeiten die Distributed Ledgers zu implementieren.

---

MODIFIKATIONEN:

Änderungen an den Daten in einem Distributed Ledger erfordern einen **Konsens der Teilnehmer.**

Der Konsens wird über ein **Konsensprotokoll** verwaltet, das eine einzige **SOURCE OF TRUTH** schafft.

Eine zentrale Instanz ist nicht erforderlich.

Evolution of Trust

Local Trust          Centralised Trust          Distributed Trust

**In der Praxis:**

- Distributed Ledgers sind schwer zu hacken. Kriminelle müssten die Daten an unterschiedlichen Orten gleichzeitig modifizieren. Das ist kaum möglich.
- Gespeicherte Daten auf einer Distributed Ledgers sind **IMMUTABLE**. Also unveränderlich.
- Jeder Datensatz in der Distributed Ledger hat einen Zeitstempel und eine Signatur.

Jeder Datensatz in der Distributed Ledger ist **auditierbar und überprüfbar.**

# KAPITEL 3: ZENTRALISATION VERSUS DEZENTRALISATION

Lektion 1:
Was ist Dezentralisierung?

*Dezentralisierung* ist die **VERTEILUNG** von Macht und Autorität unter verschiedenen Teilnehmern.

*Zentralisierung* ist die **KONZENTRATION** von Macht und Autorität von einem zentralen Punkt aus.

Ein System oder eine Einheit kann verschiedene Arten und verschiedene Dezentralisierungsgrade aufweisen.

Architektonische Dezentralisierung
Hier gibt es keinen einzigen **Point of Failure**, da Systeminformationen ständig über alle Knoten im Netzwerk repliziert werden.

## Politische Dezentralisierung
Keine einzelne Stelle ist befugt, Entscheidungen selbst durchzusetzen.

## Logische Dezentralisierung
Unabhängigkeit. Das System verhält sich nicht wie ein einzelner Computer.

### In der Praxis

**Dezentrale Blockchains** sind...

- ...architektonisch dezentralisiert – es gibt keinen zentralen Fehlerpunkt.
- ...politisch dezentralisiert – NIEMAND hat die volle Autorität über die Blockchain.
- ...logisch zentralisiert – es gibt EINEN gemeinsam vereinbarten Zustand und das System verhält sich wie ein EINZIGER Computer.

**Traditionelle Systeme** und Unternehmen sind...

- ...architektonisch zentralisiert – es gibt EINEN Hauptsitz oder Hauptsitz.
- ...politisch zentralisiert – es gibt EINEN zentralen Administrator oder CEO.
- ...logisch zentralisiert – Sie können ein Unternehmen NICHT in zwei Hälften teilen.

## Lektion 2:
## Dezentralisierung in Blockchain

Eine Blockchain kann aus folgenden Gründen als dezentral betrachtet werden. Wenn ...

1. ... die Knotenpunkte (Nodes) vollständig weltweit verteilt sind.
2. Jeder Knoten enthält die GLEICHEN Datensätze. Somit gibt es eine EINZIGE QUELLE der Wahrheit.
3. ... Entscheidungen werden durch einen Konsensalgorithmus zwischen den Knoten verteilt und synchronisiert.
4. Keine einzelne Entität kann das System BEEINFLUSSEN oder die Informationen des Systems ändern.
5. ... Knoten befolgen alle Regeln des Netzwerks.
6. *Regeln sind in der Systemsoftware **codiert** und Knoten können nicht außerhalb dieser Regeln handeln. Dies ist als KONSENS-MECHANISMUS bekannt.*

Warum ist Dezentralisierung für eine Blockchain wichtig?

### FEHLERTOLERANZ
Mehrere Netzwerkknoten müssten gleichzeitig ausfallen, damit ein dezentralisiertes System KOMPROMISIERT wird.

### ANGRIFFSRESISTENT
Dezentralen Systemen fehlen ZENTRALE Fehlerquellen.
Der Angriff auf ein ganzes System auf einmal ist teurer als der Angriff auf einen zentralen Punkt.

### ABSPRACHENBESTÄNDIG
Benutzer sind in dezentralen Systemen pseudonym.
Dies erschwert es den Teilnehmern, sich zu ihrem eigenen Vorteil abzusprechen.

## Lektion 3
## Risiken & Angriffe

Die Blockchain-Technologie schafft **Vertrauen und Ehrlichkeit** in einer pseudonymen Umgebung.

Warum ist Dezentralisierung der Schlüssel für den Erfolg einer Blockchain?

- Ohne Dezentralisierung wird das gesamte System anfällig für Angriffe.
- Dies wird oft mit dem Begriff der 51%-Attacke ausgedrückt.

**Was ist ein 51%-Angriff?**

Wenn eine Instanz eine Mehrheit der Knoten kontrolliert, kann diese Instanz das gesamte System beschädigen.

Hier wird das System von RED NODES gesteuert.

**In der Praxis:**

Die Dezentralisierung wird nicht nur durch **technische Faktoren** beeinflusst.

**Soziale und wirtschaftliche** Faktoren können die Dezentralisierung ebenfalls beeinflussen.

- Interessengruppen oder Nationen können versuchen, die Dezentralisierung für ihre eigene Agenda zu unterminieren.
- Die Dezentralisierung in Blockchains ist immer in einem **Zustand der Bewegung.**
- Blockchains entwickeln sich ständig weiter und werden aktualisiert.
- Auch wenn heute ein hoher Verbreitungsgrad erreicht wird, kann sich dies in Zukunft ändern.

Daher muss die Dezentralisierung eines Netzwerks **ständig überwacht werden.**

# KAPITEL 4
# DOUBLE SPENDING

Lektion 1:
Was sind Doppelausgaben?

**Doppelausgaben** treten auf, wenn Sie dieselbe Währungseinheit **mehr als einmal** ausgeben.

- Etwa für verschiedene Waren und Dienstleistungen, ohne dass sich die Verkäufer kennen.
- Das gleiche Geld wird zwei oder mehr Personen versprochen, aber nur an eine Person geliefert.

## PHYSIKALISCHE WELT
*Physisches Bargeld hat **kein** Problem mit Doppelausgaben.*
- Sie können nicht zwei verschiedenen Anbietern genau dieselbe physische Banknote geben.
- Sie können eine Banknote nicht kopieren und erneut für eine andere Ware oder Dienstleistung verwenden.
- Banknoten sind mit ihren Sicherheitsmerkmalen SCHWER zu kopieren.

## BANKENSYSTEM
*Das Bankensystem hat auch **kein** Double-Spending-Problem.*
- Die Bank führt für alle Kontoinhaber ein Saldenbuch.
- Indem sie eine zentrale Autorität bei der Verwaltung des Hauptbuchs sind, **garantieren** sie, dass Geld nicht zweimal ausgegeben wird.

## DIGITALE SYSTEME
*Digitale Assets sind relativ einfacher zu kopieren und bergen das Risiko doppelter Ausgaben.*
- Die meisten Online-Plattformen wie PayPal werden von **einer einzigen** Instanz kontrolliert.
- Eine **zentrale Autorität** in der digitalen Welt kann Doppelausgaben verhindern.

Im Zusammenhang mit Krypto tritt doppeltes Ausgeben auf, wenn:
⇨ … derselbe Coin/Token an zwei oder mehr Personen versendet, aber nur an eine Person geliefert wird.
⇨ … wenn ein Netzwerk einen 51%-Angriff erleidet.

Ohne eine zentrale Behörde kann es leicht sein, virtuelle Währungen doppelt auszugeben.

Die Blockchain löst das Double-Spending-Problem für die digitale Welt.

## Lektion 2:
## Doppelausgaben in der Blockchain

*Die Blockchain löst das Problem der doppelten Ausgaben für digitale Währungen.*

* Es führt **Konsensmechanismen** und andere **Validierungsregeln** ein um Transaktionen zu verifizieren.
* Knotenpunkte werden angehalten Transaktionen zu validieren, bevor sie der Blockchain hinzugefügt werden.

1. **Transaktionen werden kryptografisch signiert und als Kopie auf allen Knoten gespeichert.**

   * Da einzelne Knotenpunkte die **gleiche Kopie** der Transaktion halten, können sie den Kontostand jedes Krypto-Wallet-Kontos einzeln überprüfen.

2. **Die Knotenpunkte verifizieren neue Transaktionen. Sie können einen Block ablehnen, wenn die Salden nicht übereinstimmen.**

   * Transaktionen werden validiert, um sicherzustellen, dass die Salden korrekt sind.

3. **Das Netzwerk lehnt Blöcke ab, die Double-Spend-Transaktionen enthalten.**

   * Ein Netzwerk-Miner erhält keine Kompensation für abgelehnte Blöcke.

**WICHTIG:**

Es ist einfach für das Netzwerk, falsche Transaktionen zu bemerken.
Der Knoten, der die falsche Transaktion gesendet hat, könnte bestraft werden.

## Lektion 3:
## Finalisierung der Transaktion

*Die Finalisierung der Transaktion bezieht sich auf einen Zustand, in dem eine Transaktion als vollständig abgeschlossen betrachtet wird.*

**Finalität** misst die Zeit, die Sie für eine ANGEMESSENE Garantie/Zusicherung, dass eine ausgeführte Krypto-Transaktion warte müssen.

Eine finale Transaktion…
… kann nicht verändert werden.
… kann nicht storniert werden.
… kann nicht rückgängig gemacht werden.

Die Transaktionsendgültigkeit macht die Blockchain **unveränderlich**.

Finalität ist wichtig für Krypto-Blockchains, die als Zahlungsmittel konzipiert sind.

Stellen Sie sich vor, Sie müssten jedes Mal, wenn Sie einen Artikel kaufen, 15 Minuten warten, weil die Transaktion noch nicht abgeschlossen war.

**Dafür wird die WAHRSCHEINLICHE FINALITÄT eingeführt**

- Blockchain-Transaktionen sind NICHT sofort oder automatisch endgültig.
- Sie werden mit der Zeit „immer endgültiger", je mehr nachfolgende Blöcke validiert werden.
- Verschiedene Blockchains haben UNTERSCHIEDLICHE Endgültigkeitsraten.
- Üblicherweise wird die Endgültigkeitswahrscheinlichkeit nach einigen Blöcken erreicht.

### Randnotiz:

Wussten Sie, dass Bitcoin im Durchschnitt 6 gültige Blöcke benötigt, bevor eine hohe Wahrscheinlichkeit der Endgültigkeit erreicht ist? Das sind etwa 60 Minuten!

Einige Blockchains sind schneller oder langsamer beim Erstellen neuer Blöcke. Aus diesem Grund variieren die Endgültigkeitsraten je nach Blockchain.

# KAPITEL 5:
# DIE 10 PRINZIPIEN DER BLOCKCHAIN

*Blockchains basieren auf bestimmten Prinzipien. Diese Prinzipien sind oft miteinander verflochten.*

1. **PRINZIP: DEZENTRALISIERUNG** – Netzwerkknoten treffen wichtige Entscheidungen und Validierungen anstelle einer zentralen Autorität. Daten in der Blockchain werden innerhalb eines Peer-to-Peer-Netzwerks repliziert, geteilt und synchronisiert.

2. **PRINZIP: UNVERÄNDERBARKEIT** – Abgeschlossene Transaktionen in einer Blockchain können nicht geändert, rückgängig gemacht oder abgebrochen werden. Je mehr Blöcke kontinuierlich hinzugefügt werden, desto schwieriger wird die Möglichkeit, eine Transaktion zu ändern.

3. **PRINZIP: INTEGRITÄT** – Jeder Knoten der Blockchain muss denselben Protokollregeln folgen. Knoten, die gegen solche Regeln verstoßen, werden von der Mehrheit des Netzwerks zurückgewiesen.

4. **PRINZIP: SINGLE SOURCE OF TRUTH** – Jeder Knoten, der online und synchronisiert ist, hat dieselbe Kopie der Blockchain.

5. **PRINZIP: TRANSPARENZ** – Alle Teilnehmer einer Blockchain können die Transaktionen einsehen, die von den Nodes in der Blockchain abgewickelt werden.

## In der Praxis:

- Eine Blockchain wird von einem *NETZWERK VON KNOTEN* betrieben.
- Jeder Knoten folgt denselben Regeln.
- Das System hat zu jeder Zeit die GLEICHE Aufzeichnung von Transaktionen.
- Jede Transaktion wird aufgezeichnet und jeder kann das Hauptbuch einsehen.

1. **PRINZIP: VERTRAUEN** – Die Teilnehmer des Netzwerks müssen einander eigentlich nicht vertrauen. Vertrauen wird jedoch durch die Blockchain über Kryptographie und einen Konsensmechanismus ermöglicht.

2. **PRINZIP: OPEN SOURCE** – Die Entwickler der Blockchain verwenden und schreiben Open-Source-Software. Es ist Ihnen möglich, den Code zu überprüfen, um zu verstehen, was implementiert ist, was weiteres Vertrauen in das System schafft.

3. **PRINZIP: SICHERHEIT** – Die Blockchain verhindert doppelte Ausgaben und Manipulation von Daten.

4. **PRINZIP: PSEUDONYMITÄT** – Krypto-Wallet-Adressen sind eine lange Reihe von Buchstaben, die es schwierig machen, eine Person/Entität schnell zu identifizieren. Wallet-Adressen können jedoch verknüpft werden, wenn die Person/Organisation einen zentralisierten Austausch nutzt und ihre persönlichen Daten ausfüllt, auch bekannt als KYC (Know-Your-Customer).

5. **PRINZIP: DISINTERMEDIATION** – Die Blockchain ermöglicht es, Transaktionen ohne Dritte oder Zwischenhändler zu validieren und durchzuführen. Ohne Drittanbieter sind Transaktionen billiger und schneller.

## In der Praxis:

- In einer Blockchain können Teilnehmer miteinander interagieren, ohne sich gegenseitig VERTRAUEN zu müssen.
- Sie vertrauen einfach darauf, dass das SYSTEM sicher ist und ordnungsgemäß funktioniert.
- Die Blockchain ist OPEN-SOURCE. Jeder kann den zugrunde liegenden Softwarecode einsehen.

# KAPITEL 6:
# DIE BLOCKCHAIN-STRUKTUR

Lektion 1:
Wie funktioniert die Blockchain-Struktur?

*Eine Blockchain-Technologie basiert auf KRYPTOGRAPHIE.*
- ENCRYPTION ist eines der vielen Werkzeuge, die in der Kryptographie verwendet werden.
- Verschlüsselung SICHERT die Kommunikation, indem Klartext in CIPHERTEXT verschlüsselt wird.
- Nur der Absender und der beabsichtigte Empfänger können eine Nachricht anzeigen.

Innerhalb eines Blockes:
1. Eine Blockchain ist eine Aneinanderreihung von Blöcken.
2. Jeder Block enthält Daten und einen eindeutigen Header.
3. Jeder Block wird identifiziert durch seinen **HASH-Wert**.

Ein HASH-Wert ist die Ausgabe der Daten, die Sie durch einen Verschlüsselungsalgorithmus laufen lassen. Jeder Block gruppiert seine Transaktionen und führt sie durch einen Hash-Algorithmus.

Der resultierende Hashwert ist die Identität des Blocks und umfasst alle Transaktionsdaten.

Die Grenze des Blockes:
- Unterschiedliche Blockchains haben unterschiedliche Blockgrößen.
- Das bedeutet, dass es ein LIMIT gibt, wie viele Daten in einen Block aufgenommen werden können.
- Sobald das Limit erreicht ist, gehen wir zu einem neuen Block über.

- Unterschiedliche Blockchains haben unterschiedliche Blockgrößen.

**Nebenbemerkung:** Wussten Sie, dass die Bitcoin Blockchain jede Blockgröße auf 1 MB begrenzt?

**In der Praxis:**

Im Allgemeinen finden Sie auf der Blockchain folgende Informationen...
1. TRANSAKTIONEN
2. VERMÖGENSDETAILS

Lektion 2:
Was befindet sich in einem Bitcoin-Block?

Ein Bitcoin-Block besteht aus einem **BLOCK HEADER** und einer langen Liste von Transaktionen.

Der Block Header enthält die **Metadaten**, die sich über den Transaktionsdaten befinden.
1. Metadaten sind grundsätzliche Informationen über die Daten.
2. Solche Informationen können das Erstellungsdatum, das Änderungsdatum, die Dateigröße und der Name des Autors sein.

IN EINEM BLOCK HEADER:

**DIE BITCOIN-VERSION**
Die Version verfolgt die neuesten Protokollaktualisierungen und -änderungen.

## HASH DES VORHERIGEN BLOCKS
Der vorherige Block-Hash verbindet die Blockchain wie eine Kette und macht sie unveränderlich.

## DIE MERKLE-WURZEL
Dies ist ein spezieller Hash, der uns hilft, jede einzelne Transaktion im Block schnell zu überprüfen.

## ZEITSTEMPEL
Dies ist der genaue Moment, in dem der Block abgebaut und validiert wurde.

## SCHWIERIGKEITSINDEX
Dies misst, wie schwierig es ist, einen Block abzubauen. Ein höherer Schwierigkeitsgrad erfordert mehr Rechenleistung.

## DIE NONCE
Miner konkurrieren darum, eine Zufallszahl zu finden, die die Antwort auf die Lösung eines komplexen Rätsels ist. Die Nonce in einem Block-Header zeigt die korrekte Nummer, die ein Miner erfolgreich für diesen bestimmten Block gefunden hat.

## Lektion 3:
## Hinzufügen neuer Blöcke in Bitcoin

Bitcoin verwendet den **PROOF-OF-WORK-Konsensalgorithmus**, um neue Blöcke hinzuzufügen.

⇨ Neue Blöcke werden durch einen Prozess namens MINING erstellt.

Computerknoten, die an der Erstellung neuer Blöcke beteiligt sind, werden MINER genannt.

## MINING
Das Mining in der Blockchain kann als eine Art **Lotterie-Puzzle** mit Computern betrachtet werden. Der **erste Miner**, der die richtige **NONCE** findet, gewinnt das Recht, einen Block in der Blockchain zu erstellen.

⇨ Nonce steht für eine nur einmal verwendete Zahl.

Das None ist eine **zufällig** generierte Zahl, die Miner finden müssen. Die richtige Zahl wird verwendet, um einen Hashwert zu erstellen, der die Puzzleregeln des Netzwerks erfüllt.

* Um die Nonce vor anderen zu finden, verwenden Miner leistungsstarke Computer, um die Glückszahl zu erraten und zu überprüfen.
* Der kontinuierliche Kreislauf des Ratens und Prüfens wird **BRUTE FORCE** genannt.
* Sobald der siegreiche Miner den Block erstellt und zur Blockchain hinzufügt ...
* ... wird der Block dann an die anderen Knoten im Netzwerk verteilt.

⇨ Diese Knoten akzeptieren den neuen Block, wenn alles im Block korrekt ist.

## MINING-HARDWARE
Miner verwenden spezielle Computer: ASICs (Application-Specific Integrated Circuit).

⇨ Dies sind Hardwaregeräte, die für die Ausführung *einer* Aufgabe optimiert sind.

- Krypto-ASICs sind so konzipiert, dass sie 100 % ihrer Rechenleistung verwenden, um die *Nonce* zu finden.
- Große Miner können TAUSENDE von ASIC-Maschinen besitzen.

⇨ Dies erhöht ihre Chance, einen Block in einem hart umkämpften Markt abzubauen.

# KAPITEL 7
# TRANSAKTIONEN IM BITCOIN-NETZWERK

## Lektion 1:
## Einleitung einer Bitcoin-Transaktion

Alle Aktionen, die auf der Blockchain stattfinden, werden als **Transaktionen** betrachtet.
Transaktionen werden über **CRYPTO WALLETS** durchgeführt.
Ein Beispiel: Sara sendet 5 Bitcoin an John.
- Sara wird ihre WALLET benutzen und die ÖFFENTLICHE ADRESSE von John eingeben.
- Sara kann auch eine zusätzliche Transaktionsgebühr zahlen.
- Je höher die Gebühr, desto SCHNELLER die Bearbeitungszeit der Transaktion.

## WAS IST EIN MEMPOOL?
- Der Mempool (Speicherpool) ist der Ort, an dem ein Knoten UNBESTÄTIGTE Transaktionen speichert.
- Sie können es sich wie einen Warteraum für Transaktionen vorstellen, die noch nicht auf der Blockchain sind.

- Jeder Knoten hat seinen EIGENEN Mempool. Es gibt keinen universellen Mempool für die Blockchain.
- Knoten können ihre Mempool-Daten mit anderen Knoten TEILEN.
- Knotenpunkte speichern selten den gesamten Mempool, da dieser zu viel Speicherplatz beansprucht.

## NETZÜBERLASTUNG
- Mempools vergrößern oder verkleinern sich je nach Überlastung des Netzwerks.
- Wenn die Mempool-Größe groß ist, gibt es eine gewisse Überlastung im Netzwerk.

⇨ Transaktionen können sich verzögern und die Transaktionsgebühren werden wahrscheinlich höher sein.

*Transaktionsanfragen werden in einem PUBLIC-Pool von Transaktionen namens Mempool gespeichert.*

- Miner wählen Transaktionen aus dem Mempool aus und bevorzugen solche mit einer hohen Transaktionsgebühr.
- Miner überprüfen die Anfrage, indem sie prüfen, ob Sara mindestens 5 Bitcoin besitzt und ob die Signatur der Transaktion korrekt ist.

⇨ Nach der Validierung fügt der Miner die Transaktion einem Block hinzu.

## Lektion 2:
## UTXO-Grundlagen

Blockchains können verschiedene Abrechnungsmethoden zur Berechnung von Kontoständen haben:

1. **KONTOBASIERT:** Ihr Kontostand wird wie Ihr Bankkonto verwaltet. Salden werden addiert und subtrahiert
**Beispiele:** Ethereum, Tron, EOS
2. **UTXO-BASIERT:** Ihr Kontostand ist die Summe aller nicht ausgegebenen Transaktionsausgaben (UTXO).
**Beispiele:** Bitcoin, Litecoin, Dogecoin

## WIE FUNKTIONIEREN UTXOs?

Auf Protokollebene wird Bitcoin im Netzwerk als UTXOs gespeichert.

Sie können sich UTXOs wie das **Ergebnis** einer Transaktion vorstellen, die von einem Benutzer empfangen wird.

- Der Empfänger kann diese „Ausgabe" in der Zukunft ausgeben, da sie *nicht ausgegeben* ist.
- Ihr Kontostand wird summiert, indem alle Ihnen zugewiesenen UTXOs addiert werden.
- UTXOs können nicht geteilt werden.

*Transaktionen verbrauchen ganze UTXOs und ersetzen sie durch NEUE UTXOs.*

Sie können keinen Teil Ihres UTXO senden. Sie müssen das gesamte UTXO an den Empfänger senden und das Wechselgeld als neues UTXO zurückerhalten.

Die Blockchain wickelt diesen gesamten Prozess vertrauenslos ab.

## In der Praxis:

Beim Senden einer Transaktion zahlen Sie manchmal zu viel und erhalten das Wechselgeld als neues UTXO zurück.
Sara erhält 4 BTC & später weitere 2 BTC. Sie hat insgesamt 6 BTC. Sara muss John 5 BTC zahlen.
Sara wird ihre 4-BTC-UTXO & 2-BTC-UTXO an John senden.
John erhält einen neuen 5-BTC-UTXO und Sara erhält einen neuen 1-BTC-UTXO für sich.

# Kryptonomics

**Markus Miller**

Inmitten von Digitalisierung, staatlichen Rettungspaketen, Zentralbankeninterventionen und Rekordverschuldung entwickelt sich eine neue Anlageklasse: die Krypto-Assets. Privatanleger und Banken haben gleichermaßen das Potenzial und die Faszination der neuen Währungen, allen voran Bitcoin, entdeckt, gerade auch weil diese von der Politik der Zentralbanken und den Regierungen unabhängig sind. Krypto-Experte Markus Miller ist überzeugt: Gerade bricht ein neues Zeitalter an: Kryptonomics. Doch es bildet sich nicht nur ein ganz neuer Finanzsektor und Zahlungsverkehr heraus. Unsere ganze Welt ist im Umbruch: Internet der Dinge, künstliche Intelligenz, Cloud-Anwendungen und Cybersecurity sind nur die wichtigsten Bereiche, aus denen die Kryptotechnologie bald nicht mehr wegzudenken sein wird. Kryptowährungen werden somit, als Beimischung für das Gesamtportfolio, eine der zentralen Säulen für jeden vorausschauenden, zukunftsorientierten Kapitalanleger.

352 Seiten | Hardcover | 20 € (D) | 20,60 € (A) | ISBN 978-3-95972-471-5

# Kryptowährungen

**Julian Hosp**

Unglaubliche 1000 Prozent Rendite und mehr – das haben zahlreiche Menschen in den vergangenen Jahren durch Investieren in sogenannte Kryptowährungen erwirtschaftet Für die meisten noch unbekanntes Terrain, erklärt dieses Buch die neue Welt des Geldes auf einfachste Art und Weise: Was sind Kryptowährungen und Blockchain überhaupt, wie wählt man die »richtige« Kryptowährung aus und wie funktioniert das Investieren? Egal, ob du ein Kryptoexperte werden möchtest oder nur die Grundlagen einer einmaligen Geschichte, die man nicht mehr ignorieren kann, verstehen möchtest, dieses Buch ist ein Muss.

208 Seiten | Softcover | 14,99 € (D) | 15,50 € (A) | ISBN 978-3-95972-137-0